Uta Pohl-Patalong

Gemeinde gestalten

Wie die Zukunft vor Ort gelingen kann

MIX
Papier | Fördert gute Waldnutzung
FSC® C014496

Penguin Random House Verlagsgruppe FSC® N001967

1. Auflage

Druck und Bindung: GGP Media GmbH, Pößneck
Printed in Germany
ISBN 978-3-579-06537-3
www.gtvh.de

Inhalt

Einleitung

»Gemeinde gestalten« ist eine Aufgabe, die heute eine besondere Herausforderung bildet. Vordergründig geht es darum, mit weniger Kirchenmitgliedern, weniger Geld und vor allem mit weniger Hauptamtlichen ein lebendiges Gemeindeleben aufrechtzuerhalten. Im Kern geht es jedoch um die Frage, welche Gestalten von Kirche und Gemeinde im 21. Jh. für mehr und andere Menschen als bisher attraktiv sein können. Das klingt wie die Quadratur des Kreises, muss es aber nicht sein. Denn die äußeren Notwendigkeiten zur Veränderung bieten die Chance, dass jetzt tatsächlich grundlegend gefragt wird, wie wir eigentlich Kirche und Gemeinde heute und künftig sein wollen. Dass dies inhaltlich ansteht, wurde bereits in der Kirchenreformbewegung der 1960er-Jahre formuliert. Dass die Kirche mit deutlich weniger Geld auskommen muss, wissen wir seit den 1990er-Jahren. Der massive Rückgang der Hauptamtlichen – und unter ihnen vor allem der Pfarrpersonen – macht die Veränderungen jetzt jedoch wirklich unausweichlich, weil die bisherigen Strukturen eine große Zahl von ihnen erfordern.

In welche Richtungen sich die Kirche und ihre Akteur*innen verändern können, habe ich in dem Band »Kirche gestalten« thematisiert.[1] Er nimmt die Perspektive der Gesamtkirche in den Blick und entwirft Zukunftsperspektiven für diese. Implizit werden darin natürlich auch Konsequenzen für die einzelne Gemeinde oder die Region deutlich. Diese verdienen jedoch auch eine eigene Betrachtung, die von den Möglichkeiten und auch den Entscheidungsspielräumen der einzelnen Gemeinde ausgeht und aufzeigt, wie sie mit weniger Kirchenmitgliedern,

1 Vgl. Uta Pohl-Patalong: Kirche gestalten. Wie die Zukunft gelingen kann, Gütersloh 2001.

weniger Geld und weniger Pfarrpersonen ihre Handlungsfelder künftig gestalten kann. Darum geht es jetzt in diesem Buch.

Insofern baut »Gemeinde gestalten« auf den Überlegungen in »Kirche gestalten« und auch des ersten Bandes dieser Trilogie »Kirche verstehen« auf.[2] Und gleichzeitig geht es den anderen Bänden wiederum im Handeln voraus: Es thematisiert, was Gemeinden tun können, wenn sie sich verändern wollen (oder müssen), aber eine Reform der kirchlichen Strukturen insgesamt noch auf sich warten lässt.

Das Buch richtet sich an Menschen, die für die Entscheidungen in den Gemeinden Verantwortung tragen, ob ehrenamtlich oder hauptamtlich. Es ist aber auch für Menschen geschrieben, die sich allgemein für die Zukunft von Kirchen und Gemeinden interessieren und sich neue Formen wünschen, in denen sie sich eher wiederfinden als in den traditionellen. Es setzt kein Theologiestudium und möglichst wenig »Insiderwissen« voraus. Das Buch ist aus dem evangelischen Kontext heraus verfasst und hat primär die Realitäten der evangelischen Kirche im Blick. Manches davon dürfte auf die katholische Kirche übertragbar sein; allerdings wurde in den meisten Diözesen eine strukturelle Entscheidung für »Großpfarreien« getroffen, sodass die Optionen weniger offen sind als in den evangelischen Gemeinden.

Neun typische Handlungsfelder der Ortsgemeinde bilden die Grundlage der folgenden Kapitel. Diese auszuwählen war nicht leicht. Ich habe mich für die klassischen Felder Gottesdienst, Kasualien, Seelsorge, Diakonie und Kindertagesstätten sowie für die klassischen Zielgruppen Konfirmand*innen, Jugendliche, Erwachsene und Senior*innen entschieden. Gerne hätte ich den musikalischen Bereich, die Arbeit mit Kindern

2 Uta Pohl-Patalong/Eberhard Hauschildt: Kirche verstehen, Gütersloh 2016, 2020.

im Grundschulalter, Angebote zu Meditation und Spiritualität und einige weitere Elemente gemeindlicher Arbeit aufgenommen. Dass ich sie nicht berücksichtigt habe, bedeutet nicht, dass ich sie weniger wichtig finde, sondern ist eine Folge von pragmatischen Abwägungen: Die Kirchenmusik hat eine Querschnittsstruktur, weil sie in fast allen hier behandelten Handlungsfeldern vorkommt. Ein Kapitel zur Arbeit mit Kindern im Grundschulalter hätte sich teilweise mit den Überlegungen zur Zukunft der Kita-Arbeit einerseits und der Jugendarbeit andererseits überschnitten. Und Meditation und Spiritualität spielen in vielen Gemeinden bislang nur eine untergeordnete Rolle.

Die Kapitel sind ebenso aufgebaut wie in »Kirche gestalten«: Sie beginnen mit drei fiktiven Szenarien aus dem Gemeindeleben, die exemplarisch Anstöße zur Veränderung zeigen. Anschließend werden die besonderen Herausforderungen jedes Handlungsfeldes formuliert. Es folgt Hintergrundwissen, mit dem man das Thema und die Herausforderungen heute besser verstehen und Entscheidungen fundierter treffen kann. Dem schließen sich drei Alternativen an, in welche Richtung sich eine Gemeinde entwickeln könnte. Sie eröffnen jeweils ein Spektrum zwischen Nähe zu den bisher gewohnten Strukturen und Suche nach neuen Wegen. Selbstverständlich sind die Alternativen weder völlig neu (manche Gemeinden werden sich darin bereits wiedererkennen) noch die einzig möglichen – und sie dürfen gerne als Impulse für vierte und fünfte Alternativen genutzt werden. Schließlich gibt es Anregungen zur Weiterarbeit: Fragen zur Selbstreflexion können helfen, die eigene Position zu klären. Ein biblischer Impuls – geprägt vom Bibliolog, der in die Innenperspektive der biblischen Szenen hineinführt[3] – öffnet die Überlegungen für die geistliche

3 Mehr dazu findet man in: Uta Pohl-Patalong: Bibliolog. Impulse für Gottesdienst, Gemeinde und Schule. Band 1: Grundformen, Stuttgart ^{3}2013.

Dimension des Themas. Am Schluss wird eine Methode vorgeschlagen, wie sich ein Gremium oder eine Gruppe z. B. im Rahmen einer Gemeindeberatung oder einer Klausurtagung (idealerweise nach der Lektüre des Buches, aber auch ohne diese denkbar) kreativ mit dem jeweiligen Handlungsfeld beschäftigen und eine mögliche Entscheidung vorbereiten kann.

Die Kapitel müssen nicht in der Reihenfolge gelesen werden, in der sie stehen. Ebenso wenig müssen (und können) alle Handlungsfelder auf einmal bearbeitet werden. Sinnvoll ist es, dort mit der Veränderung zu beginnen, wo die Motivation dazu besonders groß ist, wo Energie für Neues vorhanden ist und wo rasch spürbar werden kann, worin der Gewinn des Wandels liegt.

Unterstützt und sehr gefördert wurde das Buch durch die kritischen Hinweise und guten Ideen meiner Erstleser*innen aus ihren unterschiedlichen Perspektiven. Alle Kapitel wurden gelesen und wertvoll kommentiert von Philipp Elhaus, Jan Fragner, Juliane Göweke, Ursula Kranefuß, Dr. Gabriela Muhl, Inke Pohl sowie Kristina und Stefan Ziegenbalg. Zusätzlich habe ich Expert*innen für die jeweiligen Handlungsfelder aus der kirchlichen Praxis um ihre kritischen Kommentare gebeten und davon ebenfalls sehr profitiert. Dies waren Claudia Aue, Gudrun Babendererde, Maike Barnahl, Gabriele Ehrmann, Dr. Tobias Fritsche, Ingrid Klein, Maike Lauther-Pohl, Dr. Achim Plagentz, Michael Raddatz, Diana Robel, Antje Rösener und Kirsten Sonnenburg. Ihnen allen einen sehr herzlichen Dank für die enorm hilfreiche Unterstützung!

Danken möchte ich auch meinem wunderbaren Team am Institut für Praktische Theologie der Uni Kiel, das gemeinsam mit mir inspirierend und kreativ über die Zukunft der Kirche nachdenkt. Dabei entstehen auch Formen jenseits der klassischen wissenschaftlichen Zugänge – beispielsweise in unserem Instagram-Account PT_ImEchtenNorden, in dem wir das Nachdenken über religiöse Praxis mit Impulsen für diese Praxis verbinden, nicht zuletzt in Visionen für eine Kirche der Zukunft.

Ein herzlicher Dank geht auch an Diedrich Steen vom Gütersloher Verlagshaus, der die Idee für die Trilogie von »Kirche verstehen«, »Kirche gestalten« und »Gemeinde gestalten« sehr unterstützt und hilfreich begleitet hat.

Mein Dank gilt schließlich allen Gemeinden, Kirchenkreisen, Synoden, Pfarrkonventen und anderen Einrichtungen, die mit mir im Rahmen von Vorträgen meine Ideen diskutieren. Dies sind immer Begegnungen zwischen praktisch-theologischer Wissenschaft und kirchlicher Praxis, von denen ich viel lerne und die die Praktische Theologie meinem Verständnis nach ausmachen. Davon können meiner Meinung nach beide Seiten sehr profitieren – gerade in diesen Zeiten großer und herausfordernder Veränderungen mit einem immensen Potenzial für Menschen und Kirche.

Weseby an der Schlei, im Juli 2024
Uta Pohl-Patalong

Prolog

Überlegungen zur Zukunft der Kirche sind nie voraussetzungslos, sondern beruhen immer auf bestimmten Annahmen und Überzeugungen. Welche dies für die folgenden neun Kapitel sind, soll vorweg transparent gemacht und erläutert werden. Diese vier Überzeugungen bilden gleichsam die Grundlage, auf der die folgenden Kapitel basieren.

Die grundlegende Aufgabe der Kirche ist die lebensrelevante Kommunikation des Evangeliums.
Fragt man nach der grundlegenden Aufgabe der Kirche in theologischer Perspektive, wird dies heute gerne mit der Formulierung »sie soll Evangelium kommunizieren« beantwortet. Diese Begrifflichkeit geht zurück auf den Praktischen Theologen Ernst Lange in den 1960er-Jahren, ist aber erst in den letzten Jahren so bedeutsam geworden.

»Kommunikation des Evangeliums« übersetze ich mit: Die Kirche soll möglichst vielen unterschiedlichen Menschen die Möglichkeit eröffnen, in Kontakt zu kommen mit der unendlichen Liebe Gottes zu ihnen persönlich und zu der gesamten Schöpfung. Sie soll ihr Mögliches dazu tun, dass diese Begegnung gelingt und Menschen die Liebe Gottes in ihrem Leben wirklich erfahren. Ob das geschieht, haben die Kirche und die Menschen, die in ihr tätig sind, natürlich nicht in der Hand. Theologisch verstehen wir das, was sich zwischen Gott und Menschen ereignet, als Wirken des Geistes – und der weht bekanntlich, wo er will. Gleichzeitig lässt er sich gerne einladen. Daher ist es keineswegs gleichgültig, welche Kontaktmöglichkeiten mit der Liebe Gottes die Kirche eröffnet und wie sie sie gestaltet: Formen und Formate, die für die jeweilige Person in ihrem Alter und ihrer Lebenssituation, ihren Fragen und

Themen gut zugänglich sind, erhöhen die Wahrscheinlichkeit deutlich, dass sie die Liebe Gottes entdeckt und erfährt. Hier kommt der Charakter der Kommunikation ins Spiel.

Dieser Begriff setzt im Gegensatz zu der früher gebräuchlichen »Verkündigung« einen anderen Akzent. Während »Verkündigung« Bilder von einer Kanzel weckt, von der aus eine Amtsperson das Wort Gottes »ausrichtet«, ereignen sich Kommunikationsvorgänge zwischen Menschen auf Augenhöhe. Entscheidend ist dabei nicht, was man eigentlich sagen oder erreichen wollte, sondern es geht darum, was bei Menschen ankommt und was die Kommunikation bewirkt. Theologisch bedeutet das: Das Evangelium zielt nicht darauf, ausgerichtet zu werden, sondern bei Menschen anzukommen und etwas in ihnen zu berühren.

Kommunikation ereignet sich auf vielfältige Weise. Man kommuniziert ja bei Weitem nicht nur mit Worten (Kommunikationsstudien zeigen sogar, dass von nur Gehörtem wenig ankommt), sondern auch mit Taten, mit Gesten, mit Klängen, mit Symbolen oder mit Ritualen. Kommunikation geschieht nicht nur bewusst, sondern auch unbewusst, nicht nur absichtlich, sondern auch nebenbei. Wenn man von der »Kommunikation des Evangeliums« spricht, ist also keinesfalls nur die Predigt oder der Gottesdienst gemeint. Menschen können die unbedingte Liebe Gottes auf sehr verschiedenen (Kommunikations-)Wegen erfahren – in der Seelsorge ebenso wie in der Diakonie, in einem Jugendevent ebenso wie in einer Meditation, im Morgenkreis der evangelischen Kita ebenso wie in der Kirche am Urlaubsort, in dem Gottesdienst zum Schulanfang ebenso wie im interreligiösen Dialog, im Senior*innenkreis ebenso wie in der digitalen Kirche. Überall dort und an ganz vielen anderen Orten können Menschen etwas von der Liebe Gottes erleben und sie kann etwas in ihnen bewegen. Was dies ist, ist sehr unterschiedlich. Es kann Konsequenzen haben für das Zusammenleben von Menschen, in der Kindererziehung, im Umgang mit Menschen anderer Kulturen, in der Bewahrung der Schöpfung, im Umgang mit Krisen, mit Stress und in vielerlei anderer Hinsicht. Von außen sind diese Konsequenzen oft kaum zu erkennen und sie sind auch nicht immer leicht zu formulieren.

In einem Forschungsprojekt haben wir allerdings genau danach gefragt und viele Antworten bekommen, die einen Eindruck davon geben, was dieses Erleben von »Evangelium« bedeuten kann. Einige Beispiele dafür:

- »Also ich habe, glaube ich, habe mein Auftreten sehr verändert. Also einfach dieses, ähm, mich nicht noch vor anderen in der Schule zum Beispiel zu verstellen, weil ich so den Gedanken habe, ›okay, ich muss denen jetzt gefallen‹. Das ist einfach nicht mehr, das ist einfach so dieses ›okay, ich muss mir gefallen und ich gefalle Gott und deshalb muss ich mich nicht verstellen vor anderen.‹« (aus einem Interview im Rahmen einer Jugendkirche)
- »Und eben das Positive: Wie kann ich negative Sachen in eine positive Form bringen? Ich kann sagen: Ich bin in einer Depression. Ich kann aber auch sagen: Ich bin in einer Lebenssuche. Und das fasziniert mich hier bei all der Schwere, die es auch in dieser Welt gibt, dann trotzdem zu diesem Positiven hinzukommen. Trotz allem ein ›Ja‹.« (aus einem Interview im Rahmen einer Online-Kirche)
- »Wir hören ja auch von den Problemen der anderen und auch von den Lebensschicksalen zum Teil, und dann sag ich immer wieder: ›Danke, lieber Gott, ich darf mit dir über Mauern springen und ich kann die Probleme lösen, hab die Probleme gelöst, die ich hatte.‹ Trotzdem kommen immer neue und da fällt mir das ein: ›Mit meinem Gott kann ich über Mauern springen.‹« (aus einem Interview im Rahmen eines Senior*innenkreises)

- »... weil da, zumindest was meine Perspektive angeht, wirklich ein Mindshift passiert ist. Da hat sich so viel verändert in meinem Denken, in meinem Fühlen, in meinem Überlegen.« (aus einem Interview im Rahmen einer Online-Kirche)

Die zurückgehende Bindung an die Kirche bedeutet nicht, dass im gleichen Maße das Interesse für religiöse Themen und Fragen schwindet.

Seit einigen Jahrzehnten wird eine Frage diskutiert, die für die Zukunft der Kirche zentral ist: Bedeutet die zurückgehende Bindung an die Kirche, dass Menschen deutlich weniger religiös sind als in früheren Generationen und dass das Interesse für religiöse Fragen und Themen insgesamt zurückgeht? Oder haben sich die Formen von Religiosität verändert und religiöse Fragen und Themen werden zunehmend woanders verhandelt als in den traditionellen kirchlichen Mustern? Dieser alte Streit zwischen der sog. »Säkularisierungsthese« (»die moderne Gesellschaft wird insgesamt immer säkularer«) und der »Transformationsthese« (»in der modernen Gesellschaft verändern sich die Formen von Religiosität«) wurde durch die sechste Kirchenmitgliedschaftsuntersuchung der Ev. Kirche in Deutschland neu belebt.[1] Diese kommt zu dem Schluss, dass mittlerweile die Mehrheit der Bevölkerung in Deutschland (56 %) den »Säkularen« zuzuordnen ist, in deren Leben nach eigenen Angaben Religiosität keine Rolle spielt. 25 % werden als »religiös-distanziert« eingestuft. Nach der Definition der KMU glauben sie zwar überwiegend an Gott, aber stimmen den traditionellen Formulierungen christlicher Lehre nicht zu, sie sind nicht eng

1 Ev. Kirche in Deutschland (Hg.): Wie hältst du's mit der Kirche? Zur Bedeutung der Kirche in der Gesellschaft. Erste Ergebnisse der 6. Kirchenmitgliedschaftsuntersuchung, Leipzig 2023, 19-23.

an kirchliche Strukturen gebunden und haben eher einen fragenden Zugang zum Glauben als feste Überzeugungen. 6 % werden als »alternativ-religiös« bezeichnet, womit nichtkirchliche, teils esoterische Formen von Religiosität gemeint sind. 13 % der Bevölkerung sind nach den hier angesetzten Kriterien einer kirchlichen Religiosität zuzuordnen, die traditionellen theologischen Aussagen zustimmen und einen Kontakt zur Kirche pflegen. Sie haben ein überdurchschnittlich hohes Lebensalter und das höchste Bildungs- und Einkommensniveau aller Gruppen.

Folgt man dieser Einschätzung, hätten Veränderungen in den Gestalten der Kirche und in der Ausrichtung der Gemeinde nur eine begrenzte Reichweite. Realistisch würde man sich dann auf das »religiös-distanzierte« Viertel der Bevölkerung konzentrieren müssen, da 13 % mit den jetzigen Formen der Kirche zufrieden sind und die Mehrheit mit Religion abgeschlossen oder sich noch nie für sie interessiert hat. Demgegenüber ist dieses Buch von der Auffassung getragen, das sich wesentlich mehr Menschen für eine christlich geprägte Beschäftigung mit existenziellen Fragen des Lebens interessieren könnten, wenn ihnen andere Zugänge dafür eröffnet werden. Die Ergebnisse von empirischen Studien hängen immer von dem Setting, den Formulierungen der Fragen und der Antwortoptionen ab und können zudem auf unterschiedliche Weise ausgewertet und gedeutet werden. So ist an die sechste Kirchenmitgliedschaftsuntersuchung die Frage zu richten, ob Antworten, die vorrangig auf das Verhältnis zur Kirche zielen, sich für Aussagen über die heute ja sehr vielfältigen Formen persönlicher Religiosität eignen. Zu fragen ist auch, ob es wirklich ein Indiz für eine Distanz zu Religiosität insgesamt ist, wenn man seinen Glauben in der Formulierung »ich glaube, dass es einen Gott gibt, der sich in Jesus Christus zu erkennen gegeben hat«

nicht gut ausgedrückt findet oder wenn man nicht regelmäßig in den Gottesdienst geht. Zudem gibt es auch in den Ergebnissen der Studie selbst Hinweise auf andere Lesarten von Religiosität, wenn man beispielsweise berücksichtigt, wie viele Menschen gelegentlich eine Kerze aus religiösen Gründen anzünden.

Selbstverständlich lässt es sich nicht vorhersagen, in welchem Maße und in welcher Weise sich Menschen neu für Kirche und christlichen Glauben interessieren, wenn ihnen durch neue Gestalten andere Zugänge eröffnet werden. Die neuen Formen von Kirche, wie sie beispielsweise in dem Konzept der »Erprobungsräume« in vielen Landeskirchen sichtbar werden oder als Jugendkirchen, Kasualagenturen, digitale Gemeinden, spirituelle Angebote, missionarisch orientierte »Fresh Expressions of Church« und auf viele andere Weisen erscheinen, stimmen jedoch sehr optimistisch, dass sich auf diesen Wegen mehr und andere Menschen für christliche Inhalte und kirchliche Angebote interessieren als bisher. Vermutlich wird dies auf formaler Ebene nicht unmittelbar zu einer Eintrittswelle in die Kirche führen, weil Menschen sich in der Gegenwart seltener langfristig an Institutionen binden, wie es auch Parteien, Sportvereine etc. erleben. Sie könnten aber bereit sein, konkrete Arbeitsfelder auch finanziell zu unterstützen, deren Bedeutung ihnen einleuchtet und zu denen sie eine Beziehung entwickeln. Vor allem aber würde die Kirche ihre Sozialformen und Strukturen weniger einseitig auf bestimmte Bevölkerungsgruppen konzentrieren und damit gute Voraussetzungen dafür schaffen, dass nicht mehr die Lebensorientierung und das »Milieu« die Zugänge zur kirchlichen Kommunikation des Evangeliums hindern.

Das Prinzip der Dehnung der ortsgemeindlichen Strukturen kommt an seine Grenzen.

Bislang orientieren sich viele kirchliche Reformbemühungen daran, die bisherigen ortsgemeindlichen Strukturen in einem größeren Rahmen weiterzuführen und sie damit quasi zu dehnen. Um zu verstehen, was das bedeutet, ist ein genauerer Blick auf die traditionelle Struktur der Kirchengemeinde erforderlich. Sie beruht nämlich auf drei Eckpunkten:

- Die Ortsgemeinde basiert auf dem aus dem Mittelalter stammenden Prinzip der »Flächendeckung«: Jedes Wohngebäude in Deutschland ist einer Gemeinde zugewiesen, deren Mitglied man automatisch wird, wenn man der evangelischen Kirche angehört. Gemeinde wird damit räumlich gedacht. Das Unterscheidungsmerkmal zur nächsten Gemeinde bildet nur die Bezirksgrenze, nicht ihr Charakter oder ihr Profil. Verbunden damit ist eine enge Verbindung von Kirche und Dorf bzw. Stadtteil.
- Die Ortsgemeinde hat seit Ende des 19. Jhs. zum Ziel, Gemeinschaft und soziale Nähe sowie persönlichen Kontakt zu vermitteln – und zwar nicht nur der Gemeindeglieder untereinander, sondern auch zu den Pfarrpersonen.[2] Als in der Zeit der Industrialisierung der Anonymität der Großstadt entgegenwirkt werden sollte, wurden die Pfarrpersonen zu einem entscheidenden Zugangspunkt zur Gemeinde und damit verbunden zum christlichen Glauben. Die Beziehung zu möglichst vielen der Gemeindeglieder wurde geradezu zu einem Qualitätsmerkmal des pastoralen Berufes. Gleichzeitig bekam der Pfarrberuf die »Schlüsselrolle« für das Gemeindeleben zugewiesen – die Pfarrperson sollte

2 Vgl. dazu Uta Pohl-Patalong: Kirche Gestalten. Wie die Zukunft gelingen kann, Gütersloh 2021, 51-53.

die Fäden in der Hand halten und für alle Aktivitäten die Letztzuständigkeit haben.

- Und drittens bemüht sich die Ortsgemeinde seit den 1970er-Jahren um ein breites Angebotsspektrum. Sie möchte damit in der pluralen Gesellschaft möglichst für alle da sein und den Gemeindegliedern »vor Ort« eine Kontaktfläche zur Kirche mit zielgruppengerechten Aktivitäten bieten.

Diese drei Elemente Flächendeckung, persönlicher Kontakt zur Pfarrperson und Angebotsvielfalt gehörten also ursprünglich nicht zusammen. Dass sich ihre Verbindung historisch so ergeben hat, macht ihre Schwierigkeit aus, mit weniger Ressourcen auszukommen: Überall soll es eine Gemeinde mit einem breiten Angebot geben, das von einer Pfarrperson letztverantwortet wird, von der zudem eine persönliche Beziehung zu den Gemeindegliedern erwartet wird.

Bisher wird vielerorts versucht, mit der Dehnung der bisherigen Strukturen die gewohnte Gestalt in einem größeren Rahmen weiterzuführen. Das geschieht dann, wenn im Rahmen einer Regionalisierung oder Fusion »Seelsorgebezirke« oder eine »pastorale Grundversorgung« aufrechterhalten werden, in der eine Person primär für die Kasualien und seelsorglichen Anliegen eines Bezirkes zuständig ist. Es gilt dann, wenn in einer fusionierten Gemeinde am gleichen Tag ähnlich ausgerichtete Gottesdienste gefeiert werden. Ebenso ist es der Fall, wenn möglichst viele Angebote für unterschiedliche Zielgruppen vor Ort aufrechterhalten werden, um Menschen nicht zu enttäuschen und ihren Erwartungen gerecht zu werden.

Diese Strategie der Dehnung und Weiterführung mit deutlich weniger Ressourcen hat jedoch Grenzen. Zunächst wirkt sie überlastend: Sie übt einen hohen Druck auf diejenigen aus, die möglichst viel von dem Bisherigen bewahren und gleichzeitig neue Wege suchen wollen. Insofern ist das im Moment verbreitete Gefühl von Überlastung, das viele Haupt- und auch Ehrenamtliche spüren, kein persönliches, sondern ein strukturelles. Weitergedacht führt die Dehnung dazu, dass das System kollabiert. Mindestens eines, vermutlich sogar zwei der drei Aspekte Flächendeckung, persönlicher Kontakt zu den Hauptamtlichen und breites Angebotsspektrum vor Ort können nicht mehr erfüllt werden. Wir sehen es in manchen Gegenden Ostdeutschlands: Pfarrstellen mit einer Zuständigkeit für 12 Gemeinden und 19 Predigtstellen oder eine fusionierte Gemeinde mit 25 Kirchen und einer Pfarrstelle bieten nicht nur Arbeitsbedingungen, die für den pastoralen Nachwuchs unattraktiv sind, sondern sind kaum gute Rahmenbedingungen dafür, Evangelium lebensnah zu kommunizieren und Menschen für die Kirche zu begeistern.

Damit sind wir bei der zweiten Problematik der Ortsgemeinde und ihrer klassischen Arbeitsformen: Sie spricht manche Menschen in ihrem Lebensgefühl und ihren Zugängen zum Glauben gut an – aber die meisten nicht. Seit Jahrzehnten trifft sie die Bedürfnisse von ca. 10-15 % der Kirchenmitglieder – obwohl deren Zahl in den letzten 50 Jahren um ca. die Hälfte gesunken ist und in den Gemeinden große Anstrengungen unternommen wurden, das zu ändern. Der Rückgang hat eine demografische Komponente, weil die traditionellen Sozialformen primär ältere Menschen ansprechen und die jüngeren Generationen nicht mehr nachrücken, wenn sie das Alter erreichen. In letzter Zeit kommt jedoch ein Mentalitätswechsel hinzu: Ein sporadischer Kontakt zur Kirche – bei Taufen, Trauungen und Bestattungen und möglicherweise zu Weihnachten oder zum Erntedankfest – reicht nicht mehr aus dafür, dass Menschen Kirchenmitglied bleiben. Ebenso unterstützen Menschen zunehmend weniger selbstverständlich den kulturellen und sozialen Beitrag der Kirche für die

Gesellschaft, den sie mit ihren symbolischen Gebäuden und Ritualen sowie ihrem sozialen Engagement leistet. Wie extrem dieser Wandel ist, zeigt der Vergleich der Kirchenmitgliedschaftsuntersuchungen von 2012 und 2022: Waren es 2012 noch 26 %, die sich möglicherweise vorstellen konnten, aus der Kirche auszutreten, stieg die Zahl 2022 auf 65 %! Nachgefragt, ob die Kirche etwas tun könne, damit sie nicht austreten würden, sagten 66 % der potzenziell Austrittswilligen, dass sie sich dafür deutlich verändern müsste. Insofern kann die Kirche sich nicht mehr damit zufriedengeben, dass der Hauptteil der Arbeitszeit von Hauptamtlichen und der Finanzen den ca. 10-15 % der Kirchenmitglieder zugutekommt, denen die bisherigen Formen gut liegen. Stattdessen muss sie Formen finden, die mehr und andere Menschen ansprechen als bisher. Das spiegelt sich auch darin, dass in der aktuellen Kirchenmitgliedschaftsuntersuchung 80 % der evangelischen Kirchenmitglieder meinen, dass sich die Kirche deutlich verändern muss, wenn sie eine Zukunft haben will.[3]

Folgt man diesen Überlegungen, kann die Konsequenz nur sein, kirchliche Sozialformen neu zu entwerfen, statt die bisherigen in einem größeren Rahmen und mit leicht veränderten Formen weiterzuentwickeln. Kriterium für die Kategorie des »Neuen« bildet dann zunächst die Auflösung der Kombination von Flächendeckung, persönlichem Kontakt zu den Hauptamtlichen und breitem Angebotsspektrum vor Ort. Alle drei Aspekte würden dann aber auch in sich verändert werden:

- Statt Gemeinde einseitig räumlich zu denken und Menschen einer Gemeinde zuzuweisen, gibt es eine Vielfalt von Gemeindeformen, denen sich Menschen selbst zuordnen.

3 Zu diesen Zahlen vgl. a.a.O., 57f. bzw. 48.

- Statt Pfarrpersonen und andere Hauptamtliche in Person als Zugänge zu Kirche zu verstehen, überzeugen die Inhalte – was natürlich von (haupt- und ehrenamtlichen) Personen unterstützt wird.
- Statt ein möglichst breites Angebotsspektrum möglichst überall vorzuhalten, werden an den kirchlichen Orten exemplarisch bestimmte Handlungsfelder gestaltet.

Mit Verlusterfahrungen durch die Veränderungen muss bewusst und seelsorglich umgegangen werden.
Solche Veränderungen in der Kirche sind nicht nur Aufbrüche und neue Chancen. Für manche Menschen sind damit auch Verluste verbunden. Das gilt vor allem für die Kirchenmitglieder, die mit den bisherigen Strukturen eng verbunden sind. Es gilt aber manchmal auch für Menschen, die einen gelegentlichen Kontakt zur Kirche pflegen und sich wünschen, dass sie z. B. bei einer Trauung noch die gleiche Kirche möglichst mit der gleichen Pfarrperson vorfinden, wie sie sie bei ihrer Konfirmation erlebt haben. Und selbstverständlich kann es auch für hauptamtlich in der Kirche Tätige gelten, die ja lange in diesen Strukturen und manchmal auch für ihren Erhalt gearbeitet haben.

Im Umgang mit diesen Verlustgefühlen erscheint es wichtig, die Ebenen zu unterscheiden: Sie sind als persönliche Äußerungen eines Verlustes ernst zu nehmen und seelsorglich zu begleiten, wobei Verständnis für ihre Perspektive geäußert werden sollte. Dies bedeutet jedoch nicht, diesen Schmerz niemandem zumuten zu wollen und daher auf die Veränderung zu verzichten. Die Kirche darf und muss vermutlich heute auch Menschen aufgrund von Veränderungen enttäuschen. Dafür ist es wichtig, sich bewusst zu machen, dass die Mehrheit der Kirchenmitglieder nur deshalb keine Enttäuschung äußert, weil sie gar nicht von der Kirche erwartet, dass sie ihnen gemäße

Formen anbietet. Dass sie nichts sagen, bedeutet nicht, dass sie mit den bisherigen Formen zufrieden sind – man denke daran, dass sich 80 % der Kirchenmitglieder eine deutliche Veränderung der Kirche wünschen.

Wichtig für den Umgang ist jedoch auch, nicht zu warten, bis die Enttäuschung artikuliert wird, bevor man darauf reagiert. Ein engagierter und sorgfältig durchdachter Dialog, der von den Perspektiven der Menschen ausgeht, bildet eine wichtige Grundlage für gelingende Veränderungsprozesse. An den Überlegungen sollten möglichst viele Menschen – und zwar solche, die an den bisherigen Formen teilgenommen haben, und solche, die das nicht getan haben – beteiligt werden. Dabei muss transparent gemacht werden, wer auf welchen Wegen in welchem Zeitraum Entscheidungen trifft und wie die Berücksichtigung der verschiedenen Stimmen erfolgt. Dass am Ende alle mit dem Ergebnis zufrieden sind, ist unwahrscheinlich – aber je mehr Menschen den Eindruck haben, dass ihre Anliegen gehört und ernst genommen werden, desto besser können sie sich mit Veränderungen arrangieren.

Hilfreich in diesen Prozessen ist auch, immer mitzudenken und zu kommunizieren, was der mögliche Gewinn in einem Verlust sein könnte. So kann es schmerzlich sein, nicht mehr in der gewohnten Kirche den Gottesdienst zu feiern, in dem man sich wohlfühlt; aber dafür feiert man ihn vielleicht mit deutlich mehr Menschen und er findet an einem anderen Ort zuverlässig in der gleichen Form statt.

Zu berücksichtigen ist schließlich auch, dass die bisherige enge Verbindung von Kirche und Ort die Erwartung hervorgerufen hat, dass die »eigene« Gemeinde in kurzer Distanz erreichbar ist. Zumindest für den Übergang und teilweise auch auf Dauer müssen Lösungen gefunden werden, wie weniger mobile Menschen unkompliziert die Gemeinde ihrer Wahl erreichen können. Wenn jedoch argumentiert wird, dass Menschen nur bereit seien, die Kirche oder Gemeinde in ihrem eigenen Dorf aufzusuchen, kann dies als Folge jahrhundertelanger Praxis und auch expliziter Erwartungen kirchlicherseits aufgefasst werden. Dann ist es keine unabänderliche Tatsache, sondern ein Argument dafür, nun eine andere Logik von Kirche behutsam anzubahnen, gut zu gestalten, transparent zu machen sowie Mobilitätslösungen anzubieten und einzuüben. Dabei sind neue und attraktive Bilder von Kirche und gute Erfahrungen mit ihren neuen Gestalten wichtig. Denn ohne eine Vision von einer lebendigen Kirche der Zukunft besteht die Gefahr, in den vertrauten Denkmustern zu bleiben und diese nur ein wenig zu erweitern. In diesem Sinne sind die folgenden Kapitel zu verstehen.

Insofern geht dieses Buch davon aus, dass Veränderungen der gemeindlichen Strukturen und Lebensäußerungen nicht nur im Blick auf die Ressourcen notwendig, sondern auch inhaltlich sinnvoll und schließlich realistisch umsetzbar sind. Ihr Ziel ist es, die Aufgabe der Kirche bestmöglich zu unterstützen, möglichst vielen und unterschiedlichen Menschen einen Zugang zu der Liebe Gottes zu ihnen und der gesamten Schöpfung zu eröffnen.

Kapitel 1
Gottesdienst

Einstieg: Szenen aus der kirchlichen Praxis

Szenario 1:
*»Gottesdienst als Mitte der Gemeinde« – das hat in der Petrusgemeinde einer Kleinstadt bis vor einigen Jahren noch recht gut funktioniert. Auch an einem ›normalen‹ Sonntag war die Kirche ziemlich gut besetzt mit älteren Menschen, Besucher*innen aus den verschiedenen Gruppen und Konfirmand*innen, die sich ihren Stempel abholen wollten. Mittlerweile sind viele der Älteren ins Pflegeheim gezogen, verstorben oder nicht mehr mobil genug. Manche der Gruppen gibt es nicht mehr und für viele Teilnehmer*innen der verbliebenen Gruppen ist der Sonntagsgottesdienst einfach nicht ihre Form, wie sie auf Nachfrage ehrlich sagen. Die Konfirmand*innen werden nicht mehr verpflichtet, sondern sollen in selbst gestalteten Jugendgottesdiensten die Chance bekommen, den Gottesdienst als lebendig und bedeutungsvoll für ihr Leben zu erfahren – und freiwillig kommen sie nicht in den traditionellen Gottesdienst.*

Die Gründe für den gesunkenen Gottesdienstbesuch leuchten den Hauptamtlichen und dem Kirchengemeinderat ein. Es stellt sich jetzt aber die Frage: Was tun? Weitermachen wie bisher in immer kleinerer Zahl – oder etwas ändern? Und wenn ja, was?

Szenario 2:
In der Gemeinde St. Gertrud ist der Gottesdienstbesuch schon seit vielen Jahren gering. Der Dorfgemeinde war ihre Eigenständigkeit immer wichtiger als regionale Zu-

*sammenarbeit. Jede Woche soll ein Gottesdienst in der wunderschönen, vom Kirchbauverein aufwändig renovierten kleinen Dorfkirche stattfinden. Dafür nimmt die Gemeinde in Kauf, dass er schon um 8.45 Uhr beginnt, damit die für mehrere Gemeinden zuständige Pfarrerin danach noch zwei weitere Gottesdienste schafft. Drei bis vier Gemeindeglieder bemühen sich sehr, regelmäßig zu kommen, damit die Pfarrerin nicht alleine dort steht. Manchmal kommen einige Tourist*innen dazu, die sich dann ein wenig unbehaglich umsehen, aber der Kirche viele Komplimente aussprechen. In der Grippewelle im letzten Winter fiel der Gottesdienst schon mal mangels Beteiligung ganz aus. Die Pfarrerin fragt sich, ob dieser Gottesdienst nicht zu den Aufgaben gehört, die angesichts ihrer permanenten Überlastung vielleicht doch einmal wegfallen könnten, bringt es aber bisher nicht über das Herz, die treuen Gottesdienstbesucher*innen und den Kirchbauverein damit vor den Kopf zu stoßen. Glücklich ist jedoch niemand mit der Situation.*

Szenario 3:
In der städtischen fusionierten Thomasgemeinde gibt es ein vielfältiges gottesdienstliches Angebot: Neben dem klassischen Gottesdienst am Sonntagmorgen, der einmal monatlich mit anderer Liturgie als Familiengottesdienst gefeiert wird, wird an jedem ersten Sonntag im Monat um 18 Uhr ein alternativer Gottesdienst »für Suchende« angeboten und ebenfalls jeden Monat ein Jugendgottesdienst, der die Konfis einbezieht. Ostermontag und Himmelfahrt werden Open-Air-Gottesdienste gefeiert, im Mai gibt es einen Motorrad-Gottesdienst und in der Passionszeit mittwochs um 20.30 Uhr meditative Gottesdienste. Die Gemeinde ist stolz auf ihre lebendige Gottesdienstkultur, von der sehr unterschied-

liche Menschen angesprochen werden, und die bei Weitem nicht nur Gemeindemitglieder anzieht.

Nachdem allerdings die Pfarrstellen von vier auf zwei reduziert worden sind und nun die Diakonin für die Region zuständig ist, erweist sich diese Fülle von Gottesdiensten als Last für die Hauptamtlichen. Neben ihren vielen anderen Aufgaben gehen die Vorbereitung und Durchführung über ihre zeitlichen Grenzen. In der Vorbereitung müssen sie immer öfter auf schon einmal gehaltene oder aus dem Internet gezogene Predigten zurückgreifen. Dazu gab es schon erste kritische Nachfragen.

Die Hauptamtlichen halten mit dem Kirchenvorstand Krisenrat: Sollen wir einen Teil der Gottesdienste abschaffen, und wenn ja, welchen? Wenn es nach der Zahl der Teilnehmenden geht, müsste es der agendarische Sonntagsgottesdienst sein, aber ist der nicht »Pflicht«? Können Ehrenamtliche einen Teil der Gottesdienste übernehmen? Können wir uns mit den Nachbargemeinden abstimmen und Gottesdienste zwischen uns aufteilen? Sind die Jugendgottesdienste noch sinnvoll, wenn gerade für die ganze Stadt eine Jugendkirche aufgebaut wird? Und seit die Nachbargemeinde ein Profil als Familienkirche entwickelt hat, sind die Gottesdienste für Klein und Groß ja auch nicht mehr so gut besucht. Die Gemeinde merkt bei der Auseinandersetzung: Hier geht es nicht nur um das Gottesdienstkonzept, sondern auch um das Selbstverständnis der Gemeinde – ein guter Anlass, sich damit zu beschäftigen.

1. Vor welchen Herausforderungen stehen die Gemeinden?

Der evangelische Gottesdienst wird schon seit dem 19. Jh. nur von einer Minderheit der Kirchenmitglieder besucht. Deren Anteil hat in den letzten Jahrzehnten und noch einmal in den letzten Jahren stark abgenommen. Vor der Corona-Pandemie besuchten den Gottesdienst an einem »normalen« Sonntag 3,2 % der evangelischen Kirchenmitglieder, Karfreitag waren es 3,8 %, Erntedank 6,6 %, während für Heiligabend 37,1 % gezählt wurden.[1] Dabei ist zu berücksichtigen, dass der Gottesdienstbesuch im Süden tendenziell höher ist als im Norden, im Osten (prozentual zur Kirchenmitgliedschaft) höher als im Westen und auf dem Land höher als in der Stadt – und natürlich können in den einzelnen Gemeinden die Zahlen ganz anders ausfallen. Daraus darf allerdings nicht geschlossen werden, dass sich das Interesse am Gottesdienst auf die jeweils gezählten Menschen beschränkt. Der Gottesdienstbesuch am Sonntagmorgen oder zu den Feiertagen ist nur noch für wenige Menschen alternativlos und auch wer prinzipiell den Gottesdienst schätzt, besucht ihn nicht jeden Sonntag. Die sechste Kirchenmitgliedschaftsuntersuchung der EKD hat gezeigt, dass 35 % der evangelischen Kirchenmitglieder häufiger als einmal im Jahr an einem Gottesdienst teilnehmen. Gleichzeitig belegt diese Studie, dass die Bedeutung des Gottesdienstes für die Kirchenmitglieder in den vergangenen 20 Jahren deutlich gesunken ist: Hatten 2002 noch 33 %

1 https://www.ekd.de/ekd_de/ds_doc/kirch_leben_2019_r.pdf (21.4.2024). Die neuesten Zahlen der EKD-Statistik beziehen sich auf 2021, wo teilweise noch Pandemiebedingungen herrschten, sind also nicht aussagekräftig, vgl. https://www.ekd.de/Gottesdienst-Zahlen-Daten-EKD-17289.htm (21.4.2024).

der Evangelischen in Westdeutschland und 53 % in Ostdeutschland angegeben, dass für sie der Gottesdienstbesuch zum Evangelisch-Sein dazugehöre, waren es 2022 noch 11 % in Westdeutschland und 19 % in Ostdeutschland.[2] Für die katholischen Kirchenmitglieder sind diese Zahlen mit 15 % im Westen und 27 % im Osten nur noch etwas höher, während sich der Gottesdienstbesuch bis vor einigen Jahrzehnten bei katholischen und evangelischen Gläubigen noch signifikant unterschieden hat und und bei den Katholik*innen wesentlich höher lag als bei den evangelischen Kirchenmitgliedern.

Dabei ist der Besuch des »normalen« Sonntagsgottesdienstes noch stärker milieuabhängig als viele andere kirchliche Angebote (Näheres zu Milieuansätzen in Kapitel 8). Er kommt überwiegend den Bedürfnissen der beiden ältesten Milieus entgegen, die von einer der Milieutheorien die »Hochkulturellen« und die »Bodenständigen« genannt werden.[3] Dabei freuen sich die »Hochkulturellen« besonders über die Orgelbegleitung und die gute liturgische Präsenz der Pfarrerin beim Abendmahl, während den »Bodenständigen« die freundliche Begrüßung und die bekannten Lieder besonders wichtig sind. Für die anderen vier Milieus – die die jüngere und mittlere Generation umfassen sowie sozial schwächer gestellte Menschen – ist der eigentlich für alle offene Gottesdienst schwerer zugänglich, als es seinem eigenen Anspruch entspricht. Faktisch ist er daher im Grunde ein »Zielgruppengottesdienst«, der in seinen Formen und seinem Charakter bestimmte Menschen deutlich stärker anspricht als andere.

Anders sieht es im Hinblick auf nicht-agendarische Gottesdienste aus. Zumindest bis zum Ausbruch der Corona-

2 Vgl. Ev. Kirche in Deutschland, Wie hältst du's mit der Kirche?, 62-64.

3 Vgl. Claudia Schulz/Eberhard Hauschildt/Eike Kohler: Milieus praktisch. Analyse- und Planungshilfen für Kirche und Gemeinde, Göttingen (2008) ^{2}2009.

Pandemie hat sich die Teilnahme an »besonderen« Gottesdiensten beständig erhöht. Ebenso verhält es sich mit den Weihnachtsgottesdiensten. Der Besuch von Einschulungsgottesdiensten hat sich vervielfacht. Gottesdienste anlässlich von Krisen und Katastrophen werden intensiv besucht, alternative Gottesdienste sprechen andere Bevölkerungsgruppen an. Ob die Pandemie einen Bruch dieser Entwicklungen bewirkt hat, ist heute noch nicht abzusehen.

Dies zeigt, dass nicht pauschal von einem Desinteresse am Gottesdienst unter evangelischen Christ*innen gesprochen werden kann. Die meisten Kirchenmitglieder nehmen schon lange nicht mehr primär wochenzyklisch am Gottesdienst teil, sondern eher »jahreszyklisch«, »lebenszyklisch« und anlassbezogen. Es ist heute nicht nur eine Frage der Wahl, ob man zum Gottesdienst geht, sondern auch, wann und zu welchem. Zu berücksichtigen sind auch die Fernsehgottesdienste mit großer Resonanz unter älteren Menschen sowie digitale Gottesdienstformen. Ungeachtet dessen finden in den meisten Kirchen in Deutschland nach wie vor am Sonntagmorgen agendarisch geprägte Gottesdienste statt.

Insofern steht das Handlungsfeld Gottesdienst vor besonders großen Herausforderungen. Dies gilt erst recht im Blick auf die nähere Zukunft: Es ist mehr als wahrscheinlich, dass die Besuchszahlen noch einmal stark abnehmen werden, wenn die jetzige ältere Generation als Hauptzielgruppe nicht mehr kommen kann. Denn diejenigen, die im Alter von 40 oder 50 Jahren den Gottesdienst nicht besuchen, werden kaum mit 70 oder 80 seinen Wert neu für sich entdecken.

Damit verschärft sich die Notwendigkeit, über den Stellenwert des Gottesdienstes für die Gemeinde und über sinnvolle Formen intensiv nachzudenken. Welche Modelle passen zu der »kleinen Schar«? Welche sprechen mehr und andere Menschen an als bisher? Wie feiern die Nachbargemeinden?

Ist der flächendeckend angebotene »normale« Sonntagsgottesdienst noch sinnvoll – und darf man diesen aufgeben oder verändern? Letztlich stellt sich damit in jeder Gemeinde die grundsätzliche Frage, welcher Rhythmus an welchen Orten in welchen Formen für den Gottesdienst heute sinnvoll ist. Für diese wichtigen Entscheidungen ist ein wenig liturgisches Hintergrundwissen hilfreich.

2. Was man dazu wissen sollte

2.1 Zum Charakter des Gottesdienstes

In religionswissenschaftlicher Perspektive wird der Gottesdienst verstanden als eine »rituelle Handlung, die von einer sich religiös verstehenden Gemeinschaft als Ausdruck ihrer Gottesverehrung vollzogen wird«[4]. Der christliche Gottesdienst bezieht sich dabei auf den Glauben an den einen Gott, von dem die Bibel in beiden Testamenten erzählt: im Ersten Testament von dem Bund, den Gott mit dem Volk Israel geschlossen hat und den er nach dem Zeugnis des Zweiten Testaments mit Leben, Sterben und Auferweckung Jesu von Nazareth für alle geöffnet hat. Gottesdienste werden gefeiert, »weil die Botschaft vom Heil in Jesus Christus verkündigt, die Sakramente gefeiert und die Erfahrungen des Glaubens in der Gemeinschaft der Christen ausgetauscht werden müssen. Dazu bedarf es eigener Versammlungsformen der Gemeinde und in ihrem Rahmen eigener Redeformen, die diesem (und zunächst nur diesem) Zweck dienen, der Kommunikation des

4 Peter Cornehl: Art. Gottesdienst VIII. Evangelischer Gottesdienst von der Reformation bis zur Gegenwart (TRE Bd. 14), 54-85, 54.

Evangeliums im Dialog zwischen dem Wort Gottes und der Antwort des Glaubens Raum zu geben.«[5]

Dies tut der Gottesdienst auf unterschiedlichen Ebenen: mit Worten, die dem besseren Verstehen von Glaubensfragen dienen; mit liturgischen Elementen, die in traditionelle Ausdrucksformen hineinnehmen und die Gefühlsebene ansprechen; mit Liedern, die zum gemeinschaftlichen Einstimmen einladen; mit biblischen Lesungen, die die Erinnerung an die Ursprünge wachhalten; mit Gebeten, die den direkten Kontakt zu Gott eröffnen; mit dem Abendmahl, das die Gegenwart Jesu Christi leiblich erfahrbar machen kann, und mit dem Segen, der die Zuwendung Gottes unmittelbar zuspricht.

Allerdings: All diese Dimensionen sind Intentionen, was der Gottesdienst bewirken *soll*. Ob und in welchem Maße Menschen dies so erleben und ob sie den Kontakt mit Gott und die Kommunikation des Evangeliums wirklich intensiver erfahren als in der Seelsorge, der Jugendfreizeit, der Meditation oder dem Impuls der Onlinekirche auf dem Handy, wissen wir nicht. Die wenigen empirischen Untersuchungen, die es bisher dazu gibt, deuten darauf hin, dass der Gottesdienst von manchen Kirchenmitgliedern (kaum von Nichtkirchenmitgliedern) sehr geschätzt wird – als Möglichkeit der Gottesbegegnung, als Orientierung für ihren Glauben und ihr Leben, als Raum für religiöse Empfindungen und Gefühle, als Ort von christlicher Gemeinschaft oder auch als Auszeit vom Alltag.[6] Für die Mehrheit auch der Kirchenmitglieder ist er jedoch für ihr persönliches Alltags- und Glaubensleben nicht besonders relevant – oder nicht relevant genug, dass sie ihm

5 Ders.: Der evangelische Gottesdienst. Biblische Kontur und neuzeitliche Wirklichkeit. Bd. 1: Theologischer Rahmen und biblische Grundlagen, Stuttgart 2009, 32f.

6 Vgl. Uta Pohl-Patalong: Gottesdienst erleben. Empirische Einsichten zum evangelischen Gottesdienst, Stuttgart 2011.

in der Konkurrenz der Möglichkeiten, den Sonntagvormittag zu gestalten, den Vorrang geben würden.

Denn der Gottesdienstbesuch ist eine mögliche Option in der Vielfalt von Wahlmöglichkeiten. Für ihn muss es gute Gründe geben und diese Gründe müssen immer wieder neu plausibel werden. Anders als in früheren Generationen liegen diese Gründe heute überwiegend im religiösen Bereich. Nur noch selten gehen Menschen in den Gottesdienst, weil es sich so gehört oder weil es keine alternativen Freizeitangebote gibt – höchstens noch, um andere Menschen zu treffen. Insofern liegt die Begründungslast der Entscheidung für den Gottesdienstbesuch bei ihm selbst als einer Veranstaltung, die den einzelnen Menschen in seinen religiösen Bedürfnissen anspricht. Denn heute spielen das persönliche Erleben und die Atmosphäre, also die ästhetische Dimension, neben der gehaltvollen Predigt eine wichtige Rolle. Vor allem aber erwarten Menschen heute in einem wesentlich höheren Maße als früher einen Gottesdienst, der lebensrelevant und in irgendeiner Weise hilfreich für ihren Glauben und ihr Leben ist. Wesentlich dabei ist auch die Sprache, die im Gottesdienst Verwendung findet. Erscheint sie theologisch formelhaft und fern der Lebenswelt, bildet dies für viele Menschen ein wichtiges Kriterium, den Gottesdienst nicht zu besuchen.

Dies ist in einer Gesellschaft, in der Menschen weitgehend selbst entscheiden, wie sie ihr Leben gestalten und wo sie dafür nach Unterstützung suchen, verständlich. Der klassische agendarische Gottesdienst wird jedoch der Erwartung, dem eigenen Leben dienlich zu sein, nur bedingt gerecht. Er ist vorrangig darauf ausgerichtet, sich der Wurzeln des Christentums und der Gemeinschaft zu vergewissern.[7] Damit aber

7 Vgl. Hartmut Kress/Karl-Fritz Daiber: Theologische Ethik – Pastoralsoziologie, Stuttgart u. a. 1996, 205.

geht es nicht vorrangig um den einzelnen Menschen mit seinen Fragen und Bedürfnissen, sondern um die religiöse Gemeinschaft in ihrer Geschichte, Gegenwart und Zukunft. Implizit vorausgesetzt wird dabei, dass sich die Gottesdienstteilnehmenden mit dieser religiösen Gemeinschaft identifizieren. Dies aber hat in der Gegenwart stark abgenommen, während gleichzeitig die persönlichen Fragen und Themen im Lebensgefühl von Menschen enorm an Bedeutung gewonnen haben. Eine Teilnahme am »Kultritual Gottesdienst« wird auf dem Hintergrund dieser Diskrepanz unattraktiver.

Hinzu kommt, dass die Formen des Gottesdienstes und seine Ansprüche an die Gemeindeglieder recht spezifisch und kaum aus dem Alltagshandeln zu erschließen sind. Ohne Vorkenntnisse kann man ihn nur schwer mitfeiern. Implizit setzt der Sonntagsgottesdienst auf eine religiöse Sozialisation möglichst von Kindheit an. Diese durch Erläuterungen oder durch die Pflicht zur Teilnahme in der Konfi-Zeit zu ersetzen, gelingt in der Regel nicht. Jugendliche fühlen sich überwiegend fremd im Gottesdienst – er hat fest geprägte Formen, eine oft aus vergangenen Jahrhunderten (oder im Falle des »modernen Kirchenliedes« aus vergangenen Jahrzehnten) stammende Musik und eine monologische Predigt. Nicht zuletzt ist der Altersdurchschnitt derjenigen, die den Gottesdienst freiwillig besuchen, hoch. Studien zeigen übrigens, dass das Fremdheitsgefühl auch dann bleibt, wenn man den Gottesdienst im jungen Erwachsenenalter häufig besucht und sich sonst in der Gemeinde wohlfühlt.[8]

8 Vgl. Benjamin Roßner: Das Verhältnis junger Erwachsener zum Gottesdienst. Empirische Studien zur Situation in Ostdeutschland und Konsequenzen für das gottesdienstliche Handeln, Leipzig 2005.

2.2 Zu den Formen des Gottesdienstes

»Gottesdienst« wird von den meisten Menschen mit einer bestimmten liturgischen Gestalt am Sonntagmorgen verbunden. Theologisch ist jedoch eine Vielfalt von Formen und Gestalten legitim und es werden – blickt man auf die Christenheit weltweit in allen Konfessionen – ganz unterschiedliche Formen praktiziert, die von der jeweiligen Kultur geprägt sind. Auch im deutschsprachigen Raum gibt es neben der »Normalform« vielfältige andere Modelle, die aber in der Regel als »zweites Programm« oder »Alternativangebot« gelten.

Diese Gewichtung kennt die *Bibel* nicht. Hier gibt es sehr vielfältige Formen von Feiern mit gottesdienstlichem Charakter. Jesus und seine Anhänger*innen haben offensichtlich an den beiden gottesdienstlichen Formen, die das Judentum zu ihrer Zeit prägten, teilgenommen: sowohl an den Ritualen im Tempel, für die Opfer zu Ehren JHWHs eine wichtige Rolle spielten, als auch am Synagogengottesdienst. Als sich das entstehende Christentum vom Judentum trennte, übernahm es wesentliche Elemente des Synagogengottesdienstes und feierte diesen zunächst in Privathäusern. Dabei gab es anfangs ganz unterschiedliche Gestalten des Gottesdienstes nebeneinander – und wie die Auseinandersetzung des Paulus mit der Praxis der Gemeinde in Korinth in 1 Kor 14 zeigt, konnte es auch durchaus chaotisch und (zu) bunt werden. In den von Paulus gegründeten Gemeinden wurden seine Briefe vermutlich als eine Art Predigt oder Lesung vorgelesen. Auch beim Abendmahl gab es unterschiedliche Formen, unter denen sich diejenigen durchsetzten, die das Brotbrechen und die Austeilung des Kelches mit der Erinnerung an die Nacht vor Jesu Tod verbanden.

Im *Mittelalter* entwickelte sich ein stark ritualisierter Charakter des Gottesdienstes. Er wurde jetzt von der Idee geprägt, dass in ihm Heil erworben werden kann, was für viele Menschen damals im Vordergrund stand. Der Gottesdienst mit der Eucharistie im Zentrum wurde als Opferhandlung verstanden, in dem das Opfer Christi nachvollzogen wurde und Gott vom Priester die gewandelte Gabe als Opfer erhält. Dafür erhofften sich Menschen göttliche Gnade und Erbarmen. Insofern ging es nicht um eine innere Beteiligung der Gemeinde, sondern um einen als objektiv verstandenen Vorgang: Je mehr Opfer gebracht, also Messen gelesen wurden, desto mehr Gnade wurde erwartet. Da die Teilhabe an der Eucharistie als entscheidend für das ewige Heil des Menschen verstanden wurde, gab es die »Sonntagspflicht«.

Die *Reformation* nahm Abstand von dieser Vorstellung, dass der Mensch *für Gott* ein Opfer darbringt (»sacrificium«) und deutete Wort und Sakrament als Gnadengabe Gottes *für den Menschen* (»beneficium«). Dieses Handeln Gottes sucht jedoch Resonanz – der Glaube des Menschen ist die Antwort auf das Handeln Gottes an ihm. Die Teilnahme am Gottesdienst wurde für den einzelnen Menschen durch die Reformation damit weniger heilsentscheidend. Denn das Eigentliche geschieht nicht mehr durch den liturgischen Akt und das Handeln des Priesters, sondern wird zur Angelegenheit zwischen Gott und Mensch, die auch zu anderen Zeiten und an anderen Orten stattfinden kann als am Sonntagmorgen in der Kirche. Hier liegt der theologische Grund dafür, dass lange Zeit die katholischen Gottesdienste besser besucht waren als die evangelischen. Allerdings hat die katholische Kirche im 2. Vatikanischen Konzil ihr Gottesdienstverständnis stark verändert.

Gleichzeitig legten Martin Luther und die anderen Reformator*innen Wert darauf, dass die Gemeinde versteht, worum es im Gottesdienst geht. Ihr Ziel war eine religiöse Mündigkeit aller Menschen. Die evangelischen Gottesdienste wurden daher in der Landessprache abgehalten. Der Gottesdienst bekam eine katechetische Dimension und diente der religiösen Bildung. Das begründet die Vorrangstellung der Predigt im evangelischen Gottesdienst, während das Abendmahl in seiner Bedeutung zurücktrat. Mit der Reformation wurde im evangelischen Gottesdienst zudem der Gemeindegesang wichtig. Dies brachte die emotionale und sinnliche Dimension in den Gottesdienst zurück, die sonst durch die Konzentration auf das Verstehen vermutlich ganz an den Rand gedrängt worden wäre.

2.3 »Agendarische« und »alternative« Gottesdienste

Klassisch folgt der Sonntagsgottesdienst einer Agende. Der Begriff geht auf das lateinische Verb »agere« zurück und meint »tun« oder »handeln«. Eine Agende ist also eine Handlungsanweisung. Die gegenwärtig in den Kirchen der EKD (Evangelische Kirche in Deutschland) geltende Agende heißt »Evangelisches Gottesdienstbuch«. Schon in dieser locker klingenden Bezeichnung grenzt es sich programmatisch von den bis dahin geltenden Agenden ab. Die zweite Hälfte des 20. Jhs. war von der »Agende I« geprägt, die in den 1950er-Jahren eine Stabilität des geistlichen Lebens aus der Orientierung an der Tradition gewinnen wollte. Das geistliche Amt war dominant, die Gebetssprache sehr traditionell, die Melodien gingen in Richtung Gregorianik und wollten bewusst einen Kontrapunkt zum modernen Lebensgefühl setzen.

Auch als eine Gegenbewegung dazu entstanden in den 1960er- und 1970er-Jahren diverse »Gottesdienste in neuer Gestalt«, motiviert durch die ökumenische Bewegung oder die Evangelischen Kirchentage. Sie folgten eigenen Gottesdienstabläufen, wählten moderne Lieder mit Gitarre statt der

Orgel, verwendeten neue Glaubensbekenntnisse und erprobten neue Verkündigungsformen wie die Dialogpredigt. Durch die Zusammenführung dieser Formen mit den Kindergottesdiensten entstanden die Familiengottesdienste. Auch mit Jugendgottesdiensten, »Krabbelgottesdiensten« oder Motorradgottesdiensten sollten andere Alters- oder Zielgruppen als die, die den »normalen« Gottesdienst üblicherweise besuchten, angesprochen werden.

Die Agendenreform in den 1980er-Jahren hatte eigentlich zum Ziel, das Nebeneinander einer starren »Normalliturgie« und eines liturgischen »Wildwuchses« in einen für alle Gottesdienste gültigen liturgischen Rahmen zu integrieren, in dem dann unterschiedliche Ausgestaltungen möglich sind. 1990 wurde die »Erneuerte Agende« (im Vorentwurf) vorgelegt. Viele Gemeinden engagierten sich in diesen liturgischen Erprobungsprozessen und formulierten diverse Verbesserungsvorschläge. Aus diesem Prozess entstand das »Evangelische Gottesdienstbuch«, das am 1. Advent 1999 in Gebrauch genommen wurde und bis heute überwiegend verwendet wird.[9]

Offensichtlich ist der dadurch eröffnete liturgische Spielraum jedoch nicht weit genug. Denn seit den 1990er-Jahren wurden in einer »zweiten Welle« alternativer Gottesdienste vielfältige liturgische Formen entwickelt. Sie werden meist abends gefeiert und nehmen damit ernst, dass sich für viele Menschen die Wochenenddramaturgie verändert hat und der Sonntagvormittag oft anderweitig belegt ist. Hinzu kamen Gottesdienste außerhalb des Kirchenraumes wie beispielsweise Open-Air-Gottesdienste.

9 Evangelisches Gottesdienstbuch. Agende für die Kirchen für die Evangelische Kirche der Union und für die vereinigten Evangelisch-Lutherische Kirche Deutschlands, hg. von der Kirchenleitung der VELKD und im Auftrag des Rates der Kirchenkanzlei der EKU, Berlin 2000.

Alternative Gottesdienste sind stark auf die Sinn- und Orientierungssuche und auf das religiöse Erleben der Teilnehmenden ausgerichtet. In ihrem Selbstverständnis bieten sie bewusst eine Wahlmöglichkeit, indem sie nicht an lokaler Logik (»ich gehe zum Gottesdienst der Gemeinde, zu der ich gehöre«), sondern an ästhetischer Logik (»ich gehe zum Gottesdienst, der mich von seiner Gestaltung her anspricht«) orientiert sind. Sie möchten die Bedeutung der christlichen Botschaft für das Alltagsleben zeigen. Sie wollen nicht die Tradition oder die christliche Gemeinschaft abbilden, sondern zum Glauben motivieren. Dafür bemühen sie sich in besonderer Weise um Verständlichkeit und gehen gerade nicht von der Notwendigkeit eines Hineinwachsens als Voraussetzung für den Mitvollzug aus. Sie wählen elementare Formen sowie eine alltagsbezogene Sprache. Die Predigt ist an Lebensfragen ihrer Hörer*innen orientiert. Häufig stehen sie unter einem Thema, das gesellschaftlich aktuell ist, an die Jahreszeit bzw. das Kirchenjahr anknüpft oder die Lebens- und Glaubenssituation der Teilnehmenden betrifft. Vorbereitet werden sie in der Regel von einem Team, das auch im Gottesdienst unterschiedliche Aufgaben übernimmt. Damit wird bewusst Abstand von dem liturgischen Gegenüber, von pastoralem Amt und Gemeinde genommen. Auch für die Gottesdienstbesucher*innen gibt es häufig Möglichkeiten zur Beteiligung wie Rückfragen an die Predigt oder das Formulieren von Fürbitten.

Typisch sind auch kreative Elemente wie Anspiele, Tanz, Zwiegespräche etc. Der Gottesdienst soll nicht einseitig am Verstand ausgerichtet sein, sondern die Sinne und Gefühle einbeziehen. Meditative Elemente eröffnen Raum für Gebet und Stille, sensibilisieren die Wahrnehmung und bringen die Mitfeiernden in Berührung mit sich selbst. Musikalisch sind sie in der Regel von modernen Liedern und anderen Instrumenten als der Orgel geprägt.

3. Welche Alternativen gibt es?

Die erste Alternative: Passende Gottesdienstformen zur konkreten Situation

Eine erste Variante sucht für den Gottesdienst Formen und Gestalten, die den gegenwärtigen Verhältnissen sowohl hinsichtlich der Zahl der Teilnehmenden als auch der personellen Ressourcen gerecht werden. Dafür gibt es folgende Möglichkeiten:

- Sie kann an der Länge des Gottesdienstes ansetzen. Ein kürzerer Gottesdienst kann mit Blick auf die körperlichen Möglichkeiten gerade bei älteren Teilnehmenden und auf die zeitlichen Ressourcen von Hauptamtlichen sinnvoll sein, gerade auch dann, wenn mehrere Gottesdienstorte nacheinander zu bespielen sind. Gefragt wird dann, ob nicht ein kurzer Predigtimpuls ausreichend ist – möglicherweise mit anschließendem Gespräch, interaktiven Formen oder eine stärker meditativen Gestaltung. Zu fragen ist auch, ob es die Liturgie in voller Länge braucht und wie viele Strophen wie vieler Lieder gesungen werden sollen.
- Sie kann fragen, welche Form von Gottesdienst atmosphärisch und ästhetisch zu den erwarteten Teilnehmenden passt: Ist eine Kreisform im Altarraum vielleicht angenehmer als wenige verstreut sitzende Menschen in den Bänken? Gibt es einen anderen ansprechenden (und besser zu heizenden) Raum? Ist der Gemeindegesang mit wenigen Menschen oder im Singen ungeübten (z. B. Tourist*innen, die sonst nicht zum Gottesdienst gehen) sinnvoll? Ist die Predigt von der Kanzel passend – oder wird es stimmiger, den Bibeltext und Gedanken dazu im Kreis miteinander zu teilen?
- Sie kann die Verantwortlichkeit für den Gottesdienst überdenken: Ist es sinnvoll, dass die Pfarrpersonen (auf Kos-

ten anderer Arbeitsbereiche) einen erheblichen Teil ihrer wöchentlichen Arbeitszeit für den Gottesdienst aufwenden? Gibt es andere Hauptamtliche, die sich stärker an der gottesdienstlichen Arbeit beteiligen könnten? Sind musikalische Gottesdienste unter alleiniger Leitung der Kirchenmusiker*innen denkbar? Gibt es Prädikant*innen oder Lektor*innen bzw. Gemeindeglieder, die sich dazu ausbilden lassen möchten? Können Gottesdienste möglicherweise auch ohne liturgische Leitung gemeinsam gefeiert werden – und welche Gestalt wäre dem dann angemessen und täte gut, ohne zu überfordern?

Angesichts der Vielfalt von Möglichkeiten in der Bibel, der Kirchengeschichte und der Gegenwart, Gottesdienst zu feiern, ist der Spielraum gottesdienstlicher Formen oft wesentlich größer, als zunächst im Blick ist. Es kann sich lohnen, in die Suche nach passenden und angemessenen Formen vor Ort Zeit und Kreativität zu investieren – wobei natürlich die Ressourcen im Blick sein müssen.

Ein *Vorteil* dieses Ansatzes ist seine hohe Flexibilität. Er ist konsequent auf die Passgenauigkeit der gottesdienstlichen Formen für die konkreten Verhältnisse ausgerichtet und kann in diesen auch variiert werden – so dass z. B. die Verantwortlichkeit für den Gottesdienst wechselt. Die Predigten können dabei mal kürzer oder länger ausfallen. Interaktive und meditative Impulse sind möglich. In touristischen Gebieten können sie im Blick auf die besondere Einladung für Urlauber*innen anders gefeiert werden als außerhalb der Saison. Das Konzept kann zudem gut ausprobiert und bei Veränderungsbedarf unkompliziert anders gestaltet werden. Da keine Absprachen mit anderen Gemeinden getroffen werden müssen, bleiben die Entscheidungswege vor Ort.

Die rein lokale Orientierung bietet allerdings auch *Nachteile.* Die Variante verteilt die gesamte Arbeit nur auf Menschen vor Ort. Neben den Pfarrpersonen sind weitere Hauptamtliche, engagierte Ehrenamtliche mit einem Auftrag dafür oder Gemeindemitglieder, die bereit sind, Gottesdienst eigenverantwortlich zu gestalten, erforderlich. Es setzt eine gestalterische Flexibilität auf allen Seiten voraus und die innere Haltung, Gottesdienst als Suchprozess zu verstehen, was nicht immer gegeben ist. Dies muss auch vom Presbyterium mitgetragen und mitgestaltet werden. Da diese Variante des Gottesdienstes an denjenigen, die bisher an ihm teilgenommen haben, orientiert ist, ist es unwahrscheinlich, dass er durch diese Art von Veränderungen für mehr und andere Menschen attraktiver wird.

Die zweite Alternative: Gottesdienst in einem größeren regionalen Rahmen

Eine zweite Möglichkeit, Gottesdienste unter gewandelten Bedingungen zu gestalten, besteht in der Entkoppelung von Kirchenraum und wöchentlichem Gottesdienstrhythmus: Es findet nicht in jeder Kirche an jedem Sonntagmorgen ein (agendarischer) Gottesdienst statt, sondern dieser wird in einer Kirche in einer Region, einer fusionierten größeren Gemeinde oder einer sonstigen sinnvollen regionalen Größe gefeiert. Dabei kann der Gottesdienstort wöchentlich wechseln oder in einer bestimmten Kirche fest angesiedelt sein (während andere Kirchen möglicherweise mit anderen Formen von Gottesdienst verbunden werden; vgl. die dritte Alternative, oder hier jahreszyklisch Gottesdienste an Festtagen stattfinden). Für die weniger mobile Bevölkerung muss überlegt werden, wie der Weg zum Gottesdienst unterstützt werden kann, z. B. mit einem kirchlichen Fahrdienst oder lokalen Fahrgemeinschaften.

Vorteile dieses Vorgehens sind zunächst einmal die Entlastung für die Hauptamtlichen und auch die Ehrenamtlichen, wenn diese den Küster*innendienst, die Lesungen und weitere Elemente oder als Prädikant*innen den gesamten Gottesdienst gestalten. Statt dass die Pfarrpersonen oder Prädikant*innen mehrere Gottesdienste hintereinander verantworten, können sie sich auf einen Gottesdienst konzentrieren. Vor dem Gottesdienst sind Zeit und Ruhe vorhanden, und anschließend ist Raum für Kontakt und Gespräche. Ökologisch und finanziell ist es von Vorteil, weniger Kirchengebäude heizen zu müssen. Gleichzeitig können die Teilnehmenden Gottesdienste mit einer größeren Zahl von Menschen feiern, was gerade im säkularen Kontext nicht zu unterschätzen ist für das Bewusstsein, Christ*in zu sein. Wird das Konzept mit einem kirchlichen Fahrdienst verbunden, bekommt der Gottesdienst ein zusätzlich einladendes soziales Element.

Ein *Nachteil* dieser Variante ist, dass mit Widerständen umgegangen werden muss. Jahrhundertelang wurde Kirche in enger emotionaler Verbindung mit lokaler Identität gedacht und praktiziert, was sich besonders am Gottesdienst festmacht. Nicht selten wird zudem die Relevanz von »Kirche« an der Häufigkeit von Gottesdiensten gemessen. Insofern ist Kritik nicht nur von regelmäßigen Gottesdienstbesucher*innen, sondern auch von Menschen, für die der wöchentliche Gottesdienst zur Identität des Dorfes oder des Stadtteils gehört (möglicherweise ohne dass sie an ihm teilnehmen), möglich. Schließlich müssen für diese Variante Absprachen über Orte und Verantwortliche mit anderen Gemeinden getroffen werden, die den gleichen Weg gehen möchten.

Die dritte Alternative: Gottesdienst in vielfältigen Formen

Eine dritte Variante setzt bei der Frage an, welche Formen von Gottesdienst es eigentlich für welche Menschen wahrscheinlich machen, dass sie den Kontakt zu Gott und die Begegnung mit dem Evangelium als gewinnbringend für ihr Leben erfahren. Sie nimmt Elemente der ersten beiden Alternativen auf, setzt jedoch nicht mit dem Ort oder der Form ein, sondern mit dem Blick auf die Menschen, für die der Gottesdienst da sein soll. Dafür können Milieuperspektiven hilfreich sein, wenn man sich bewusst macht, dass diese Konstruktionen sind und nicht Abbildungen realer Menschen, und dass sie den Blick weiten wollen, statt ihn auf ein spezifisches Milieu hin zu verengen (vgl. dazu näher Kapitel 8).

Dabei stellt sich die Frage nach milieudifferenzierenden und milieuverbindenden Ansätzen: Möchte man versuchen, mit einer Form möglichst unterschiedliche Menschen anzusprechen? Oder möchte man unterschiedliche Gottesdienste für unterschiedliche Zielgruppen feiern? Die erste Variante erscheint auf den ersten Blick attraktiver, hat jedoch die Schwierigkeit, dass schon im Blick auf die Gottesdienstzeit, aber auch inhaltlich bezüglich Musikstil, Liturgie und Predigt die Bedürfnisse sehr unterschiedlich sind. Es ist verständlich, dass die Idee des einen Gottesdienstes als »Mitte der Gemeinde« nicht leicht aufzugeben ist. Dies sollte allerdings nicht so gelöst werden, dass diese Idealvorstellung dazu führt, dass der Gottesdienst faktisch dann für eine bestimmte Zielgruppe attraktiv ist und für anderen nicht.

Die Alternative besteht darin, Gottesdienst bewusst im Plural zu denken und zu konzipieren, idealerweise gemeinsam mit den Menschen, für die er ansprechend und gut zugänglich sein soll. Formen wie Jugendgottesdienste, Gottesdienste für Groß und Klein oder die oben genannten alternativen Gottesdienste können als Inspiration dienen. Diese Formen werden in dieser Variante jedoch nicht als »zweites Programm« verstanden, vielmehr sind alle Formen von Gottesdienst gleichberechtigt. Klare Entscheidungen unter Berücksichtigung der

Ressourcen und der Frage, welche Zielgruppen an welchem kirchlichen Ort in welchem Rhythmus im Blick sein sollen, können vor Überforderung schützen. Hilfreich ist ein wiederkehrendes erkennbares Profil. Insofern ist eine Abstimmung in der Region und auch darüber hinaus in einem Kirchenkreis, einem Dekanat oder einer kleinen Landeskirche sinnvoll, was an die zweite Alternative anknüpft.

Dabei stellt sich auch die Frage nach dem Begriff »Gottesdienst«. Dieser kann durchaus für neue Formen eine Hürde zur Teilnahme bilden, während Namen wie beispielsweise »Feierabend« niedrigschwelliger sein können. Gleichzeitig muss selbstverständlich transparent gemacht werden, welchen Charakter eine Veranstaltung hat.

Ein *Vorteil* dieser Variante ist der mutige Schritt, statt von den vertrauten Formen vom inhaltlichen Sinn des Gottesdienstes auszugehen und dafür neue Wege zu entwickeln. Mehr und andere Menschen können auf diese Weise einen Zugang zum Gottesdienst bekommen. Weiter ist zu nennen, dass der Blick auf die zeitlichen Möglichkeiten der Hauptamtlichen und die Beteiligung Ehrenamtlicher von Vornherein mitgedacht werden kann.

Als *Nachteil* ist zu nennen, dass ähnliche Widerstände wie in der zweiten Variante zu erwarten sind, möglicherweise noch gesteigert durch das Gefühl des gleichzeitigen Verlustes von Ort und Form.

4. Anregungen zur Weiterarbeit

Fragen auf dem Weg zu einer eigenen Position

- Was soll der Gottesdienst eigentlich leisten – für Sie persönlich, für regelmäßige Gottesdienstbesucher*innen unterschiedlicher Generationen, für die gelegentlich oder »zufällig« Teilnehmenden, für die Gemeinde?
- Welche Elemente des agendarischen Gottesdienstes sind dafür hilfreich, welche weniger? Welche zusätzlichen Elemente würden Sie sich wünschen?
- Welche Bedeutung hat es für Sie persönlich, aber auch für Ihnen bekannte »kirchennahe« und »kirchenferne« Menschen, dass der Gottesdienst in lokaler Nähe stattfindet? Warum ist das so? Was müsste sich verändern, damit es anders wäre?
- Angenommen, Sie besuchen einen Gottesdienst in einer Ihnen ganz unvertrauten Form, z. B. auf einem anderen Kontinent oder in einer anderen Religionsgemeinschaft – was muss gegeben sein, damit Sie sich darin wohlfühlen?
- Welche der drei Handlungsalternativen wäre Ihnen emotional die nächste? Warum? Welche würden Sie rational befürworten?

Ein biblisch-bibliologischer Impuls:

Markus 2,23-27: Hunger am Sabbat (Übersetzung der Zürcher Bibel)
Und es geschah, dass er am Sabbat durch die Kornfelder ging, und unterwegs begannen seine Jünger, Ähren zu raufen. Und die Pharisäer sagten zu ihm: Schau her, warum tun sie,

was am Sabbat nicht erlaubt ist? Und er sagt zu ihnen: Habt ihr nie gelesen, was David tat, als er Mangel litt und hungrig war, er und seine Gefährten? Wie er in das Haus Gottes hineinging zur Zeit des Hohen Priesters Abiatar und die Schaubrote aß, die niemand essen darf außer den Priestern, und wie er auch seinen Gefährten davon gab? Und er sagt zu ihnen: Der Sabbat ist um des Menschen willen geschaffen, nicht der Mensch um des Sabbats willen.

Eine Frage, die Jüd*innen damals beschäftigt hat und auch heute beschäftigt: Welche Tätigkeiten sind dem Sabbat, der als von Gott geschaffener Ruhetag verstanden wird, angemessen? Dazu gab und gibt es verschiedene Antworten im Judentum, die in der Regel an konkreten Beispielen festgemacht werden. Dies ist vorweg wichtig, um die Szene bei Markus nicht als Konflikt zwischen »Judentum« und »Christentum« misszuverstehen. Es geht dabei um einen der vielfältigen Versuche innerhalb des Judentums, eine sinnvolle und angemessene Antwort auf eine wichtige Frage für Religion und Alltag zu finden, für die unterschiedliche Meinungen gerade hilfreich sind.

In diesem Fall entzündet sich die Diskussion daran, dass die (sich selbstverständlich als jüdisch verstehenden) Menschen, die sich um Jesus aus Nazareth versammelt haben und mit ihm ohne festen Wohnsitz durch Galiläa ziehen, eine kleine Feldernte für den persönlichen Bedarf vornehmen. Dies war – in der damals herrschenden großzügigen »Sozialgesetzgebung« – grundsätzlich erlaubt: Menschen ohne festen Lebensunterhalt durften sich nehmen, was sie zum Leben brauchten. Der Gruppe um Jesus wird jedoch entgegengehalten, dass der Sabbat nicht der Tag dafür ist, für seine Nahrung zu arbeiten. Dies sollte vorher erledigt sein, damit man den Sabbat als Ruhetag ernst nimmt. Wie die Anhänger*innen

Jesu, die so kritisiert werden, reagieren, wird nicht erzählt – es mag ihnen unangenehm sein und sie mögen sich ertappt fühlen, möglicherweise reagieren sie aber auch trotzig oder sie spüren vor allem ihren leeren Magen. Vielleicht halten sie das aber auch für eine wichtige Frage und sind neugierig, welche Haltung Jesus dazu einnimmt. Denn in einer solchen Frage muss er doch eigentlich ebenso wie alle anderen jüdischen Führungsfiguren eine klare Position haben.

Die hat er auch und äußert sie – und nimmt dabei Partei für seine Leute, was die Hungrigen erleichtert haben dürfte. Wenn sie trotz ihres Hungers aufmerksam zuhören, dürfte ihnen aber auffallen, dass sie nicht prinzipiell den Charakter des Ruhetags ignorieren sollen. Es heißt auch nicht, dass sie ab jetzt jeden Sabbat auf das Feld dürfen. Jesus macht aus dem konkreten Beispiel, das er der gemeinsamen Tradition aller Anwesenden entnimmt, sozusagen einen Präzedenzfall: Im Konfliktfall gehen konkrete Bedürfnisse von Menschen vor – vor an sich sehr sinnvollen Formen und Regeln. Denn (und hier wird er nun doch grundsätzlich): Die Formen sind ja da, um Gutes für Menschen zu bewirken, sie sind Hilfestellungen, das Leben zu bewältigen, und sie wollen dem Menschen dienen, statt ihn einzuschränken. Dies ist keine neue Idee, sondern dürfte im Grunde jüdischer Konsens gewesen sein. Jesus spitzt damit eine grundsätzliche Orientierung auf den Konfliktfall zu: Formen dienen Menschen oder, wie es Jahrhunderte später die Bauhausbewegung formulierte: »form follows function«.

Möglicherweise kann diese jüdische Debatte auch einen hilfreichen Impuls bieten für die christliche Frage heute, wie wir den Gottesdienst zwischen traditionellen Formen und menschlichen Bedürfnissen denken und gestalten möchten.

Eine methodische Idee für die gemeinsame Arbeit in einem kirchlichen Gremium:

Baukastengottesdienste

Seit einiger Zeit gibt es in verschiedenen Kontexten die Idee, dass sich Menschen »ihren« Gottesdienst aus diversen »Bausteinen« zusammenstellen können – in der Regel digital durch Anklicken verschiedener Varianten für Lieder, Gebete und andere Elemente. Die Grundidee dabei ist: Der Gottesdienst ist kein »Gesamtpaket«, das man nur fertig übernehmen oder ablehnen kann, sondern seine Elemente sind flexibel und Sache von Gestaltung.

Auf die Arbeit in einer Gruppe umgesetzt, können die Teilnehmenden zunächst die Elemente des Gottesdienstes, die sie für wichtig halten, jeweils auf ein Blatt Papier in einer bestimmten Farbe schreiben. Anschließend notieren sie Varianten dieser Elemente auf Papiere in einer anderen Farbe. So könnte beispielsweise auf roten Blättern »Lieder«, »Predigt«, »Stille« oder »Uhrzeit des Gottesdienstes« und »Ort des Gottesdienstes« stehen und auf blauen Zetteln »Lieder aus dem Evangelischen Gesangbuch« und »moderne Lieder« oder auch »Lieder vor dem Gottesdienst einüben«; »klassische Predigt«, »Dialoge« oder auch »nur 8 Minuten«; »Stille am Anfang des Gottesdienstes«, »Musik während der Stille« oder auch »nur eine Minute«; »Sonntag um 11 Uhr«, »Freitagabend« oder auch »wechselnd«; »immer in der Kirche xx«, »in wechselnden Kirchen« oder auch »im Altarraum« usw.

Anschließend wird geguckt, worin Einigkeit besteht und worüber diskutiert werden muss. Liegt mit dem Befund schon eine der drei genannten Varianten nahe oder muss zwischen diesen eine Entscheidung getroffen werden? Wird – umgekehrt – schon eine Variante ausgeschlossen? Aus diesem Befund kann ein Weg entwickelt werden, wie man zu einem für die Gemeinde oder den kirchlichen Ort sinnvollen Gottesdienstkonzept kommt.

Hinweis: Möchte man sich nicht mit dem jetzigen Stand der Gottesdienstbesuche zufriedengeben, ist es wichtig, auch Menschen zu beteiligen, die bislang nicht oder selten den Gottesdienst besuchen.

Kapitel 2
Kasualien

Einstieg: Szenen aus der kirchlichen Praxis

Szenario 1:
Als sich der Kirchengemeinderat der Genezareth-Gemeinde in seiner Jahresbilanz mit den Taufen, Trauungen und Bestattungen beschäftigt, die in der Gemeinde gehalten worden sind, bekommen etliche Mitglieder einen Schreck. Die Kasualien waren zwar schon vor Corona immer mehr zurückgegangen und der große Einbruch 2020 war mit den Pandemiebedingungen gut erklärbar, jetzt aber sind die Zahlen für alle Kasualien noch einmal deutlich niedriger als vor Corona. Die Erwartung, dass Menschen Taufen oder kirchliche Trauungen nachholen würden, hat sich nicht erfüllt. Der Pfarrer berichtet, dass Menschen, die sonst keinen Kontakt zur Gemeinde haben, kaum noch wegen Taufen und Trauungen anfragen. Und selbst unter denjenigen, die er aus ihrer Konfi-Zeit, über die kirchliche Kita oder aus anderen Begegnungen persönlich kennt, gibt es viele, die ihre Kinder nicht taufen oder sich trauen lassen. Auch die Zahl der kirchlichen Bestattungen ist extrem zurückgegangen. Woran liegt das? Sind Kasualien insgesamt nicht mehr attraktiv? Oder scheuen Menschen speziell die in der Tat nicht sehr ansprechende Genezareth-Kirche? Aber sie gehören doch nun einmal zu dieser Gemeinde. Kann man etwas tun, um die Kasualien wieder attraktiver zu machen oder muss man akzeptieren, dass die Menschen ihre Entscheidungen so treffen?

Szenario 2:
Die Segens-Gemeinde hingegen hat das umgekehrte Problem: Ihre wunderschöne Kirche am Meer war schon immer eine beliebte Hochzeitskirche. In den letzten Jahren ist ihr Ruf über die sozialen Medien so bekannt geworden, dass sich die Gemeinde vor Anfragen nach Taufen und vor allem Trauungen nicht mehr retten kann. Das liegt allerdings auch an der Pfarrerin, von der in vielen digitalen Foren begeistert erzählt wird. Das Gemeindebüro bittet die Anfragenden zwar immer, ihre »eigene« Pfarrperson mitzubringen; aber die Antwort ist meistens, dass man gerade die Pfarrerin dieser Gemeinde wolle. Manchmal wird auch erstaunt gefragt, wie man denn eine »eigene« Pfarrperson bekäme (»über das Internet?«).

*Der Arbeitsaufwand ist für die gesamte Gemeinde erheblich. Die Küsterin und der Kirchenmusiker müssen kommen und jemand muss die Urkunden ausstellen. Es muss immer wieder geklärt werden, dass weder Reis noch Konfetti gestreut werden sollen. Für die Pfarrerin nehmen zusätzlich zu der Vorbereitung und der Durchführung der Kasualien die Trau- und Taufgespräche (viele digital) immer mehr Zeit in Anspruch. Kirchenmitgliedschaft ist in diesen Gesprächen oft ein Thema. Dass ein Elternteil oder ein Teil des Brautpaares in ihrer Landeskirche eigentlich Kirchenmitglied sein muss, leuchtet vielen nicht ein. Die Pfarrerin nutzt ihren seelsorglichen Spielraum für Einzelfallentscheidungen. Das gilt auch im Hinblick auf Pat*innen ohne Kirchenmitgliedschaft. Meist finden sich gute Lösungen, aber die Gespräche dafür sind zeitaufwändig. Auch nicht-heterosexuelle Paare sind bei ihr und in der Gemeinde herzlich willkommen. Gemeinde und Pfarrerin freuen sich, dass die Trauung dieser Paare und die Taufe ihrer Kinder rechtlich unkompliziert möglich sind. Mit ihnen sind jedoch die Gespräche häufig* *besonders intensiv, weil negative Erfahrungen mit der Kirche aufzuarbeiten sind. Auch die klassischen Rituale passen eigentlich nie und sind sorgfältig mit den Beteiligten neu zu erarbeiten. Das empfindet die Pfarrerin auch als ihre originäre Aufgabe und sie ist immer wieder bewegt davon, was in den Gesprächen und vor allem dann bei der Feier der Rituale selbst geschieht. Aber dass sie für diese intensive zusätzliche Arbeit keine Entlastung im Hinblick auf ihre sonstigen Tätigkeiten bekommt, erscheint ihr ungerecht. Ebenso geht es der Gemeinde, die wahrnimmt, dass ihre Pfarrerin für andere Aktivitäten viel weniger Zeit hat. Manche Gemeindeglieder beschweren sich auch, dass ihre Kirche so sehr von »Fremden« in Beschlag genommen wird. Dass diese reichlich für die Gemeinde spenden, löst das Problem nicht. Die Pfarrerin hat mittlerweile das Gefühl, zwei Gemeinden zu haben. Beide sind ihr wichtig, aber so geht es nicht weiter. Was wäre hier eine gute Lösung?*

Szenario 3:
In der aus zwei Gemeinden fusionierten Peter- und Paul-Gemeinde ist die Übernahme von Kasualien regelmäßig eine Quelle des Konflikts zwischen den Pfarrpersonen. Sie hatten bei der Fusion entschieden, dass sie viele Arbeitsfelder unter sich aufteilen, aber »Seelsorgebezirke« nach den früheren Grenzen behalten, mit denen auch die Zuständigkeit für die Kasualien verbunden ist. Das klappt aber nicht gut. Manchmal gibt es terminliche Probleme, weil eine Pfarrperson ein freies Wochenende oder Urlaub hat, wenn eine Trauung in »ihrem« Seelsorgebezirk stattfinden soll und es unklar ist, ob jemand einspringt und ob die Gemeindeglieder das gutheißen. Konflikte gibt es auch, weil eine Pfarrerin in ihrem Seelsorgebezirk grundsätzlich nur im Gemeindegottesdienst tauft, während die beiden anderen auch eigene

*Taufgottesdienste anbieten. Und die nicht-heterosexuellen Paare möchten ohnehin alle von dem schwulen Kollegen getraut werden. Außerdem hat sich herumgesprochen, dass eine Pfarrperson bei Anfragen nach Trauungen auf Kirchenmitgliedschaft besteht und schon kritische Nachfragen stellt, wenn nur ein Teil des Paares in der evangelischen Kirche ist, während ihre Kolleg*innen ein offenes Gespräch suchen. Dafür darf man bei einer anderen im Gottesdienst nicht fotografieren.*

Die Pfarrpersonen merken, dass die Verteilung der Kasualien entlang der Seelsorgebezirke nicht nur zu Abstimmungsproblemen führt, sondern auch zu Konkurrenzen, die ihre ansonsten eigentlich gut laufende Arbeit im Team beeinträchtigen. Sie suchen eine strukturelle Lösung: Soll vielleicht doch eine Person für alle Kasualien zuständig sein? Eigentlich übernehmen aber alle gerne Taufen, Trauungen und Bestattungen. Und was ist, wenn dann eine andere Person gewünscht wird? Und man müsste sich auch einigen, ob es eigene Taufgottesdienste gibt und wie man mit der Kirchenmitgliedschaftsfrage und mit dem Fotografieren im Gottesdienst umgeht ...

1. Vor welchen Herausforderungen stehen die Gemeinden?

Die Kasualien galten lange als stabiler Faktor des gemeindlichen Lebens und der pastoralen Tätigkeit, unterliegen aber heute starken Veränderungen. Zum einen hat die Zahl der Taufen, Trauungen und Bestattungen stark abgenommen. Ein Grund dafür ist, dass Biografien »bunter« geworden sind: Wer nicht heiratet, keine Kinder bekommt, sich trennt oder als Patchworkfamilie zusammenlebt, findet zumindest in den klassischen Kasualien kaum ein passendes Angebot. Dass Alleinerziehende ihre Kinder deutlich seltener taufen lassen als verheiratete Paare, zeigt bereits, wie sehr die Kirche als eine Institution wahrgenommen wird, die an einem klassischen Familienbild orientiert ist. Das empfinden erst recht nicht-heterosexuelle Paare und sog. Regenbogenfamilien mit zwei Müttern, zwei Vätern oder transidenten Eltern so, zumal die rechtliche Gleichstellung aller Lebensformen in den meisten Landeskirchen noch jung und in einigen noch gar nicht vollzogen ist. Manchmal wird der Kirche auch nicht zugetraut, dass sie Menschen individuell begleitet (»wir wollen eine Trauung, die zu uns passt, und suchen deshalb eine freie Ritualanbieterin«). Andere Menschen sehen sich aus finanziellen oder sozialen Gründen nicht in der Lage, ein eigenes Fest zu feiern, und nehmen deswegen Abstand von einer Kasualie. In jungen Familien wirkt sich zudem nicht selten hemmend aus, dass der Alltag mit kleinen Kindern und zwei Berufstätigkeiten so viel Kraft beansprucht, dass man kaum ein aufwändiges Fest planen mag.

Zudem passt die übliche kirchliche Erwartung, dass sich die Kirchenmitglieder mit Kasualanfragen an »ihre« Gemeinde wenden, der sie über ihren Wohnsitz zugeordnet sind, für viele Menschen nicht mehr – oder sie ist auch gar nicht bekannt. Man wählt die Pfarrperson und vor allem den Ort für eine Kasualie zunehmend selbst, was die Stellen- und Finanzplanung der Kirchen jedoch nicht unbedingt abbildet (vgl. Szenario 2).

Hinzu kommt, dass es für manche Menschen bereits eine Hürde ist, sich überhaupt für eine Taufe, Trauung oder Bestattung an eine Gemeinde zu wenden. Dies beginnt mit der Frage, wie man diese überhaupt findet. Man kennt möglicherweise die Bedingungen und Abläufe oft nicht (»Wen ruft man an, schreibt man besser eine Mail oder geht es auch über Instagram? Was wollen die dann wohl von uns wissen?«) und fühlt sich diesen gegenüber fremd (»Was glauben die eigentlich und was erwarten sie von uns?«). Dieser »fremden Welt« Gemeinde bzw. ihrer Pfarrperson zuzutrauen, an einem wichtigen und sensiblen Punkt des Lebens ein passendes Ritual zu gestalten, verständnisvoll begleitet zu werden und dabei wirklich das eigene Leben zu feiern, ist ein großer Schritt. Und gerade, wenn man sich noch gar nicht so sicher ist, dass man auf jeden Fall kirchlich getraut werden oder sein Kind taufen lassen möchte, ist die Barriere der Fremdheit nicht selten zu hoch, um sie zu überspringen. Das kann ein Grund dafür sein, dass Angebote wie Tauffeste oder eine Taufe im Rahmen einer Mittagsandacht ohne konkreten Gemeindebezug, wie sie beispielsweise in St. Marien in Berlin-Mitte möglich sind, einen auf den ersten Blick erstaunlichen Zuspruch erhalten.[1]

Die Herausforderung wird dadurch verstärkt, dass Menschen, die sich ein Ritual an einer Lebenswende wie nach der Geburt eines Kindes, bei der Heirat oder beim Abschied von einem Menschen wünschen, dieses auch bei säkularen Ritualanbieter*innen finden können, die digital sehr gut auffindbar sind. Trauerredner*innen sind schon lange eine starke Konkurrenz für die Kirche, zumal sie für die Bestatter*innen oft unkomplizierter erreichbar und die Bestattungen mit ihnen besser planbar sind. Mittlerweise haben aber auch Hochzeitsrituale und Willkommensfeiern für Kinder an Bekanntheit und Beliebtheit gewonnen. Auch sogenannte »freie Taufen« werden auf dem Markt und auf Babymessen beworben, die Sprache und Bilder der Kirche aufnehmen. Die Kirche befindet sich mit ihren Kasualien also längst auf einem »Markt«. Sie muss zeigen, dass ihr Angebot so passgenau auf die Menschen

1 Vgl. https://marienkirche-berlin.de/gemeinde/ (21.4.2024).

und ihre Anliegen eingeht, wie es für säkulare Ritualagenturen selbstverständlich ist. Entgegen manchen Vermutungen, dass bei säkularen Angeboten der kommerzielle Faktor im Vordergrund stehe, sehen es viele der Ritualanbieter*innen als ihre Aufgabe an, in enger Absprache mit den Beteiligten und mit hohem Aufwand – drei Vorgespräche sind keine Seltenheit! – ein für das Paar oder die Familie genau passendes Ritual zu entwickeln. Viele empfinden es hier als Vorteil, dass es keine formalen Zugangsbedingungen wie Kirchenmitgliedschaft und auch keine »gefühlten« wie Vertrautheit mit der Gemeinde gibt.

Gleichzeitig verweisen die kirchlichen Kasualien auf eine Dimension, die freie Rituale in der Regel nicht im Blick haben und nicht im Blick haben wollen (wobei es auch Ausnahmen gibt, die kaum von einer kirchlichen Handlung zu unterscheiden sind): die religiöse Dimension, die besonders im Segen ihren Ausdruck findet. Freie Rituale sind meist »immanent«, also innerweltlich ausgerichtet. Sie stellen die Liebe des Paares zueinander, die Liebe der Eltern zu ihrem Kind oder die Beziehung zu der verstorbenen Person in den Vordergrund. Die »transzendente« Dimension, die größer ist als das menschliche Bemühen und auch noch tragen kann, wenn die menschlichen Möglichkeiten am Ende sind, prägt hingegen die kirchlichen Kasualien. Damit haben sie einen wirklichen Mehrwert. Diesen herauszustellen und für die Teilnehmenden erlebbar zu machen bildet einen hohen Anspruch vor allem für die Pfarrpersonen.

Damit stellt sich die Frage, wie Gemeinden mit Kasualien künftig umgehen. Um dies zu entscheiden, ist Hintergrundwissen hilfreich: Was sind Kasualien, was bedeuten sie (nicht) für die Kirchenmitgliedschaft und was hat sich in dem Zugang zu ihnen in den letzten Jahren und Jahrzehnten verändert?

2. Was man dazu wissen sollte

2.1 Zum Charakter der Kasualien

Das Wort »Kasualien« leitet sich von lateinisch »casus« – der Fall – ab. Bezeichnet werden damit Gottesdienste, die nicht nach dem Kalender – wöchentlich oder kirchenjahreszeitlich – gefeiert werden, sondern aufgrund eines Anlasses in der Lebensgeschichte von Menschen, eines speziellen »Falls«. Klassische Kasualien sind Taufe, Konfirmation, Trauung und Bestattung. Mittlerweile gibt es aber auch sog. »neue« Kasualien wie die silbernen und goldenen Hochzeiten und Konfirmationen, Gottesdienste zum Schulanfang, zum Eintritt in den Ruhestand, anlässlich von Trennung oder Scheidung eines Paares und auch erste Erfahrungen mit Transitionsritualen, die die Angleichung an das subjektiv eigene Geschlecht gottesdienstlich begehen.

Wohl auf keinem anderen kirchlichen Handlungsfeld geht es so deutlich und explizit um die Begegnung zwischen christlicher Tradition und persönlichem Leben wie bei den Kasualien. Für eine Person (Taufe), für ein Paar (Trauung), für eine Gruppe (Konfirmation) und für ein soziales Netzwerk (Bestattung) wird ein Gottesdienst ausgerichtet, in dem das jeweilige Leben mit den persönlichen Erfahrungen in einem sakralen Rahmen zum Thema wird. Dies geschieht nicht zufällig an »heiklen« Punkten der Biografie, die klassisch in Zusammenhang mit einschneidenden biografischen Veränderungen stehen – Geburt, Erwachsenwerden, Familiengründung und Tod. Die Kasualie thematisiert die Veränderung und gibt Raum zum Nachdenken darüber ebenso wie zum Feiern. Sie deutet die Lebensgeschichte von Menschen im Horizont des christlichen Glaubens. Bei Bestattungen gibt sie der Trauer

Raum und Worte. Vor allem vermittelt sie an diesen emotionalen, lebensgeschichtlich heiklen Punkten der Übergänge die Zuwendung Gottes, die besonders im Segen spürbar wird. Gerade im Segen wird deutlich, dass Leben in christlicher Perspektive immer geschenkt und Gott verdankt ist, denn Segen kann man sich nicht selbst zusprechen. Der einzelne Mensch und seine individuelle Lebensgeschichte werden wertgeschätzt, aber die Kasualien geben auch Raum, Schattenseiten, Brüche oder sogar Scheitern anzusprechen. Hier ist der Segen besonders wichtig, weil er bedingungslos ist.

Kern der Kasualie ist eine rituelle Handlung, die von Gesten und Symbolen bestimmt ist. Sie ist körperlich geprägt, wenn dem Täufling ein Kreuzzeichen auf die Stirn gezeichnet wird und er mit Wasser in Kontakt kommt, wenn die Hände des Brautpaars ineinandergelegt werden oder wenn die Pfarrperson den Konfirmand*innen für die »Einsegnung« die Hände auflegt. Diese rituellen Handlungen folgen in der Regel vorgegebenen traditionellen Mustern. Dies kann für Menschen entlastend wirken: Man muss sie nicht persönlich erfinden, sondern kann sich in vorgegebene Formen hineinbegeben. Traditionelle Formen können aber auch irritieren und befremdlich wirken, weil sie nicht das »Eigene« repräsentieren. Dabei spielt die Sprache eine wichtige Rolle: Rituelle Gesten und Symbole können durchaus auch bei kirchenfernen Menschen tragen, wenn die Sprache und die Sprachbilder für sie verständlich sind und an ihre Lebenswelt anknüpfen. Insofern gibt es große Gestaltungsspielräume, allerdings auch Grenzen. Diese sind nicht einheitlich definiert, sondern werden von Pfarrpersonen und Gemeinden unterschiedlich gesetzt. Abweichungen von den traditionellen Formen werden heute tendenziell eher großzügiger gehandhabt als noch vor einigen Jahrzehnten.

2.2 *Kasualien und das Verhältnis zur Kirche*

Kasualien waren und sind eine Gelegenheit, bei der Menschen wieder neu (und manchmal auch erstmalig, wenn eine der beteiligten Personen kein Kirchenmitglied ist) in Kontakt mit der Kirche kommen – als direkt Beteiligte oder als Teil der Familienkreise bzw. als Freund*in oder Nachbar*in. Diese relative Selbstverständlichkeit einer Begegnung nimmt mit der zurückgehenden Zahl von Kasualien beständig ab. Dies ist insofern für die Kirche von großer Bedeutung, weil in Westdeutschland bis vor einigen Jahrzehnten eine Form von Kirchenmitgliedschaft üblich war, die an bestimmten Punkten ihres Lebens wie eben an Kasualien aktiviert wurde. Insofern haben sich Kirchenmitgliedschaft und Kasualien gegenseitig stabilisiert. Allerdings stand dies schon immer in Spannung mit der vermuteten oder tatsächlichen Erwartung der Gemeinde und ihrer Hauptamtlichen, regelmäßig am Gemeindeleben teilzunehmen. Dies zeigen Sätze in Trau- oder Taufgesprächen wie »Wir sind ja keine großen Kirchgänger, aber ...«. In Ostdeutschland konnte sich diese Form einer selbstverständlichen Kirchenmitgliedschaft ohne regelmäßigen Kontakt zur Kirche angesichts der wesentlich geringeren Zahl von Kirchenmitgliedern im viel stärker säkularen Kontext gar nicht erst ausbilden.

Trägt nun die volkskirchliche Selbstverständlichkeit nicht mehr, muss es inhaltliche Gründe dafür geben, sein Kind taufen, sich trauen zu lassen oder für sich selbst oder seine Angehörigen eine kirchliche Bestattung zu wünschen. Damit kommt auf die Kirche die Aufgabe zu, deutlicher zu machen als bisher, worin der Gewinn der Kasualien für das Leben besteht.

Gleichzeitig gibt es jedoch Menschen, die sich eine Kasualie wünschen, ohne dass sie Kirchenmitglied sind: Manche

Paare ohne Kirchenmitgliedschaft möchten kirchlich getraut werden; es gibt gar nicht so selten Nachfragen nach Taufen von Kindern, deren Eltern keine Kirchenmitglieder sind, und ebenso bitten Menschen um kirchliche Bestattungen von Nicht-Kirchenmitgliedern. Mit diesen Anliegen gehen die Kirchen regional unterschiedlich um und es gibt auch einen Ermessens- und Gewissensspielraum für die Pfarrpersonen aus seelsorglichen Gründen. Häufig führen diese Abwägungen dann jedoch dazu, dass die eine Pfarrperson macht, was die andere ablehnt – was im konkreten Fall häufig hilfreich, jedoch theologisch und für das Bild der Kirche in der Öffentlichkeit nicht förderlich ist. Es erschwert zudem die Orientierung, was möglich ist und wer wofür zuständig ist.

Dahinter steht ein Konflikt von zwei Logiken, die grundsätzlicher bedacht und entschieden werden müssten: Die rechtliche Logik der Mitgliedschaft und die theologische Logik des göttlichen Segens. Die *rechtliche Logik* geht noch davon aus, dass bewusst und aus inhaltlichen Gründen eine Entscheidung dagegen getroffen wurde, Mitglied der Kirche zu sein. Dies aber ist heute zunehmend weniger der Fall, denn vor allem in Ostdeutschland, zunehmend aber auch in Westdeutschland, hatten immer mehr Menschen in ihrer Kindheit keinen oder keinen relevanten Kontakt zur Kirche und es gab nie eine Entscheidung für oder gegen eine Taufe. Gleichzeitig wird in der rechtlichen Logik finanziell argumentiert: Es sei unfair, wenn Menschen kirchliche Leistungen in Anspruch nähmen, die sie nicht durch ihre Kirchensteuer mitfinanzieren würden. Vor allem fiele dann ein Argument dafür weg, in der Kirche zu bleiben, wenn man trotzdem alle Leistungen bekommen könnte. Diese Argumentation mit den Interessen der Institution ist einerseits nachvollziehbar. Andererseits ist – ebenso auf institutioneller Ebene – zu fragen, wie lange das »Kasualienargument« als Begründung für Kirchenmitgliedschaft noch trägt, wenn es mittlerweile gute Alternativen gibt. Und würde die Kirche möglicherweise langfristig mehr gewinnen, wenn sie durch Offenheit für alle ebenso überzeugt wie durch ihr Alleinstellungsmerkmal, nämlich die religiöse Dimension und den göttlichen Segen? Dabei ist ja durchaus auch eine – sozial gestaffelte – Gebührenordnung denkbar.

Damit würde in der *theologischen Logik* zugleich ein Problem gelöst: Menschen den göttlichen Segen zu versagen ist theologisch kaum zu rechtfertigen. Der göttliche Segen ist nicht an irdische Vorbedingungen wie eine Kirchenmitgliedschaft gebunden. Dass Menschen darüber eine Entscheidung treffen, wer ihn bekommt und wer nicht, ist theologisch problematisch. Hier stehen gegenwärtig noch theologische Einsicht und kirchenrechtliche Bestimmungen, verknüpft mit finanziellen Interessen, im Widerstreit.

2.3 Individuellere Gestaltung von Kasualien

Auch wenn Menschen sich für eine kirchliche Kasualie entscheiden, bedeutet dies nicht, dass sie sich selbstverständlich in eine traditionelle Form hineinbegeben. War bis vor einigen Jahrzehnten die Ansprache häufig das einzige individuelle Element einer Taufe, Trauung oder Bestattung, so wirkt sich heute die gesellschaftliche Entwicklung, dass Menschen ihr Leben als Subjekte selbst gestalten, auf die gesamte Kasualie aus. Dieses Selbstbewusstsein gegenüber den kirchlichen Traditionen scheint seit Corona noch einmal gewachsen zu sein. Zunehmend verstehen Menschen den Kasualgottesdienst als »ihre« Feier und möchten sie entsprechend nach ihren religiösen, vor allem aber ästhetischen Vorstellungen mitgestalten. Dabei geht es häufig um die Musik, manchmal auch um nichtbiblische Texte, aber auch um gestalterische Elemente.

Darin liegt die Chance, dass Menschen in besonders intensiver Weise berührt werden und sich für sie etwas ereignet, was wir theologisch als Wirken des Geistes deuten. Es stärkt zudem das »Priestertum aller Gläubigen«, indem ernst genommen wird, dass in der lutherischen Tradition liturgische Kompetenzen nicht auf das Amt beschränkt sind. Auf der anderen Seite wird die Gestaltung von Kasualien dadurch komplexer, durchaus auch arbeitsaufwändiger, und es tun sich Konfliktfelder auf: Wo sind die Grenzen der persönlichen Gestaltung erreicht, jenseits derer der christliche Charakter einer Kasualie gefährdet ist und/oder der Selbstdarstellungsanteil einen so großen Raum einnimmt, dass nicht mehr deutlich wird, dass die Menschen die Empfangenden sind? Und wo liegen die Grenzen des Arbeitsaufwandes für die Gemeinden und die Pfarrpersonen? Hier sind manchmal Aushandlungsprozesse erforderlich. Für diese sind einerseits Kriterien nötig und andererseits ein genaues Hinhören auf die Anliegen, außerdem ein sensibler, aber auch klarer Umgang mit Bedürfnissen. Am stärksten ist dies bei Hochzeiten der Fall, bei denen sich nicht wenige Pfarrpersonen durch das permanente Abwägen und Entscheiden, aber auch im Hinblick auf den zeitlichen Aufwand überfordert fühlen. Auch das klassische Konfliktfeld des Fotografierens während des Rituals hat sich angesichts der Bilderkultur der sozialen Medien verschärft. Die Pfarrpersonen sind in diesen Aushandlungsprozessen einerseits Anwält*innen der kirchlichen Perspektive und damit »Partei«, andererseits aber auch Moderator*innen mit seelsorglicher Funktion, die gleichzeitig von einer Metaebene her auf den Konflikt blicken und eine Entscheidung herbeiführen möchten, die allen Anliegen gerecht wird. Dies erfordert eine wertschätzende Grundhaltung und eine kommunikative Kompetenz, aber auch Zeit und Energie für ein Handlungsfeld, das im gemeindlichen Alltag eben nur eines neben vielen anderen darstellt.

Hinzu kommt, dass sich Menschen immer häufiger den Ort »ihrer« Kasualien selbst aussuchen möchten. Einerseits bedeutet dies, dass zunehmend Taufen und Trauungen außerhalb des Kirchenraums gewünscht werden, beispielsweise am Strand, in den Weinbergen oder auch an einem Ort, der für das Paar oder die Familie eine besondere Rolle spielt – wenn es überhaupt bekannt ist, dass so etwas auch kirchlich (und nicht nur mit freien Redner*innen) möglich ist. Und wenn der Gottesdienst in einem Kirchenraum stattfinden soll, dann wird dieser immer mehr nach ästhetischen Gesichtspunkten gewählt statt nach der Zugehörigkeit zu der Gemeinde. Dafür orientieren sich viele Menschen mittlerweile an Eindrücken aus den sozialen Medien. Wie die Szenarien 1 und 2 zeigen, reiben sich damit die kirchlich-gemeindliche und die persönliche Perspektive in einer Weise, die die Kasualien sehr ungleichmäßig auf Kirchen und Pfarrpersonen verteilt.

3. Welche Alternativen gibt es?

Die erste Alternative: Gestaltung von Tauf- und Traufesten
Eine erste Möglichkeit, Kasualien unter den gewandelten Bedingungen anders zu gestalten, ohne dazu die Gemeindeformen grundsätzlich zu verändern, sind Tauffeste oder Traufeste bzw. Segnungen für Paare. Damit gibt es erste gute Erfahrungen, sowohl organisiert von Kirchengemeinden mit einem großen Einzugsgebiet und einer öffentlichen Ausstrahlung (wie z. B. der Hamburger St. Michaeliskirche), von Kirchenkreisen (als einer der ersten z. B. der Kirchenkreis Loccum-Stolzenau) oder auch von Kasualagenturen (vgl. Alternative 3). Das bedeutet: Zu einem bestimmten Tag wird öffentlich über unterschiedliche Medien oder auch gezielt eingeladen, indem

beispielsweise evangelische Eltern nicht getaufter Kinder angeschrieben werden; es gibt aber auch eine dauerhafte Internetpräsenz dieses Angebotes für eine ganze Landeskirche.[2] Angemeldet oder manchmal auch spontan finden dann diverse Taufen oder Trauungen bzw. oft auch Segnungen für Paare statt, die kirchenrechtlich nicht den Status einer Trauung haben. Dies kann nacheinander geschehen, was sich vor allem anbietet, wenn das Fest in der Kirche stattfindet, aber auch mit mehreren Ritualen gleichzeitig, wenn es im Freien auf einer größeren Fläche, z. B. am Strand, geschieht.[3] Die Pfarrpersonen führen entweder einige Wochen vorher oder direkt davor ein Gespräch mit dem Paar bzw. den Eltern und manchmal auch mit den Pat*innen und gestalten dann das Ritual mit einer Liturgie und einer kurzen individuellen Ansprache. Familienangehörige und Freund*innen können selbstverständlich mitgebracht werden. Oft wird eine solche Veranstaltung mit einer Einladung zur anschließenden Feier für alle Beteiligten verbunden, für die Tische und Bänke aufgestellt und Essen vorbereitet wurde. So kann man auf die Beobachtung reagieren, dass vor dem Hintergrund komplizierter Familienverhältnisse, bei Menschen mit wenig Einkommen oder auch einfach nur im anstrengenden Alltag junger Familien die Organisation eines Festes oft eine große Hürde bildet.

Ein *Vorteil* dieses Vorgehens ist zunächst, dass ein Anlass für eine Kasualie geboten wird, der im Alltag offensichtlich häufig fehlt. Wenn Taufen und auch kirchliche Trauungen zum einen eine Wahlmöglichkeit und zum anderen zeitlich flexibler geworden sind, dann ist ein von außen gesetzter Anlass als Impuls hilfreich, die Kasualie zu realisieren. Zudem ist

2 Vgl. z. B. https://segen.bayern-evangelisch.de/einfachheiraten.php (21.4. 2024).

3 Vgl. z. B. https://www.kkre.de/aktuelles/details/news/erstes-kirchenkreisweites-tauffest-am-eckernfoerder-strand (21.4.2024).

bei dieser Einladung die Schwelle zur Anmeldung niedriger, weil sich Kirche in diesem Format offen für alle – unabhängig von ihrem Kontakt zur Gemeinde – zeigt. Im Fall der Segnungen für Paare ohne kirchenrechtlichen Traustatus werden dezidiert Menschen unabhängig von ihrer Kirchenzugehörigkeit angesprochen und auch bi-religiöse Paare sind explizit willkommen. Selbstverständlich gilt das auch für alle Lebensformen jenseits der Heterosexualität. Wenn damit eine Einladung zu einem von der Kirche für die Menschen gestalteten Fest verbunden wird, dann entlastet diese nicht nur, sondern zeigt auch symbolisch den einladenden Charakter der Kirche. Erfahrungsgemäß werden mit dieser Form etliche Menschen erreicht, die sich sonst nicht an die Kirche wenden würden.

Ein *Nachteil* dieser Variante ist, dass andere Kirchengemeinden und auch Pfarrpersonen dies gelegentlich als Konkurrenz zu Kasualien in ihren Gemeinden empfinden (was es allerdings faktisch aufgrund der anderen Zielgruppe nur selten ist). Die Variante erfordert zudem ein gutes Projektmanagement mit langem Vorlauf sowie Menschen, die von ihren Fähigkeiten und Neigungen in der Lage sind, eine größere Veranstaltung zu organisieren.

Die zweite Alternative: Kasualien als gemeindlicher Schwerpunkt in regionaler Abstimmung

Eine weitere Möglichkeit, Kasualien künftig zu gestalten, ist die Abstimmung in einer Region (bzw. in einer fusionierten größeren Gemeinde), an welcher Kirche und in wessen Zuständigkeit Kasualien eines entsprechend größeren Einzugsgebietes künftig angesiedelt werden sollen. Damit erstreckt sich die Schwerpunktsetzung, die mit einer Fusionierung oder Regionalisierung in der Regel ohnehin verbunden ist, auch auf dieses Handlungsfeld. Das schließt nicht aus, dass es bei einer Bindung an eine andere Pfarrperson oder eine Kirche Ausnahmen geben kann. Im Regelfall aber werden Kasualien an einer Kirche angesiedelt, die möglichst eine für eine Kasualgemeinde passende Größe hat und architektonisch ansprechend ist – weder der Betonbau aus den 1960er-Jahren noch die gotische Kathedrale sind prädestiniert dafür.

Damit kann verbunden sein, dass eine Person aus dem regionalen Pfarrteam weitgehend – außer in den genannten Ausnahmen, wie Urlaub o. Ä. – für die Kasualien zuständig ist, oder aber die Zuständigkeit wechselt in einem bestimmten zeitlichen Rhythmus. Im zweiten Fall wären klare Absprachen zur Gestaltung der Kasualien wichtig.

Eine solche Kasualkirche kann intensiv in die Kommunikation investieren. Es kann Mailings an evangelische Eltern geben, deren Kinder noch nicht getauft sind, oder Briefe an Neugeborene und ihre Eltern. Sie kann in der Öffentlichkeit eines Dorfes oder Stadtteils präsent sein, möglicherweise als »Pop Up Church« in überraschenden Formen, sodass Menschen nicht zur Kirche hingehen müssen, um in Kontakt mit ihr zu kommen. Kontakte im Senior*innenheim können über Bestattungen informieren und auch Trauerbegleitung anbieten usw.

An dieser »Kasualkirche« können Angebote entwickelt werden, die an die Kasualien anschließen wie beispielsweise Wochenenden für Paare vor einer Trauung, Unterstützung in religiösen Fragen von Kindern für die Eltern, Tage für Taufpat*innen oder Treffen in Trauergruppen. Damit würden vermutlich auch Menschen erreicht, die von den klassischen Gruppen der Ortsgemeinde weniger angesprochen werden.

Ein *Vorteil* dieser Variante ist, dass sie einerseits relativ nahe an der bisher überwiegenden Praxis ist, Kasualien in der Ortsgemeinde anzusiedeln. Andererseits nutzt sie die Chancen regionaler Zusammenarbeit oder Fusionierung: nämlich durch Schwerpunktsetzungen die pastorale Arbeit klarer zu strukturieren, verlässlicher zu gestalten und eine Konzentration auf bestimmte Arbeitsbereiche zu erreichen, statt sich in kleinteiligen Aufgaben zu verlieren. Wird die Variante gewählt, dass eine Person zuständig für die Kasualien ist, kann dieser Arbeitsbereich deren Neigungen und Talenten in besonderer Weise entsprechen. Kirche und Person(en) können auf der Homepage der Gemeinde als Anlaufstelle für Kasualien für ein Gebiet oder eine Stadt genannt und porträtiert werden. Gleichzeitig können die thematischen Angebote im Bereich der Kasualien vorgestellt und damit die Zielgruppen gut angesprochen werden. Für die Kirchenmitglieder schafft dies einerseits Transparenz und gleichzeitig möglicherweise neue Zugänge zur Kirche.

Ein *Nachteil* dieser Variante ist, dass mit der Anbindung an eine konkrete Gemeinde die Schwelle sonst völlig kirchenferner Menschen dennoch nicht ganz niedrig ist. Das Pfarrteam muss bei dieser Lösung möglichst frei von Konkurrenz und in den genannten inhaltlichen Fragen einig oder zumindest kompromissbereit sein. Es müssen zudem gute Lösungen gefunden werden für Menschen, die sich für ihre Kasualie eine andere Kirche wünschen – beispielsweise weil sie in dieser schon konfirmiert worden sind und jetzt dort gerne getraut werden möchten.

Die dritte Alternative: Kasualagenturen als Orte von Kasualien

Als eine dritte mögliche Verortung von Kasualien sind die Kasualagenturen bzw. »Segensbüros« zu nennen, die in den letzten Jahren in mehreren Landeskirchen und Kirchenkreisen entstanden sind. Dies sind kirchliche Einrichtungen, die für die Kasualanfragen zuständig sind, die sich aus unterschiedlichsten Gründen nicht an eine Ortsgemeinde richten. Manchmal werden Anfragen nur an die Gemeinden weitergeleitet, in der Regel entscheiden die Kasualagenturen aber im Einzelfall, ob eine Vermittlung oder die Durchführung der gewünschten Kasualien sinnvoller ist. Denn ihr Grundprinzip ist die konsequente »Subjektorientierung«, also das Eingehen auf die Anliegen und Bedürfnisse der Beteiligten, sofern es nicht den christlich-kirchlichen Rahmen verlässt. Wann dies der Fall ist, ist immer eine Einzelfallentscheidung nach genauer Wahrnehmung und gründlicher Auseinandersetzung mit den Beteiligten.

Grundsätzlich wird vieles möglich gemacht: Trauungen und Taufen an ungewöhnlichen Orten (von der Kneipe bis zum Heißluftballon), mit unterschiedlichen Elementen und Beteiligten (so darf auch der Hund die Ringe bringen), mit unterschiedlichen oder auch gar keinen Religionszugehörigkeiten (bi-religiöse Paare und Nicht-Kirchenmitglieder) und in unterschiedlichen Konstellationen (so kann auch eine Partnerschaft von drei Frauen, die gemeinsam ein Kind großziehen, gesegnet werden). Kasualagenturen sind geleitet von der Idee, dass Gottes Segen allen Menschen gilt, die ihn sich wünschen, ohne dass kirchlich-menschliche Barrieren ihn hindern sollen. Es fragen dort aber auch viele Paare oder Familien nach Taufen, Trauungen oder Bestattungen an, denen die Ortsgemeinde atmosphärisch fremd oder einfach auch unbekannt ist.

Ein *Vorteil* dieser Variante ist, dass die Kirche damit eine dauerhafte Möglichkeit bereitstellt, Kasualien in Anspruch zu nehmen, wenn die Ortsgemeinde als Anlaufstelle für Menschen nicht in Frage kommt. Sie erreicht damit Menschen für Taufen, Trauungen und Bestattungen, die sonst keinen Kontakt zur Kirche aufnehmen würden. Kirche zeigt sich in dem weitreichenden Eingehen auf die Anliegen und Wünsche von Menschen als offen für unterschiedliche Lebensstile und (populäre) Kulturen. Die Pfarrpersonen an den Kasualagenturen sind auf ungewöhnliche Konstellationen und Wünsche eingestellt. Sie haben Zeit für den oft komplexen Einzelfall und entsprechende Erfahrungen sowie ein Team, mit dem sie Grenzfälle besprechen können.

Als *Nachteil* ist zu nennen, dass nicht immer das – ergänzend gedachte – Verhältnis zu den ortsgemeindlichen Kasualien geklärt ist und daher Spannungen und Konflikte auftreten können. Seitens der Ortsgemeinde kann die Kasualagentur als Konkurrenz und Verlust der Zuständigkeit und von Kontaktflächen mit Menschen empfunden werden, obwohl sie sich an Zielgruppen wendet, für die die Ortsgemeinde nicht gut zugänglich ist.

4. Anregungen zur Weiterarbeit

Fragen auf dem Weg zu einer eigenen Position

- Was sollen die Kasualien eigentlich für die Menschen leisten, um die es geht? Auf welchen Wegen könnten sie dies voraussichtlich besonders gut leisten?
- Welchen Stellenwert sollen Kasualien in der Kirche haben? Welchen Stellenwert in der Gemeinde? Welchen Stellenwert für die Arbeit der Pfarrpersonen?
- Was würde der Gemeinde fehlen, wenn sie keine Kasualien mehr anbieten würde? Was würde sie vielleicht auch gewinnen?
- Was könnte die Rolle der Gemeinde bei einem Tauffest oder Traufest sein? Würden Sie selbst dabei gerne mitwirken – und wenn ja, warum und in welcher Rolle?
- Welche der drei Handlungsalternativen wäre Ihnen emotional die nächste? Warum? Welche würden Sie rational befürworten?

Ein biblisch-bibliologischer Impuls:

Apg 8,26-40: Die Taufe des Eunuchs aus Äthiopien (Übersetzung der Zürcher Bibel)[4]

Ein Engel des Herrn aber sprach zu Philippus: Mach dich auf und geh nach Süden auf die Straße, die von Jerusalem nach Gaza hinabführt; sie ist menschenleer. Und er machte sich auf und ging. Da kam ein äthiopischer Hofbeamter vorüber, ein Eunuch der Kandake, der Königin der Äthiopier; er war ihr Schatzmeister. Der war nach Jerusalem gereist, um dort zu beten. Nun befand er sich auf dem Heimweg; er saß auf seinem Wagen und las im Propheten Jesaja.

Da sprach der Geist zu Philippus: Geh und folge diesem Wagen. Philippus holte ihn ein und hörte, wie er im Propheten Jesaja las, und sagte: Verstehst du, was du da liest? Der sagte: Wie könnte ich, wenn niemand mich anleitet? Und er bat Philippus, auf den Wagen zu steigen und sich zu ihm zu setzen. Der Abschnitt der Schrift, den er las, war folgender: »Wie ein Schaf wurde er zur Schlachtbank geführt; und wie ein Lamm, das vor seinem Scherer verstummt, so tut er seinen Mund nicht auf. In seiner Erniedrigung wurde aufgehoben das Urteil gegen ihn; doch von seinem Geschlecht, wer wird davon erzählen? Denn weggenommen von der Erde wird sein Leben.« Der Eunuch sagte nun zu Philippus: Ich bitte dich, sage mir, von wem spricht hier der Prophet? Von sich oder von einem anderen? Da tat Philippus seinen Mund auf und begann, ihm von dieser Schriftstelle ausgehend das Evangelium von Jesus zu verkündigen.

Als sie weiterzogen, kamen sie zu einer Wasserstelle, und der Eunuch sagte: Schau, hier ist Wasser; was steht meiner

4 Die folgende Deutung ist inspiriert von Ottmar Fuchs: Die Taufe des Äthiopiers. Eine alternative Theologie der Taufpastoral, in: PThI 35 (2015), 261-279. Für diesen Hinweis danke ich Philipp Elhaus.

Taufe noch im Weg? (Er sagte zu ihm: Wenn du von ganzem Herzen glaubst, ist es möglich. Er antwortete: Ich glaube, dass der Sohn Gottes Jesus Christus ist.) Und er ließ den Wagen anhalten, und sie stiegen beide ins Wasser hinab, Philippus und der Eunuch, und er taufte ihn. Als sie aber aus dem Wasser stiegen, entrückte der Geist des Herrn den Philippus, und der Eunuch sah ihn nicht mehr; doch er zog voll Freude seines Weges.

Eine Taufe mitten auf dem Weg, an keinem besonderen Ort. Eine Wasserstelle reicht und der Wunsch des Menschen aus Äthiopien, wo er eine bedeutende Stellung innehat. Eine Welt, in der der Glaube an den Gott Israels selten ist. Und dennoch war er in Jerusalem, um zu beten, und liest jetzt im im Buch des Propheten Jesaja. Er gibt sich redlich Mühe, diese kryptisch erscheinenden Worte zu verstehen, aber es gelingt ihm nicht. Aber es naht Hilfe – von Gott gesandt. Philippus, der zu den engsten Vertrauten Jesu gehört hatte und jetzt nach dessen Himmelfahrt zu der Gemeinschaft gehört, die an ihn als Messias glaubt, wird erst von einem Engel in seine Richtung und dann vom Geist direkt zu ihm geschickt. Weitere Anweisungen bekommt er nicht, aber er weiß, was er zu tun hat: Er erzählt ihm von Jesus von Nazareth und teilt mit ihm alles, was er glaubt und was dies für sein Leben bedeutet. Und er erzählt ihm offensichtlich auch davon, wie man diesen Glauben annehmen und zu dieser Gemeinschaft dazugehören kann.

Das überzeugt sein Gegenüber so sehr, dass er spontan den Entschluss fasst, hier und jetzt getauft werden zu wollen, als sie eine Wasserstelle erreichen. Ohne Voraussetzungen. Ohne dass er die Gemeinschaft kennt und sie ihn. Ohne dass kontrolliert worden ist, ob er es auch ernst meint und er es sich reiflich überlegt hat. Ein vermutlich späterer Texteinschub legt nahe, dass das auch Philippus nicht ganz geheuer ist. Denn nach ihm nennt er dann doch eine Bedingung und will sich vergewissern: Glaubt der Äthiopier wirklich von ganzem Herzen? Kann das sein, dass eine Begegnung mit der Botschaft von Jesus Christus und der Liebe Gottes ausreicht? Meint er es wirklich ernst und ist es nicht nur ein Strohfeuer?

Interessanterweise lässt sich auch in diesem späteren Einschub sein Gegenüber auf die Frage nach der Dauerhaftigkeit und Tiefe seines Glaubens nicht wirklich ein. Er antwortet schlicht: *Ich glaube, dass der Sohn Gottes Jesus Christus ist.* Das reicht ihm – und Philippus muss es auch reichen. Er muss darauf vertrauen, dass bei ihm etwas passiert ist, das ihn in der Tiefe seines Herzens erreicht hat. Er kann weder in sein Herz blicken noch in seine Zukunft und die Zukunft seines Glaubens. Der Äthiopier hat den Entschluss gefasst, getauft zu werden, und Philippus folgt dem ebenso, wie er zuvor der Weisung des Engels und des Geistes gefolgt ist. In der vermutlich ursprünglichen Variante tut er dies sogar fraglos. Jemand möchte getauft werden – und wird getauft.

Und dann? Philippus hat keine Chance, den neu getauften Christen in die christliche Gemeinde einzuführen, ihn weiter zu begleiten und ihm zu zeigen, wie das Leben in der Gemeinde aussieht. Das verhindert der Geist, der ihn »entrückt«, also an einen anderen Ort versetzt – möglicherweise zu seiner Gemeinschaft der Christusgläubigen. Was die wohl dazu gesagt haben, dass jetzt jemand getauft ist, den sie nicht kennen und vermutlich auch gar nicht kennenlernen werden? Dass eine Taufe auf Initiative des Geistes quasi an ihnen vorbei geschehen ist? Und das, obwohl es sogar die Chance gegeben hätte, mit der Gemeinde in Kontakt zu kommen, als er vorher in Jerusalem war! Aber es scheint Gottes Plan zu entsprechen, dass die Begegnung mit ihm nicht in Jerusalem, sondern auf dem Rückweg in sein normales Leben geschieht.

Der Äthiopier scheint damit jedenfalls kein Problem zu haben. Philippus ist so plötzlich verschwunden, wie er gekommen ist, und er setzt seinen Weg fort. Aber er setzt ihn anders fort als zuvor – voller Freude. Von der Liebe Gottes, die sich in Jesus von Nazareth gezeigt hat und von seiner Taufe ist er erfüllt. Er nimmt diese Freude mit in seinen Alltag und sein Leben, wie auch immer sich dies gestaltet haben mag.

Eine ungewöhnliche Taufe unter ungewöhnlichen Umständen. Sie lebt von der Initiative Gottes für einen Menschen und dessen persönlicher Antwort an Gott. Es braucht Philippus, der diesem Menschen den Glauben nahebringt und die Taufe vollzieht – aber offensichtlich braucht es keine Aufnahme in eine soziale Gemeinschaft. Für die heutigen Debatten um die Bedeutung der Gemeinde für die Kasualien kann dies möglicherweise zum Nachdenken anregen.

Eine methodische Idee für die gemeinsame Arbeit in einem kirchlichen Gremium:

Identifikationen mit »kirchenfernen« Menschen

Entweder im Vorhinein oder mit einer gewissen Vorbereitungszeit während des Treffens werden alle Teilnehmer*innen gebeten, sich eine ihnen bekannte Person zu überlegen, die Kirchenmitglied ist, aber keinen Kontakt zur Kirche hat (idealerweise eine Person, für die lebensgeschichtlich eine Trauung in Frage kommt, also entweder jünger oder in einer nicht verheirateten Beziehung lebend). Sie werden gebeten, sich in diese Person hineinzuversetzen und aus deren Perspektive über ihr Verhältnis zu einer kirchlichen Trauung nachzudenken.

In Gruppen zu dritt oder zu viert erklärt sich eine Person dann bereit, sich in dieser von ihr gewählten Rolle interviewen zu lassen. Die anderen befragen sie in einer neugierigwertschätzenden Haltung, unter welchen Umständen eine Trauung für sie in Frage käme, was ihr dabei wichtig wäre, welchen Gewinn sie sich davon erhoffen würde, welche Strukturen ihr den Schritt erleichtern würden etc. Dann werden die Rollen gewechselt, so dass möglichst alle einmal in der Rolle sind, sich befragen zu lassen, und die Gruppe unterschiedliche »kirchenferne« Perspektiven bekommt.

Das Gleiche kann für die Taufe und/oder die Bestattung durchgespielt werden.

Im Plenum werden wichtige gewonnene Erkenntnisse ausgetauscht, bevor nach möglichen Konsequenzen für die künftige Gestaltung der Kasualien gefragt wird.

Kapitel 3
Seelsorge

Einstieg: Szenen aus der kirchlichen Praxis

Szenario 1:
*Der Pfarrer der Emmaus-Gemeinde versteht sich in seinem Beruf durch und durch als Seelsorger. Seine Leidenschaft sind die persönlichen Kontakte in intensiven Gesprächen über die erfreulichen Dinge des Lebens, aber auch über Schattenseiten und Krisen. Er nimmt sich Zeit für kurze Gespräche beim Einkaufen oder auf dem Spaziergang, macht gerne Hausbesuche, geht regelmäßig ins Senior*innenheim, führt intensive Kasualgespräche, besucht die Angehörigen nach einer Beerdigung mindestens einmal und hat zweimal die Woche eine Sprechstunde. Er hat für alle Gemeindeglieder ein offenes Ohr, ist entweder sofort ansprechbar oder bietet einen Termin an, wenn ihm beispielsweise beim Verabschieden nach dem Gottesdienst ein Bedarf signalisiert wird.*

Als sie in der Gemeinde noch ein größeres Team waren, passte es gut, dass er diese Rolle übernahm. Seit sie aber nur noch zu zweit sind, geht der Spagat zwischen der intensiven Seelsorge und den vielen anderen Aufgaben über seine Kräfte – und seine Kollegin beschwert sich zudem, dass sie mehr Arbeitsfelder bespiele als er. Er hat das Problem auch schon mit der Kollegin und dem Kirchenvorstand thematisiert. Die haben ihm zwar Verständnis signalisiert, aber gleichzeitig geäußert, dass die Arbeit nun einmal getan werden müsse und dass man mit intensiven Einzelgesprächen einfach nur wenige Menschen erreiche. Das sieht er auch alles ein, aber dennoch wird er immer unzufriedener in seinem Beruf. Seit Kurzem überlegt er, sich auf eine Krankenhaus- oder

Gefängnisseelsorgestelle zu bewerben, obwohl er eigentlich immer gerne in der Gemeinde war. Passt ein Schwerpunkt auf der Seelsorge wirklich nicht in die heutige gemeindliche Realität?

Szenario 2:
*Die Gemeinden der Region sind sich einig: Es können nicht mehr alle alles machen. Sie wollen die Arbeitsgebiete endlich konsequent zwischen sich aufteilen. Statt mal einen Jugendgottesdienst miteinander zu gestalten, wird es Jugendarbeit künftig nur noch in einer Gemeinde geben und mittelfristig soll dort auch die Konfi-Zeit für die ganze Region stattfinden. Senior*innenarbeit gibt es statt an allen vier Standorten übergangsweise noch an zweien und in einigen Jahren nur noch an einem. An einem gemeinsamen Gottesdienstkonzept und einer klugen Aufteilung der Kasualien arbeiten sie noch, aber auch dort zeichnen sich Lösungen ab. »Aber wie ist es denn eigentlich mit der Seelsorge?«, fragt plötzlich eine Kirchengemeinderätin. »Die machen wir natürlich alle, wir sind doch alle Seelsorger*innen«, erwidert eine Pfarrerin spontan. Was das genau heiße, wird zurückgefragt. Ist dann doch wieder eine Person für einen Bezirk zuständig, was man doch eigentlich nicht mehr wolle? Und müsse man sich dann auf eine Form einigen? »Ich mache keine Hausbesuche und habe keine Sprechstunden, das liegt mir nicht und dafür habe ich auch keine Zeit«, sagt ein Pfarrer. Vielleicht sollte das doch jemand für die ganze Region machen, schlägt jemand vor. Die Hauptamtlichen schütteln alle die Köpfe. »Bei uns gibt es doch einen ehrenamtlichen Besuchsdienst«, erinnert ein Presbyteriumsmitglied. »Wäre das nicht eine Aufgabe für den?« Seelsorge ist wichtig, darin sind sich alle einig – aber was bedeutet das konkret in der Regionalisierung und welche Formen sind dann sinnvoll?*

Szenario 3:
*Im Rahmen der Vorbereitung einer Fusion von drei Kirchenkreisen stellen sich alle Dienste, Werke und Einrichtungen des künftigen Kirchenkreises den Interessierten aus allen Gemeinden vor. In dem sich daran anschließenden Austausch nimmt das Thema »Seelsorge« großen Raum ein. Verschiedene Stimmen äußern, dass es ihnen nicht bewusst war und sie sehr beeindruckt seien, an wie vielen Stellen Seelsorge für diverse Zielgruppen angeboten werde. Es gibt im Gebiet des neuen Kirchenkreises ein Seelsorge- und Beratungszentrum, außerdem in mehreren Krankenhäusern, in einigen Senior*innenheimen und einem Gefängnis Seelsorgeangebote, an denen teilweise auch Ehrenamtliche beteiligt sind. Die queersensible Seelsorge sowie die Motorradseelsorge sind hier angesiedelt; die überregionale Jugendarbeit bietet digitale Seelsorge von dafür ausgebildeten Jugendlichen für Jugendliche an, die intensiv genutzt wird. Auch die Citykirche und die beiden Pfarrstellen für digitale kirchliche Arbeit werden häufig seelsorglich in Anspruch genommen. Dann stellt sich auch die Beauftragte für die Schulseelsorge der Landeskirche vor und erläutert die Arbeit in vielen Schulen der Region. Selbstverständlich gibt es auch eine Notfallseelsorge, die im künftigen Kirchenkreis noch flächendeckender organisiert werden wird. Vor dem Hintergrund dieses breiten und kompetenten Angebots kommt die Frage auf, welche Rolle Seelsorge in den Gemeinden eigentlich hat und welchen Stellenwert ihr – auch angesichts der knappen personellen Ressourcen – künftig zukommen sollte. Braucht es Seelsorge in der Gemeinde noch – und wenn ja, in welchen Formen und in welchem Umfang?*

1. Vor welchen Herausforderungen stehen die Gemeinden?

Seelsorge gilt als eine Kernaufgabe der Kirche und besonders auch des Pfarrberufs. Sie wird nicht nur von Kirchenmitgliedern und Menschen, die sich aktiv in der Kirche engagieren, erwartet, sondern auch von Nichtkirchenmitgliedern, wie auch die sechste Kirchenmitgliedschaftsuntersuchung erneut gezeigt hat. Über ihr breites Seelsorgeangebot in diversen gesellschaftlichen Bereichen und für diverse Zielgruppen erreicht die Kirche Menschen, die nicht den klassischen ortsgemeindlichen Zielgruppen entsprechen und sonst keine Berührungspunkte mit Kirche und Christentum haben: im Krankenhaus, im Gefängnis, in der Schule oder in einem Krisenfall ebenso wie als Soldat*in, Schausteller*in oder als queere Person. Sie ist zudem der Bereich kirchlichen Arbeitens, in dem am intensivsten unterschiedliche Medien genutzt werden – neben der präsentischen Begegnung die Telefon- und früher die Briefseelsorge, während mittlerweile der digitale Bereich immer stärker an Bedeutung gewinnt, vor allem über die sozialen Medien.[1]

Mit der sog. »Seelsorgebewegung« der 1960er- und 1970er-Jahre gewann die Seelsorge zunächst in der Aus- und Fortbildung der Pfarrpersonen und darüber auch im kirchlichen Handeln eine hohe Bedeutung. Die Seelsorge jenseits der Ortsgemeinde wurde ausgebaut und etliche Pfarrpersonen legten auch in der Ortsgemeinde einen Schwerpunkt auf dieses Handlungsfeld. Dabei erfolgte auch eine zunehmende Professionalisierung der Seelsorge, sodass sie primär Haupt-

1 Vgl. Uta Pohl-Patalong: Seelsorge über soziale Medien. Einblicke in die seelsorgliche Arbeit von Sinnfluencer*innen, in: PrTh 59 (2024), 17-31.

beruflichen und vor allem den Pfarrpersonen, möglichst noch mit einer zusätzlichen Fortbildung, zugeschrieben wurde.

Seit den 1990er-Jahren trat die Bedeutung der Seelsorge allmählich wieder zurück. In den aktuellen kirchlichen Reformüberlegungen wird sie auffallend selten thematisiert. Bei den Fusionen und Regionalisierungen ist es oft gerade dieser Bereich, der nicht in eine durchdachte Profilbildung einbezogen wird. Seelsorge wird dann weiterhin als individueller Arbeitsbereich der Pfarrpersonen verstanden, den sie »irgendwie« mit ihren anderen Aufgaben vereinbaren müssen. Oft bleiben in den größeren Gemeinden noch »Seelsorgebezirke« bestehen, die die Logik der früheren Gemeinden weiterführen. Nur selten werden die kirchlichen Seelsorge-Angebote außerhalb der Ortsgemeinde in die neuen Strukturen konzeptionell einbezogen. Gleichzeitig gibt es in nicht wenigen Landeskirchen und Kirchenkreisen die Tendenz, diese Angebote deutlich zu kürzen, um mit den weniger werdenden Pfarrpersonen noch möglichst viele gemeindliche Strukturen zu unterstützen. Diese Debatten stehen manchmal fast unverbunden neben den Bemühungen, über die bisherigen kirchlichen Zielgruppen hinauszukommen und Menschen neu von der Bedeutung von Kirche und christlichem Glauben zu überzeugen. Gleichzeitig gibt es eindrückliche Versuche, mit seelsorglichen Formaten in der Öffentlichkeit zu experimentieren. Dann stehen in überraschender Weise als »Pop Up Church« oder »Seelsorge to go« Vertreter*innen der Kirche an Orten des Alltags für Gespräche über Gott, die Welt und das, was Menschen bewegt, zur Verfügung.[2]

2 Vgl. z. B. https://www.kircheimdialog.de/projekte/pop-up-church – oder: https://ekihd.de/detail/nachricht/id/55260-24-stunden-seelsorge-to-go-ein-offenes-ohr-fuer-menschen-unterwegs-in-heidelberg/?cb-id=214538 (4.7.2024).

Insofern sind die Gemeinden in dieser Situation herausgefordert, den Stellenwert der Seelsorge in ihrer künftigen Arbeit ebenso zu überdenken wie die Formen, in denen Seelsorge erfolgen soll. Dabei stellen sich unweigerlich die Fragen, was denn Seelsorge eigentlich ausmacht und wer sie mit welcher Qualifikation ausüben darf und soll.

2. Was man dazu wissen sollte

2.1 Was ist Seelsorge?

Evangelische Kirchenmitglieder (und auch Nichtkirchenmitglieder in mehrheitlich evangelischen Gegenden) haben in der Regel deutliche Vorstellungen von »Seelsorge«: Zeit für Menschen, Zuwendung bei Bedarf, intensive Gespräche und Hilfe in Krisensituationen werden in der Regel mit dem Stichwort »Seelsorge« verbunden. Bei näherem Hinsehen ist es hingegen weniger klar, was Seelsorge genau ist. Ist sie immer ein Gespräch? Geht es ausschließlich oder vor allem um Probleme und Krisen? Welche Rolle spielen Gott und die Bibel? Wer darf Seelsorge ausüben? Das sind nur einige Fragen, die unterschiedlich beantwortet wurden und werden.

Die Unklarheit des Begriffs wird noch dadurch gesteigert, dass im katholischen Bereich der Begriff »Seelsorge« das gesamte Spektrum des kirchlichen Handelns umfasst. Traditionell wurde damit das Handeln des Priesters als »Hirtendienst« an der Gemeinde verstanden, das seit dem 2. Vatikanischen Konzil erweitert worden ist um das Handeln von Gemeindegliedern aneinander und in der Welt. Aber auch in der evangelischen Kirche kann ein solches weites Verständnis von »Seelsorge« vertreten werden, das dann als »allgemeine Seelsorge« bezeichnet wird (lateinisch: »cura animarum generalis«) und die »potenziell heilsame und tröstende Funktion aller Darstellungsformen des christlichen Glaubens« meint. In dieser Linie spricht man auch von einer seelsorglichen Predigt oder von einer seelsorglichen Dimension des Religionsunterrichts. Demgegenüber ist die »spezielle Seelsorge« (lateinisch »cura animarum specialis«) dann die »ausdrücklich gesuchte bzw. sich situativ ergebende Begegnung, bei der es zu einem mehr oder weniger intensiven und gefühlsnahen Austausch über Fragen des Lebens und des Glaubens kommt«.[3]

Allerdings ist auch die Seelsorge im engeren Sinne nicht auf das Gespräch beschränkt. Auch die Hand einer Sterbenden zu halten, die sich nicht mehr sprachlich äußern kann, zählt dazu oder Lieder zu singen mit Demenzkranken, bei Menschen im Wachkoma zu sein oder im Trauergespräch den Raum zu bieten, den Tränen freien Lauf zu lassen, gemeinsam zu schweigen sowie einen Psalm oder ein Gebet zu sprechen. Schon dies unterscheidet Seelsorge von einer Therapie, die in aller Regel eine Veränderung in der Lebenssituation der Klient*innen anstrebt. Und dieser Unterschied kann auch die Gespräche prägen.

Allerdings war Seelsorge in den 1970er- und 1980er-Jahren vor allem auf tiefer gehende Konflikte und Probleme gerichtet. Demgegenüber werden seit den 1990er-Jahren die Möglichkeiten der sog. »Alltagsseelsorge« hervorgehoben.[4] Dieser Ansatz betont, dass sich Seelsorge nicht auf die großen Themen

3 Ulrike Wagner-Rau: Seelsorge, in: Kristian Fechtner u. a. (Hg.): Praktische Theologie. Ein Lehrbuch, Stuttgart 2017, 171-192, 172.

4 Vgl. Eberhard Hauschildt: Alltagsseelsorge. Eine sozio-linguistische Analyse des pastoralen Geburtstagsbesuchs, Göttingen 1994. Als Kurzfassung: Eberhard Hauschildt: Alltagsseelsorge, in: Antonia Lüdtke/Uta Pohl-Patalong (Hg.): Seelsorge im Plural. Ansätze und Perspektiven für die Praxis, Berlin 2. völlig neu bearbeitete Auflage 2019, 19-32.

des Lebens und des Glaubens beschränkt, sondern auch den »ganz normalen« Alltag mit seinen Kümmernissen, aber auch seinen erfreulichen Seiten in den Blick nimmt. Solche Themen begegnen Pfarrpersonen z. B. beim Hausbesuch, aber auch im Gespräch am Gartenzaun oder im Gemeindehaus zwischen Tür und Angel. Dem entspricht eine veränderte Methodik: Waren die älteren Ansätze stärker psychotherapeutisch orientiert, haben mittlerweile Zugänge wie das »Kurzgespräch« an Bedeutung gewonnen.[5] Damit wird auch die »Frage zwischendurch« als seelsorgliche Situation ernst genommen, sei es in der leiblichen Begegnung oder im digitalen Raum, und methodisch geübt, wie man mit ihnen umgehen kann. Als hilfreich erweist sich häufig auch der Ansatz der systemischen Seelsorge. Er nimmt den Menschen und das Thema des Gesprächs in seinem Kontext wie dem Familiensystem oder dem Gemeindesystem wahr und geht lösungsorientiert von den Stärken der Person aus.[6] Gegenwärtig gewinnt die digitale Seelsorge an Bedeutung, die noch einmal neue Möglichkeit gerade auch für andere Menschen als bislang eröffnet.

Dabei ist es in der Praxis kaum eindeutig abgrenzbar, ab wann ein Gespräch als seelsorgliches gelten kann – nicht jedes Gespräch, das die Pfarrerin oder der Gemeindepädagoge beim Unkrautjäten oder an der Käsetheke führt, ist Seelsorge. Letztlich lässt es sich nicht an objektiven Kriterien festmachen, ob ein Gespräch von den Beteiligten als »Seelsorge« empfunden wird, sondern unterliegt der Definition der Beteiligten – und die Entscheidung darüber muss bei beiden nicht

5 Vgl. Timm H. Lohse: Das Kurzgespräch in Seelsorge und Beratung. Eine methodische Anleitung, Göttingen ^{4}2012.

6 Vgl. z. B. Christoph Morgenthaler: Systemische Seelsorge. Impulse der Familien- und Systemtherapie für die kirchliche Praxis, Stuttgart ^{6}2019. Als Kurzfassung: Christoph Morgenthaler: Systemische Seelsorge, in: Lüdtke/Pohl-Patalong (Hg.), Seelsorge im Plural, 161-171.

identisch ausfallen. (Kirchen-)rechtlich ist ein Seelsorgegespräch in jedem Fall durch Vertraulichkeit und Verschwiegenheit bestimmt, das dem Beichtgeheimnis entspricht. Dies soll im Zweifelsfall auch dann eingehalten werden, wenn der seelsorgliche Charakter (z. B. beim sich zufällig ergebenden Gespräch) unklar ist.

2.2 Die Rolle des christlichen Glaubens in der Seelsorge

Als ein zentraler Unterschied zur Therapie ist bei Seelsorge eine dritte Größe neben den beteiligten Menschen im Spiel, die mit »christlicher Tradition«, »Gott«, »Kirche« oder »Glauben« beschrieben werden kann. Denn Seelsorge bewegt sich auf dem Boden der christlichen Tradition und sieht diese als hilfreiche Ressource zur Lebensbewältigung an. Allerdings muss diese Dimension den meisten heutigen Seelsorge-Ansätzen zufolge nicht zwingend explizit zum Thema werden. Nach christlicher Überzeugung ist Gott im Gespräch dabei und das Gespräch wird von der göttlichen Gegenwart gehalten und getragen, ob es nun ausgesprochen wird oder nicht. Gleichzeitig wird es als besondere Chance von Seelsorge und als ihr »Schatz« identifiziert, ein Gebet oder einen Segen zu sprechen sowie biblische Texte als Angebot und Impuls einspielen zu können, wenn sie hilfreich erscheinen – egal, ob das Gegenüber damit vertraut ist oder nicht. Insofern kann Seelsorge weit gefasst als »christliche Unterstützung von Lebensgestaltung«[7] verstanden werden: Die Haltung des*der

7 So mein eigener Vorschlag in Uta Pohl-Patalong: Art. Seelsorge III. Methoden und Konzeptionen, RGG IV, Band 7, Tübingen 2004, Sp. 1114-1116, 1114.

Seelsorger*in ist christlich geprägt und das Gegenüber kann potenziell die christliche Tradition als hilfreich für sein Leben entdecken.

Dem entspricht, dass Seelsorge im Rahmen der Kirche stattfindet, dieser Rahmen aber weit gefasst ist: Er umfasst alle kirchlichen Einrichtungen und natürlich auch die Diakonie. Seelsorge ist nicht auf Kirchenmitglieder beschränkt, sondern steht dezidiert allen Menschen offen, was besonders in der Notfallseelsorge deutlich wird. Seelsorge ist nicht auf einen »offiziellen« kirchlichen Rahmen festgelegt, sondern kann auch auf der Straße, auf der Party, am Gartenzaun oder auf einem Heavy-Metal-Festival stattfinden. In der Regel wird allerdings die*der Seelsorger*in dabei als »kirchlich« identifiziert, sei es aufgrund eines kirchlichen Amtes, eines kirchlichen Engagements oder weil das Gegenüber die Person als religiös orientiert kennt. Dabei ist Seelsorge längst nicht mehr auf den christlichen Rahmen beschränkt. Im Krankenhaus, im Gefängnis, in der Notfallseelsorge, in der kirchlichen Kita etc. gibt es nicht selten seelsorgliche Begegnungen mit Menschen, die einer anderen Religionsgemeinschaft angehören oder die sich als nicht religiös verstehen. Dafür ist der Ansatz der interreligiösen Seelsorge ausgesprochen hilfreich,[8] ebenso wie in unserer pluralen Gesellschaft die interkulturelle Dimension der Seelsorge wichtig ist.[9]

8 Vgl. Helmut Weiß/Karl Federschmidt (Hg.): Handbuch interreligiöse Seelsorge, Neukirchen-Vluyn 2010. Als Kurzfassung: Helmut Weiß/Abdelmalek Hibaoui: Interreligiöse Seelsorge – Seelsorge angesichts der Vielfalt der Religionen, in: Lüdtke/Pohl-Patalong (Hg.), Seelsorge im Plural, 279-293.

9 Karl Federschmidt u. a. (Hg.): Handbuch interkulturelle Seelsorge, Neukirchen-Vluyn 2002. Als Kurzfassung: Christoph Schneider-Harpprecht: Interkulturelle Seelsorge, in: Lüdtke/Pohl-Patalong (Hg.), Seelsorge im Plural, 266-278.

*2.3 Wer darf und kann Seelsorger*in sein?*

Im Bereich der Seelsorge wird besonders intensiv eine Spannung sichtbar, die für die gesamte Kirche charakteristisch ist: Biblisch, nach reformatorischer Überzeugung und ebenso nach aktuellen kirchentheoretischen Überzeugungen richtet sich der Auftrag zur »Kommunikation des Evangeliums« in allen seinen Facetten an alle Menschen, die sich als christlich verstehen. Das gilt insofern auch für die Seelsorge. Schon in der frühen Geschichte der Kirche haben sich jedoch Ämter herausgebildet, an die dieser Auftrag quasi delegiert worden ist. Wie sehr dies für die Seelsorge gilt, wird daran sichtbar, dass »Seelsorger*innen« quasi als Synonym für Pfarrpersonen verwendet werden kann.

Die Kirchenreformbewegung der 1960er- und 1970er-Jahre war zwar einerseits bemüht, die Kirche zu demokratisieren und die mit den Ämtern verbundene Hierarchie abzubauen. Weil ihr an der gesellschaftlichen Anschlussfähigkeit gelegen war, hat sie aber andererseits die Professionalisierung der Hauptamtlichen gefördert: Sie sollten fähig sein, den Erwartungen der modernen ausdifferenzierten Gesellschaft gerecht zu werden, sich gegenüber der damals entstehenden therapeutischen Szene zu bewähren – und dafür mussten sie ausgewiesene Kompetenzen erwerben. Dies traf wiederum in besonders intensiver Weise für die Seelsorge zu, weil die sog. »Seelsorgebewegung« der 1960er- und 1970er-Jahre eine psychotherapeutisch gestützte Seelsorgeausbildung entwickelte, die sich vor allem an Pfarrpersonen richtete und damit neue Maßstäbe für eine professionelle Grundlage der Seelsorge setzte. Nicht zufällig fand diese Ausbildung überwiegend im Kontext des Krankenhauses und nicht in der Gemeinde statt, weil dort intensivere Gespräche mit Existenz- und Sinnfragen wesentlich häufiger auftreten als im gemeindlichen Kontext –

für die in der Tat eine intensive Ausbildung naheliegend ist. Gleichzeitig ist die Seelsorge durch Ehrenamtliche wissenschaftlich bisher wenig thematisiert worden und sie war in der kirchlichen Praxis überwiegend auf Besuchsdienstkreise und ähnliche Formen beschränkt, die nicht im eigentlichen Sinne als »Seelsorge« galten.

Seit einiger Zeit mehren sich Stimmen, die dies für eine Verkürzung sowohl des theologischen Auftrags zur Seelsorge als auch ihrer Möglichkeiten halten. Sie machen deutlich, dass die Sorge für andere (und ebenso für sich selbst), der begleitende Kontakt und das Angebot von Deutungen auf Fragen und Probleme des Lebens im christlichen Horizont eine Aufgabe aller Christ*innen sei, die in der Gemeinde einen besonders guten Ort haben könne. So formuliert beispielsweise ein Seelsorge-Lehrbuch: »Seelsorger-sein ist im Sinne des Priestertums aller Gläubigen kein exklusiv nur auf eine bestimmte Spezies von besonders Begabten und Qualifizierten beschränktes Amt. [...] Gemeindeglieder, also ›Laien‹, können Seelsorgerinnen und Seelsorger sein.«[10] Gestützt werden diese Überlegungen heute auch durch die zurückgehende Zahl von Pfarrpersonen und die Einsicht, dass es in dieser Situation der Sache sicher nicht dient, Seelsorge an die Hauptberuflichkeit oder gar an die Ordination zu koppeln. Es vergibt zudem die Chance, die besonderen Talente und »Charismen« von Ehrenamtlichen für die Seelsorge in den Blick zu nehmen. Dazu gehören unter anderem Empathie und die Fähigkeit zuzuhören sowie ein intuitives Verstehen, was das konkrete Anliegen der Person ist und was diese jetzt braucht.

10 Jürgen Ziemer: Seelsorgelehre. Eine Einführung für Studium und Praxis, Göttingen 2000, 177.

Die Seelsorge von Ehrenamtlichen ist in zwei Richtungen unterscheidbar:[11]

- Seelsorge durch Ehrenamtliche kann als Alltagsseelsorge die Form von hilfreichen Gesprächen annehmen, die möglichst viele Menschen miteinander auf der Basis ihrer Lebenserfahrungen und ihrer menschlichen Fähigkeiten führen, ohne dass sie von Hauptamtlichen dazu explizit ermutigt oder gefördert werden. Damit kommen gleichzeitig auch die seelsorglichen Chancen der Gemeinde als »soziales Netzwerk« in den Blick. Gemeinden können Orte vielfältiger Beziehungen sein, die in die Lebenswelten von Menschen hineinragen. An diese kann die Seelsorge von Mensch zu Mensch anknüpfen und damit bei der Bewältigung von Herausforderungen, Krisen und schwierigen Lebenskonstellationen unterstützen, beispielsweise im Alter, in herausfordernden Familiensituationen, bei Trennungen oder in Trauersituationen. Dies geschieht ebenso analog wie digital. Wie alle sozialen Netzwerke kann die Gemeinde damit sowohl »protektiv« als auch »curativ« wirken: Sie kann Belastungen von Vornherein so abpuffern, dass sie sich weniger gravierend auswirken, und wenn der Krisenfall eintritt, kann sie helfen, mit der Situation besser umgehen zu können und sie zu verarbeiten. Dafür ist es entscheidend, dass sich Gemeindeglieder füreinander zuständig fühlen, sich gegenseitig im Blick haben und einander begleiten – und nicht nur die Pfarrperson auf einen Seelsorgebedarf hinweisen.
- Seelsorge durch Ehrenamtliche kann auch in der Zuständigkeit für eine bestimmte Aufgabe bestehen, für die Menschen fortgebildet und in der sie begleitet werden. Traditionell entsprechen dem die Besuchsdienstkreise und die

11 Den Grundgedanken dafür habe ich übernommen von Eberhard Hauschildt: Auf dem Weg zu einer Praktischen Theologie der Ehrenamtlichen-Seelsorge. Eine Skizze, in: PTh 99 (2010), 116-127, 122-125.

»Grünen Damen« im Krankenhaus ebenso wie die Telefonseelsorge. Teilweise stehen ja auch schon Menschen ausgewiesen in einer offenen Kirche, in Cafés von Citykirchen etc. für Gespräche zur Verfügung. Dies könnte noch wesentlich stärkere Verbreitung finden (gerade bei touristisch genutzten Kirchen). Es ist aber auch denkbar, dass Menschen im Auftrag der Kirche und im christlichen Horizont im öffentlichen Raum Gespräche anbieten (vgl. die dritte Alternative). Etwas anders orientiert ist die »Geistliche Begleitung«, in der in regelmäßigen Treffen Menschen bei ihren religiösen Fragen und in ihrer spirituellen Entwicklung begleitet werden.

3. Welche Alternativen gibt es?

Die erste Alternative: Seelsorge als Dimension aller gemeindlichen Handlungsfelder

Wenn Gemeinden keine ganz neuen Wege gehen möchten und wenig Kapazitäten Hauptamtlicher für Einzelgespräche vorhanden sind, kann Seelsorge statt eines Gesprächsangebots stärker als eine Dimension im gesamten kirchlichen Handeln verstanden werden. Dies entspricht der »allgemeinen Seelsorge« (vgl. 2.1). Es bedeutet eine Entlastung davon, »auch noch« eine Sprechstunde anzubieten, Hausbesuche zu machen und sich bewusst Zeit für längere Gespräche zu nehmen. Spontane dringende Gesprächsanliegen werden dabei nicht abgewiesen, aber die Gelegenheit dafür nicht eigens angeboten. Wenn eine längerfristige Begleitung erforderlich ist, wird an kirchliche Beratungsstellen verwiesen.

In der Gemeindearbeit steht dann in allen Arbeitsbereichen die Frage im Vordergrund, wie diese die Lebensgestaltung von Menschen aus christlicher Perspektive unterstützen kann: Was können Menschen möglicherweise aus den Impulsen der Predigt und der Kinderbibelwoche, dem Meditationsabend und dem Senior*innenkreis, dem Post auf Instagram und dem Grußwort im Gemeindebrief, der Präsenz der Gemeinde auf dem Stadtteilfest und der Eröffnung der Vernissage in der Kirche mitnehmen, das ihr Leben hilfreich unterstützt? Welcher Gedanke, welche Geste, welche Handlung könnte ihnen und ihrer Seele wohltun? Das ist selbstverständlich kein neuer Gedanke im kirchlichen Handeln, kann aber in der Entscheidung, das gesamte Handeln seelsorglich zu qualifizieren, einen neuen Akzent ermöglichen und gleichzeitig davon entlasten, für diese Dimension eigene Settings anzubieten.

Ein *Vorteil* dieser Variante besteht in der Entlastung innerhalb des Gewohnten, aber auch darin, die Arbeit neu strukturieren zu müssen. Gleichzeitig kann das kirchliche Handeln insgesamt gewinnen, wenn es konsequent danach fragt, was die Subjekte für ihr Leben mitnehmen sollen.

Ein *Nachteil* dieser Variante ist, dass sie ein eher formales Vorhaben bleiben und ihre konsequente Umsetzung im Alltag rasch untergehen kann. Gerade weil es im Grunde dem Anspruch jedes kirchlichen Handelns entspricht und gleichzeitig seine Wirkung nicht überprüft werden kann (bzw. nur teilweise durch Rückmeldungen), kann ihr Ziel verfehlt werden. Zudem werden Anliegen, die intensive Gespräche benötigen, möglicherweise nicht wahrgenommen.

Die zweite Alternative: Seelsorge als Aufgabe der ganzen Gemeinde

In dieser Variante versteht sich die Gemeinde insgesamt als seelsorgliche Größe in ihrem Umfeld. Möglich ist dies dann, wenn sie sich von der hauptsächlichen Zuständigkeit von

Pfarrpersonen für die Seelsorge verabschiedet und sie als Aufgabe potenziell aller Christ*innen begreift. Für diejenigen, die sich über das persönliche Gespräch hinaus im kirchlichen Auftrag seelsorglich engagieren möchten, ist eine Seelsorgeausbildung (regional, im Kirchenkreis oder landeskirchlich organisiert) wichtig. Dafür kommen einerseits Menschen in Frage, die sich bisher schon in der Gemeinde engagieren und ein neues, vielleicht eigenständigeres Betätigungsfeld suchen. Andererseits können die Qualifizierungsmöglichkeiten und Tätigkeiten auch für Personen interessant sein, die bislang keinen Kontakt zur Kirche hatten.

Nach der Fortbildung gibt es Einsatzmöglichkeiten in vielen gemeindlichen Arbeitsbereichen. Es beginnt bei Besuchen zum Geburtstag (was das klassische Modell der »Besuchsdienstkreise« weiterführt oder reaktiviert), aber auch darüber hinaus bei Menschen im Alter oder in bestimmten Lebenssituationen auf deren Wunsch. Dies reagiert auch auf das gesellschaftlich zunehmende Problem der Einsamkeit vieler Menschen, dem die Kirche mit dieser Alternative wirklich etwas entgegensetzen kann. Dabei kann schon das Signal wichtig sein, dass man wahrgenommen und eines Besuches wert gesehen wird. Daraus können sich Gespräche mit tröstendem oder ermutigendem Charakter entwickeln oder sie können einfach die Möglichkeit zum Reden bieten. Dies lässt sich – im Übergang zum diakonischen Bereich – verbinden mit einer praktischen Unterstützung beispielsweise bei pflegebedürftigen Menschen zur Entlastung von Angehörigen, die auch ein Türöffner für Gespräche in herausfordernden Lebenssituationen sein kann.

Ebenso kann aber auch die Gelegenheit zu einem Gespräch in einer offenen Kirche (gerade in touristisch interessanten Kirchen) angeboten werden. Die Social-Media-Kanäle der Gemeinde und ihrer Jugend- und Konfi-Arbeit können ebenfalls explizite Seelsorge-Angebote beinhaltet, die vorzugweise von dafür qualifizierten jungen Menschen gestaltet werden.

Für die Akquise der Freiwilligen, die Organisation ihrer Ausbildung, die Auswahl ihres Einsatzortes sowie für ihre kontinuierliche, auch supervisorische Begleitung muss eine hauptamtliche Person zur Verfügung stehen. Diese kann zum Team der Gemeinde gehören oder eigens dafür angestellt werden, möglicherweise in Kooperation mit einem Beratungszentrum oder anderen seelsorglichen Einrichtungen im Kirchenkreis bzw. Dekanat.

Ein *Vorteil* dieser Variante besteht darin, dass die Stärken der Ortsgemeinde in neuer Weise genutzt werden: Sowohl die lokale Ausrichtung der klassischen Kirchengemeinde als auch ihre vielfältigen Kontakte kommen neu zur Geltung. Die Gemeinde stellt sich Menschen in ihrem Umfeld als Partnerin für ihre Anliegen und Sorgen dar, auf die sie mit konkreten Gesprächsangeboten reagiert.

Zudem wird die seelsorgliche Arbeit der Gemeinde auf einer breiten Basis ausgeübt. Auch mit weniger Hauptamtlichen können viele und unterschiedliche Menschen erreicht werden. Theologisch entspricht dieser Ansatz dem »Priestertum aller Gläubigen« und dem Ideal eines lebendigen Gemeindelebens, das von vielen gestaltet wird. Ehrenamtliche können sich in einem Bereich engagieren, der ihnen nahe ist und in dem sie auf der Basis von Erfahrungen Kompetenzen mitbringen, z. B. aus Pflegeerfahrungen oder als Eltern. Ihnen wird Qualifikation und Selbstwirksamkeit in einem gesellschaftlich relevanten Feld geboten sowie die Möglichkeit, auch für sich selbst etwas Gutes im Engagement zu erfahren.

Ein *Nachteil* ist, dass das seelsorgliche Angebot sehr gut koordiniert werden muss. Die tendenzielle Diffusität der Ortsgemeinde ist ihren vielen Handlungsfeldern birgt die Gefahr der Überforderung ebenso wie der Unübersichtlichkeit, wer wofür zuständig ist und was Menschen von der Kirchengemeinde zuverlässig erwarten dürfen.

Die Seelsorge durch Ehrenamtliche bildet zudem für viele Gemeinden eine nicht unerhebliche Umstellung sowohl in der konkreten Arbeit als auch in dem Charakter der Gemeinde und der Haltung aller Beteiligten. Sie bricht mit der jahrhundertelangen Tradition der »Hirtentätigkeit« der Pfarrperson, indem sie von dem Zutrauen in die Freiwilligen und ihre Kompetenzen ausgeht und ihnen die entscheidende Aktivität zuspricht. Dieser Kulturwechsel muss ernst genommen und begleitet werden, auch bei Enttäuschungen, wenn die Umstellung länger dauert. Zudem darf der Aufwand für die verantwortliche hauptamtliche Person nicht unterschätzt werden. Die Begleitung kann keinesfalls »nebenbei« erfolgen, sondern erfordert Zeit und Intensität sowie Kompetenz – sowohl im Bereich der Seelsorge als auch in der Koordination und Begleitung von Ehrenamtlichen.

Die dritte Alternative: Seelsorgliche Angebote in der Öffentlichkeit

Eine dritte Alternative besteht darin, die kirchliche Kernkompetenz der Seelsorge in Formen jenseits des klassischen gemeindlichen Horizonts zu gestalten. Gemeint sind Angebote wie beispielsweise ein Trauercafé (idealerweise vor dem Eingang des Friedhofs), eine »Herzsprechstunde« in einer ärztlichen Praxis,[12] ein Zuhör-Kiosk,[13] Gesprächsangebote an der Ausgabestelle der kommunalen Tafel oder auf einem Spielplatz mit Kaffee im Bollerwagen. Auch zeitlich begrenzte Angebote in öffentlichen Räumen bieten große Chancen wie beispielsweise Projekte der Pop Up Church in Hamburg

12 Für diese Idee danke ich Emilia Handke.

13 https://www.unfassbar.ch/ (4.7.2024).

zu bestimmten Themen wie Vergebung[14] oder (anlässlich des Totensonntags) dem, was einem in diesem Leben noch wichtig ist.[15] Sie sind aber auch digital zu denken wie ein seelsorglich ausgerichteter Account in den sozialen Medien oder eine digitale Trauerplattform. Noch kaum wahrgenommen wird kirchlicherseits bisher die Aufgabe, Menschen bei der Trauer um den Tod ihres Tieres zu unterstützen, was besonders digital im säkularen Bereich längst stattfindet.[16]

Diese Formen fordern dazu heraus, Seelsorge nicht nur von den Themen und Fragen von Menschen her zu denken, sondern auch von ihren Orten her. Die Kirche bewegt sich damit aus ihren gewohnten Bahnen heraus und setzt sich dem offenen Charakter der religiös pluralen und teilweise auch säkularen Öffentlichkeit aus. Sie kann möglicherweise von einer Kooperation mit einem kirchlichen Seelsorge- und Beratungszentrum und seiner Expertise profitieren. Diese Alternative kann sowohl von Hauptamtlichen als auch von seelsorglich qualifizierten Ehrenamtlichen und idealerweise gemeinsam gestaltet werden.

Ein *Vorteil* dieser Alternative liegt darin, dass Seelsorge Menschen zugänglich wird, für die die klassische Gemeindearbeit eine zu hohe Schwelle bildet bzw. die gar nicht auf die Idee kommen, dass das gemeindliche Angebot ihnen gilt. Die kirchliche Präsenz von Kirche an ihren alltäglichen Lebensorten dürfte für viele zunächst überraschend sein, was signalisieren kann, dass Kirche anders sein kann als gedacht. Die Kirche kommt mit solchen Formaten ihrem Auftrag nach, Zugänge zur Liebe Gottes für »alle Welt« zu eröffnen. Die kla-

14 https://www.kircheimdialog.de/projekte/pop-up-church/verzeih-mir (4.7.2024).

15 https://www.kircheimdialog.de/projekte/pop-up-church/totensonntag (4.7.2024).

16 Vgl. z. B. https://www.rosengarten-sterne.de/gedenkseiten/ (4.7.2024).

re Auswahl der Formate macht das Angebot zudem erkennbarer und leichter zu organisieren. Hauptamtliche können sich ja nach ihren Möglichkeiten beteiligen. Ehrenamtliche können auch hier viel für andere bewirken und gleichzeitig viel für sich mitnehmen.

Als *Nachteil* ist zu nennen, dass genügend Menschen mit Mut und Motivation zu neuen Wegen vorhanden sein müssen. Der Schritt aus dem gewohnte Terrain ist gerade in der Seelsorge nicht leicht, da die Situation und die Rollen immer neu ausgehandelt werden müssen und die Seelsorger*innen sich radikal auf die Bedürfnisse ihrer Gegenüber einlassen müssen.

4. Anregungen zur Weiterarbeit

Fragen auf dem Weg zu einer eigenen Position

- Was haben Sie bisher unter »Seelsorge« verstanden? Hat sich dieses Verständnis durch die Lektüre dieses Kapitels verändert?
- Wie haben Sie selbst bereits Seelsorge erfahren oder ausgeübt?
- Was soll Ihrer Meinung nach in der Seelsorge geschehen? Wen und welche Gelegenheiten, welchen geschützten Rahmen braucht es, damit das geschehen kann?
- Welche Formen seelsorgerliche Angebote brauchen junge Menschen, um sie auch wirklich in Anspruch zu nehmen? Welche Bedeutung spielen soziale Medien dabei?
- Was würde der Gemeinde fehlen, wenn sie keine Seelsorge mehr anbieten würde? Was würde sie vielleicht auch gewinnen?

- Welche der Handlungsalternativen ist Ihnen emotional am nächsten? Warum? Welche würden Sie rational befürworten?

Ein biblisch-bibliologischer Impuls:

Röm 12,6-8.13-15: Verschiedene Gaben in der Gemeinde (Übersetzung der Zürcher Bibel)
Wir haben verschiedene Gaben entsprechend der Gnade, die uns gegeben wurde: sei es die Gabe, prophetisch zu reden in Ausrichtung auf den Glauben, sei es die Gabe zu dienen, wo es um Dienst geht, zu lehren, wo es um Lehre geht, Trost zu spenden, wo es um Trost geht. Wer andern etwas gibt, tue es ohne Hintergedanken; wer eine Leitungsaufgabe versieht, tue es mit Hingabe; wer Barmherzigkeit übt, tue es heiter und fröhlich. [...]

Um die Nöte der Heiligen kümmern wir uns, von der Gastfreundschaft lassen wir nicht ab. Segnet, die euch verfolgen, segnet sie und verflucht sie nicht! Freuen wollen wir uns mit den Fröhlichen und weinen mit den Weinenden.

Wie mögen die Menschen in Rom, die sich der christlichen Gemeinde zugehörig fühlen, diese Worte von Paulus, den sie persönlich nicht kennen, gehört haben? Ob ihnen das, was der bekannte Missionar ihnen damit ans Herz legt, ganz neu war – oder ob es ihnen im Gegenteil als ihre selbstverständliche Praxis erschien? Dass Menschen unterschiedliche Talente haben und die einen dies besser können und die anderen das, dürfte ja allgemeine menschliche Erfahrung sein. Aber ob ihnen auch klar war, dass prophetische Rede, Dienen, Unterrichten und Trost spenden gleich wichtig und wertvoll sind? Gerade das Trösten könnte weniger hoch angesehen werden, weil es meist im Verborgenen erfolgt, weil es so unmittelbar menschlich ist. Das gilt nicht zuletzt, weil es häufig Frauen zugeschrieben wird, die »natürlich« ihr verletztes Kind in den Arm nehmen oder ihrer traurigen Freundin gut tun. Die »Hintergedanken«, von denen Paulus spricht, dürften dabei in der Tat geringer sein als bei Leitungsfunktionen und öffentlichen Ämtern – zumindest, wenn damit an eigene strategische Vorteile gedacht ist.

Dass diese menschliche Zuwendung heiter und fröhlich geschehen soll, ist ebenfalls nicht selbstverständlich – und vielleicht auch erstaunlich, denn dabei geht es ja häufig um Leid. Es geht es jedoch nicht darum, dies mit aufgesetzter Fröhlichkeit zu überspielen, sondern um die Grundhaltung: sich nicht aufzuopfern und aufzugeben, sondern bei sich zu bleiben, aus freier Überzeugung und mit einer positiven Grundstimmung dem Leben und den Menschen zu begegnen und dem, was sie mitbringen.

Die Gemeinde ist eine, die sich kümmert, sagt Paulus. Sie kümmert sich um die, die zu ihr gehören (das sind in seiner Ausdrucksweise die »Heiligen«), aber beschränkt sich nicht auf diese: Sie gibt auch den Segen Gottes an die weiter, die sich von ihr distanzieren und sie sogar verfolgen! Die Zuwendung der Christ*innen gilt allen, weil die Liebe Gottes allen gilt – und das zeigt die Gemeinde darin, dass sie mitgeht mit dem, was Menschen bewegt, im Positiven wie im Negativen. Dafür scheint übrigens kein besonderes Talent (und schon gar kein Amt und keine Ausbildung) erforderlich, sondern diese prinzipielle Empathie wird allen zugesprochen und zugetraut, die die Liebe Gottes kennen.

Paulus spricht hier nicht von Seelsorge, wie das Wort in der Bibel auch insgesamt nicht vorkommt, aber er malt das Bild einer seelsorglichen Gemeinde, für die es einfach dazugehört, für andere Menschen innerhalb und außerhalb der eigenen

Kreise und deren Anliegen da zu sein. Wie selbstverständlich ist uns das heute?

Eine methodische Idee für die gemeinsame Arbeit in einem kirchlichen Gremium:

Eine einladende seelsorgliche Gemeinde – eine Vision
Eingangs wird ein Impuls gegeben, der – beispielsweise anhand dieses Kapitels – ein Grundverständnis von Seelsorge und ihren Möglichkeiten vermittelt. Nach möglichen Rückfragen werden die Teilnehmenden gebeten, jeweils zu dritt ihre Assoziationen zu der Formulierung »eine einladende seelsorgliche Gemeinde« zu zeichnen. Auf einem ersten Plakat beginnen sie mit kleinen Elementen, die ihnen zu »einladender seelsorglicher Gemeinde« spontan einfallen. Diese dürfen gerne symbolisch sein und auch aus Formen und Farben bestehen. Darüber tauschen sie sich anschließend aus und entwickeln im Gespräch Ideen, in welcher Weise, an welchen Orten, in welchen Formen und mit welchen Personen dies stattfinden könnte. Aus diesem Gespräch entsteht ein zweites Bild, das nun konkreter die Vision einer »einladenden seelsorglichen Gemeinde« zeigt.

Anschließend stellen sich die Gruppen ihre Bilder nacheinander vor und bekommen Rückmeldungen der anderen, wo sie die besondere Stärken und Chancen ihrer Vision erkennen und was ihnen dabei als Herausforderung erscheint. Nachdem alle Visionen vorgestellt worden sind, wird festgehalten, was der Gruppe besonders wesentlich für eine einladende seelsorgliche Gemeinde erscheint. Mindestens ein Aspekt daraus wird dann für eine baldige Umsetzung ausgewählt und überlegt, welche konkreten Schritte dorthin führen.

Kapitel 4
Diakonie

Einstieg: Szenen aus der kirchlichen Praxis

Szenario 1:
*Die Maria Magdalena-Gemeinde im Vorort einer Großstadt versteht sich als lebendige Gemeinde für alle Generationen. Sie feiert traditionelle und moderne Gottesdienste, es gibt eine große Kita, Kinder- und Jugendgruppen sowie einen Chor und einen Gospelchor. Sie bietet Familienfreizeiten an, veranstaltet Konzerte, Vorträge und Gesprächsabende und gestaltet einen Senior*innenclub sowie monatlich ein Erzählcafé. Natürlich treten auch Gemeindeglieder aus, aber durch die großen Neubaugebiete in ihrem Bezirk haben sie relativ viele Taufen und bereits durch den Zuzug wächst die Gemeinde.*

Als turnusmäßig eine Visitation ansteht, bekommt die Gemeinde viel Wertschätzung für ihr lebendiges Gemeindeleben. Es wird zurückgemeldet, dass sie sich bemerkenswert auf die Familien sowie die älteren Menschen einlasse und ihnen viel biete. Sie wird aber auch gefragt, ob sie eigentlich Menschen in schwierigen Lebenslagen und mit sozialen Problemen im Blick habe – denn auch die gebe es selbstverständlich im Gemeindebezirk. »Wo ist eure Diakonie?«, spitzt es jemand zu.

Die Verantwortlichen sehen sofort, dass sie in diesem Bereich einen blinden Fleck haben, wenden aber ein, dass sie nicht alles machen können und Diakonie nicht so richtig zu ihrem Profil passen würde. Daraus ergibt sich ein intensives Gespräch mit unterschiedlichen Positionen auf beiden Seiten. Manche vertreten, dass jede Gemeinde sich für bestimmte

Handlungsfelder und gegen andere entscheiden dürfe und in der aktuellen Situation auch müsse. Andere betonen, dass die diakonische Dimension als praktische Konsequenz des Glaubens immer dazugehöre. Wieder andere fragen pragmatisch, ob die Diakonie denn durch die Nachbargemeinden abgedeckt sei. Und was genau mit »Diakonie« eigentlich gemeint sei, wird ebenfalls diskutiert – geht es um größere Projekte wie eine Tafel oder ein Kirchenasyl, oder könne nicht einfach der Gospelchor ab und zu im Hospiz und im Pflegeheim singen? Dadurch wird viel angestoßen, was auf der nächsten Klausur des Kirchenvorstandes weiter bedacht werden soll.

Szenario 2:
*Die städtische Martha-Gemeinde versteht sich hingegen schon lange als eine (auch) diakonische Gemeinde. Es gibt einen Besuchsdienst für ältere und einsame Menschen, die dabei gezielt zum Senior*innenkreis eingeladen werden. Über die gute Zusammenarbeit mit der Schule werden auch Kinder in schwierigen Lebensverhältnissen für eine Teilnahme an der Kinderbibelwoche mit gesundem Mittagessen und an den Ferienfreizeiten erreicht und diese aufmerksam begleitet. Eine Ehrenamtliche gibt einigen Kindern und Jugendlichen Hausaufgabenhilfe. Die Gemeinde stellt einen Raum für einen Nähkurs für geflüchtete Frauen zur Verfügung, und man kann bei ihr Kleidung und gebrauchte Fahrräder abgeben, die sie an die Unterkunft für geflüchtete Menschen weitergibt. Seit einigen Jahren gestaltet sie im Januar eine Woche lang eine Vesperkirche, in der im Kirchenraum ein warmes Essen ausgegeben wird, kulturelle und informative Veranstaltungen stattfinden und es Unterstützungsangebote für wohnungslose Menschen gibt.*

Als das Diakonische Werk vor einiger Zeit neue Räume suchte, hat sich die Gemeinde entschieden, ihr einen Teil *des ohnehin zu großen Gemeindehauses und das ebenfalls zu große Pfarrhaus sowie den früher als Kindergarten genutzten Anbau zu vermieten. Sie hat dies nicht nur als willkommene Einkommensquelle gesehen, sondern sich eine gute Zusammenarbeit in der diakonischen Arbeit, eine Stärkung und vielleicht sogar eine Entlastung erhofft. Doch seit die Diakonie vor einigen Monaten eingezogen ist, erleben die Hauptamtlichen und die diakonisch tätigen Ehrenamtlichen die Nachbarschaft eher als Verunsicherung. Die diakonische Arbeit ist im Diakonischen Werk sehr viel professioneller organisiert und ausgerichtet als in der Gemeinde. Der Mitternachtsbus für wohnungslose Menschen im Winter, die Tafel, die Schuldner*innenberatung, die Selbsthilfegruppen für suchtkranke Menschen und die Telefonseelsorge scheinen ihnen zudem wesentlich wirksamere Hilfe zu leisten als ihre eigenen Versuche. Gleichzeitig ist ihnen klar, dass deren Arbeit ihre Möglichkeiten als Kirchengemeinde weit übersteigen würde. Sie merken, dass die Nachbarschaft zur Diakonie Fragen nach dem eigenen Selbstverständnis und ihrem Auftrag als Kirchengemeinde stellt, mit denen sie sich intensiver auseinandersetzen möchten.*

Szenario 3:
Auf einer Klausurtagung des Hauptamtlichenkonvents in einem ländlichen Kirchenkreis wird deutlich: Die große Mehrheit möchte nicht länger die Strukturen an die weniger werdenden Kirchenmitglieder, Hauptamtlichen und Finanzen anpassen, sondern die Herausforderungen als Chance für eine Neuorientierung nutzen. Die Frage soll lauten, wofür sie als Kirche in der ländlichen und strukturschwachen Region eigentlich stehen und wie sie ihre Ressourcen dafür klug einsetzen. Besonders intensiv wird darüber diskutiert, ob sich der Kirchenkreis nicht künftig vorrangig im Sozial-

raum einbringen solle, um mit Menschen gemeinsam an der Verbesserung ihrer Lebensbedingungen zu arbeiten, statt in die Kirchen und Gemeindehäuser zu Veranstaltungen einzuladen. Überzeugend ist dabei vor allem die theologische Perspektive, dass Gott in der Welt und konkret im Sozialraum anwesend sei und die Wirklichkeiten von Menschen im Licht des Reiches Gottes zu betrachten seien. Das würde einen starken diakonischen Akzent der kirchlichen Arbeit bedeuten. Gleichzeitig ist der Gemeinde ihr christliches Profil wichtig, was ein sog. »stummes Handeln« ausschließt, das seine christlichen Hintergründe und Inhalte nicht thematisiert.

*Rasch wird der Gruppe bewusst, wie groß die Aufgabe ist und wie sehr diese Ausrichtung ihre bisherige Arbeit verändern würde. Zunächst einmal müssten die Gemeinden und ihre Leitungsgremien überzeugt werden – wobei die Zuversicht groß ist, dass sich viele Gemeindeglieder einen Aufbruch wünschen. Aber auch mit einer breiten Beteiligung könnten sie diese Aufgabe nicht allein bewältigen. Für eine sozialraumorientierte Arbeit bräuchten sie Partner*innen – zur Beratung für den Anfang, aber auch auf Dauer, um wirksam zu handeln und Qualität und Kontinuität zu sichern. Dafür scheint sich »die Diakonie« anzubieten. Welche Einrichtung das konkret sei, wird gleich gefragt: Das Diakonische Werk der Landeskirche oder des Kirchenkreises oder vielleicht die Innere Mission in der Kreisstadt? Die Johanniter-Unfall-Hilfe, bei denen viele ältere Menschen gerade in den Dörfern einen Hausnotruf haben, ist doch ebenfalls Diakonie, fällt jemandem ein. Und sollte man nicht vielleicht auch mit der katholischen Caritas zusammenarbeiten? Und was ist mit dem freikirchlich getragenen Pflegeheim? In der Diskussion merken manche der Hauptamtlichen, dass sie die vielfältigen diakonischen Träger und Aktivitäten in ihrem Kirchenkreis* *bisher gar nicht im Blick hatten, die Zusammenarbeit mit ihnen aber für ihre künftige Arbeit sehr wertvoll sein könnte. »Eigentlich können wir uns doch solch einen diakonischen Flickenteppich gar nicht mehr leisten«, meint jemand, »wir arbeiten doch alle für die gleiche Sache.« »Ist das wirklich so?«, wird zurückgefragt. »Ist Diakonie Kirche?« Damit ist das Thema für das nächste Treffen gesetzt: Was gehört eigentlich alles zur Diakonie, was ist ihre Aufgabe und wo wären Bezüge zu den Gemeinden?*

1. Vor welchen Herausforderungen stehen die Gemeinden?

Dass das Handlungsfeld Diakonie bereits grundsätzlich eine besondere Herausforderung für Gemeinden bildet, zeigt schon die Tatsache, dass es eine Parallelstruktur der christlich motivierten Hilfeleistung gibt: die organisierte Diakonie, die rechtlich unabhängig von der Kirche ist. Sie entstand im 19. Jh. angesichts der großen sozialen Herausforderungen in der Folge der Industrialisierung, die nicht mehr von den dörflichen Sozialstrukturen aufgefangen werden konnten. Die Umwälzungen der Veränderungen und die dadurch entstandene soziale Not war so groß, dass die bisherigen Ansätze der kirchlichen und kommunalen Armutspflege nicht mehr ausreichten und neue Lösungen nötig wurden. Etliche Christ*innen sahen es als ihre Aufgabe an, nicht nur Almosen zu geben und Leid zu lindern, sondern wirksam zu helfen. Dafür erschien ihnen die neue Organisationsform der Vereine hilfreich, die zu der entstehenden Bürgergesellschaft passte. Es entstanden eine Vielzahl von Vereinen zur Pflege christlicher »Liebestätigkeit« (wie es damals hieß); Waisenhäuser und zahlreiche andere karitative Einrichtungen wurden gegründet. Aus ihnen entstand die heutige organisierte Diakonie.

Ihre Existenz bedeutet jedoch nicht, dass Diakonie kein oder kein wichtiges Handlungsfeld der verfassten Kirche und der Gemeinden wäre. Im Ersten Testament zeigt sich Gott als Anwalt der sozial Schwachen und erwartet von seinem Volk ein fürsorgliches und gerechtes Handeln auf der Grundlage des Gebotes der Nächstenliebe (Lev 19,18). Im Zweiten Testament ist die Predigt Jesu vom Reich Gottes untrennbar mit praktischer Hilfeleistung verbunden, was sich besonders in den Heilungsgeschichten zeigt. Auch seine Jünger*innen heilen in seinem Auftrag (Mk 6,7-13; Apg 3,1-8), sodass sich die Kirche in der Tradition des Volkes Israel und des Judentums immer als diakonische Kirche verstanden hat.

Gleichzeitig sind die gesellschaftlichen Strukturen und damit auch die sozialen Probleme heute so komplex, dass viele Bereiche die generalistisch ausgerichtete Gemeinde, für die Diakonie nur ein Handlungsfeld unter vielen ist, überfordern. Das gilt beispielsweise für den demografischen Wandel mit der zunehmenden Zahl pflegebedürftiger Menschen, für deren Betreuung es staatlicherseits noch keine zufriedenstellenden Lösungen gibt. Ebenso wird es im Bereich Migration, Umgang mit geflüchteten Menschen und Integration deutlich, in dem die Schwierigkeiten gegenwärtig eher wachsen, als dass sie abnehmen. Um hier einer größeren Zahl von Menschen zu helfen und gesellschaftspolitisch zu wirken, braucht es ein hohes Maß an spezialisierter Professionalität und eine großflächige Organisation. Für Gemeinden bedeutet dies, sorgfältig wahrzunehmen und zu reflektieren, welches ihre Möglichkeiten und Chancen sind, Menschen in ihrem Umfeld in ihren Lebensbedingungen zu unterstützen. Dabei sind einerseits Kreativität und andererseits Realitätssinn gefordert. Was dies genau bedeutet, ist von dem Charakter der Gemeinden, vor allem aber von ihrem sozialen Kontext und seinen Herausforderungen abhängig. Eigentlich ist es ideal, dass sowohl Gemeinden als auch große Einrichtungen diakonisch aktiv sind – die Aufgabe besteht darin, dieses Verhältnis in gegenseitiger Ergänzung gut zu gestalten.

Dies trifft heute in eine Situation, in der die Hauptamtlichen und die finanziellen Mittel zurückgehen und sich das Ehrenamt stark verändert (vgl. »Kirche gestalten«, Kapitel 6). Es gibt daher gelegentlich Bestrebungen, sich kirchlicherseits stärker auf das vermeintlich »Eigentliche« oder gar »Eigene« zu besinnen und sich auf ein explizit religiöses Handeln zu konzentrieren, während man die soziale Unterstützung vernachlässigt. Theologisch ist dies aus den oben genannten Gründen kaum begründbar. Und es sprechen auch andere Argumente dagegen: Die sechste Kirchenmitgliedschaftsuntersuchung der EKD hat eine hohe Erwartung an die Kirchen, sich sozial zu engagieren, ergeben.[1] So finden es 95 % der evangelischen Kirchenmitglieder richtig, dass die Kirchen Beratungsstellen für Menschen mit Lebensproblemen betreibt. 77 % sind der Ansicht, dass sie sich konsequent für Geflüchtete einsetzen solle. Erstaunlicherweise wird bei Nichtkirchenmitgliedern die gleiche Tendenz deutlich, von denen man eigentlich erwarten könnte, dass sie ein gesellschaftliches Engagement der Kirchen kritisch sehen und für einen Rückzug in explizit religiöse Fragen und den Privatbereich plädieren würden: 78 % befürworten kirchliche Beratungsstellen und 73 % den Einsatz für geflüchtete Menschen. Ebenso zeigt die »Vertrauensfrage«, dass gesamtgesellschaftlich das Vertrauen in die Diakonie bzw. die katholische Caritas deutlich höher ist als in die Kirchen. Insofern trifft sich die theologische Überzeugung, dass Diakonie eine »Wesens- und Lebensäußerung« der Kirche bildet, wie es oft heißt, mit

1 Vgl. Ev. Kirche in Deutschland, Wie hältst du's mit der Kirche?, 51-54.

der Notwendigkeit, dass die Kirche heute ihre Bedeutung für das Leben von Menschen deutlich macht. Hinzu kommt, dass gerade im Bereich des diakonischen Handelns auch Menschen zu freiwilligem Engagement zu motivieren sind, die sonst keinen Kontakt zur Kirche haben – man denke nur an die vielen ehrenamtlich Engagierten auch im Raum der Kirche 2015, als sich Deutschland vorübergehend für viele Menschen öffnete, die vor dem Krieg in Syrien geflohen waren. Dafür aber braucht es neue Wege, die in den Reformüberlegungen zur Zukunft der Kirche mitzubedenken sind.

2. Was man dazu wissen sollte

2.1 Was ist eigentlich Diakonie?

Das Wort wurzelt in dem griechischen Wort »diakonia«, was mit »dienen« – in vielfältiger Hinsicht – zu übersetzen ist. Im katholischen Bereich entspricht dem die »Caritas« (übersetzt: »tätige Nächstenliebe«). Diakonie und Caritas können verstanden werden als praktische Umsetzung des christlichen Glaubens durch den Dienst an anderen Menschen, die theologisch als »Nächste« verstanden werden. Als ihre Wurzel wird formuliert: »Diakonie ist Frucht, ›Ereignis‹ des Glaubens, der auf Gottes Liebe mit der Tat menschlicher Liebe antwortet.«[2] Diakonie setzt also christliche Nächstenliebe und Barmherzigkeit in konkrete Taten um, um Menschen, »die am Rande der Gesellschaft stehen, die auf Hilfe angewiesen oder

2 Herrmann Ringeling: Der diakonische Auftrag der Kirche – Versuch eines Konzeptes, in: Volker Hermann/Martin Horstmann (Hg.): Studienbuch Diakonik Bd. 2, Neukirchen-Vluyn 2006, 109-116, 109, im Original kursiv gedruckt.

benachteiligt sind«[3], zu helfen und ihre Lebenssituation zu verbessern. Dabei bemüht sie sich, soweit möglich, im Sinne eines »Empowerments« Menschen darin zu unterstützen, die Herausforderungen ihres Lebens selber besser bewältigen zu können. Zugleich sind die Diakonie und die Caritas wichtige Stimmen im gesellschaftlichen Diskurs über Gerechtigkeit, Solidarität und Menschenwürde. Sie äußern sich als Anwältinnen von Menschen, die ihre Stimme öffentlich nur schwer erheben können, weisen öffentlich auf die Ursachen von sozialer Not hin, äußern sich zu aktuellen Themen der Sozialgesetzgebung und bemühen sich um eine Sensibilisierung der Öffentlichkeit für soziale Themen.

Diese doppelte Bewegung, einerseits konkret einzelnen Menschen in Notlagen zu helfen und sich andererseits strukturell dafür einzusetzen, dass diese Notlagen weniger entstehen, zeichnet die Diakonie aus. Die Homepage der Ev.-Luth. Kirche in Norddeutschland formuliert diese doppelte Aufgabe so: »Die Diakonie pflegt, heilt, tröstet, stärkt und fördert Menschen in allen Lebenslagen. Sie setzt sich für diejenigen ein, die nicht gehört werden. Sie engagiert sich für eine menschenwürdige Gesetzgebung und für eine chancengerechte Gesellschaft.«[4]

2.2 Was ist das Christliche der Diakonie?

Schon die frühen christlichen Gemeinden waren diakonisch orientiert. Es ist durchaus fraglich, ob sich ohne das helfende Handeln in den Gemeinden, das auch für Außenstehende überzeugend war, der Glaube an Jesus von Nazareth als den

3 https://www.diakonie.de/informieren/die-diakonie/das-ist-die-diakonie (28.6.2024).

4 https://www.nordkirche.de/ueber-uns/hauptbereiche/hauptbereich-diakonie/ (6.5.2024).

Messias so ausgebreitet hätte, dass aus der jüdischen Splittergruppe eine eigene Religion entstehen konnte. Das würde bedeuten: »Ohne Diakonie kein Christentum.«[5] Die Bedeutung diakonischen Handelns zeigt sich in etlichen Stellen des Zweiten Testaments auch über das Wirken Jesu hinaus. Bekannte Stellen sind das Gleichnis vom barmherzigen Samariter (Lk 10,25-37) oder die Passage zum Weltgericht (Mt 25,35-40), in der Essen für Hungrige, Kleidung für Bedürftige, Aufnahme von Fremden und Besuche bei Kranken und Gefangenen besonders gewürdigt werden, weil sich in diesen Christus selbst zeigt. In den Texten wird deutlich, dass es nicht nur um eine gerechte Verteilung innerhalb der christlichen Gemeinde und die Fürsorge für bedürftige Mitchrist*innen geht, sondern um die Haltung, anderen Menschen zu dienen, wie Jesus es vorgelebt hat. Christlich motivierte Hilfeleistung richtet sich daher an alle Menschen, unabhängig von deren Religion, Herkunft oder sozialem Status, da der biblische Auftrag der Nächstenliebe keine Grenzen kennt.

Diese Grundlagen der Diakonie bzw. Caritas im Zweiten Testament bedeuten jedoch keineswegs, dass Nächstenliebe und religiös motivierte Hilfeleistung ein christliches Alleinstellungsmerkmal sind. Das Christentum steht damit auf dem Boden des Judentums. Im jüdischen Tenach, der christlicherseits das Erste Testament bildet, findet sich eine Fülle von Stellen, die zu Barmherzigkeit und sozialem Handeln im individuellen und im strukturellen Bereich auffordern. Begründet wird dies damit, dass Gott besonders ein Gott der Schwachen ist und gerechte Lebensverhältnisse für alle Menschen will. Aber auch im Kontext des Alten Orients gibt es Zeugnisse von religiös begründetem Hilfehandeln. Ebenso spielt es für

5 Christoph Sigrist: Diakoniewissenschaft (Kompendien Praktische Theologie, Bd. 3), Stuttgart 2020, 33.

den Islam, der einige Jahrhunderte später entstand, eine ganz zentrale Rolle. Gleichzeitig ist das diakonische Handeln für die einzelnen Christ*innen sowie für die Kirche und die Gemeinden ein essenzieller Punkt ihrer religiösen Tradition und ihres Auftrags in der Welt: Einerseits zeigt es, wie der christliche Glaube im Alltag gelebt werden kann, und andererseits setzt es Zeichen dafür, wie Gott die Welt will und welchen Charakter das Reich Gottes haben wird, das Christ*innen erwarten. Es verwirklicht sich ansatzweise, indem Menschen solidarisch für einen Ausgleich in besonders herausfordernden Lebenslagen sorgen, weil ihnen das Leid anderer unerträglich ist.

Diese Spannung, dass eine Dimension, die für das Christ*insein essenziell ist, ebenso humanitär und mit anderen religiösen Traditionen begründet werden kann, prägt die Diakonie schon immer. In der säkularer werdenden Gesellschaft, in der das christliche Profil der Diakonie als Unterscheidungsmerkmal zu anderen Anbietern neu zur Debatte steht, bildet diese Spannung eine besondere Herausforderung. Sie betrifft die eigenständig organisierte Diakonie noch stärker als die kirchliche, weil sie in einer wirtschaftlichen Logik zwar keinen Gewinn erzielt, sich jedoch einerseits durch ihre Dienstleistungen und andererseits durch staatliche Mittel selbst tragen muss. Dies bringt einen erheblichen Verwaltungsaufwand mit umfangreichen personellen Ressourcen mit sich, der aber zwingend erforderlich ist, um an die nötigen Gelder zu kommen.

Während bis in die 1980er-Jahre hinein ihr religiöses Profil in der christlichen Haltung der Mitarbeiter*innen lokalisiert wurde, die sie als Teil ihrer beruflichen Professionalität lebten, kann dies mittlerweile nicht mehr vorausgesetzt werden. Mittlerweile muss die Diakonie selbst ihren christlichen Charakter repräsentieren und garantieren – bzw. Sorge für die Haltung ihrer Mitarbeiter*innen tragen. Und auch in dem diakonischen Handeln der Gemeinde stellt sich immer wieder die Frage, warum gerade sie sich für geflüchtete Menschen engagiert, Tafeln und Kleiderkammern betreibt oder offene Jugendarbeit anbietet. Dies kann pragmatisch damit begründet werden, dass es in ihrem Kontext niemand anderer tut und Hilfe benötigt wird. Es ist jedoch ebenso theologisch zu begründen, dass diakonisches Handeln in besonderer Weise Bestandteil der Kommunikation des Evangeliums ist: Menschen erfahren im Empfangen und in der Weitergabe christlicher Hilfeleistungen die Konsequenzen der Liebe Gottes in ihrem Alltag besonders eindrücklich. Dem weiten Kommunikationsbegriff folgend (vgl. den Prolog), muss diese Erfahrung nicht bewusst wahrgenommen und ausgesprochen werden, sondern kann sich auch auf anderen Ebenen abspielen. Gleichzeitig bietet die praktische Hilfeleistung immer die Möglichkeit, mit Menschen darüber ins Gespräch zu kommen, warum man selbst oder warum sich die Gemeinde in dieser Weise engagiert. Die Bedeutung der christlichen Botschaft für das Leben von Menschen wird also in der Diakonie auf ganz besondere Weise praktisch erfahrbar.

Darüber hinaus profitiert die Gemeinde von der diakonischen Arbeit. Sowohl Gemeindeglieder als auch Nicht-Gemeindeglieder erleben, wie der christliche Glaube konkret werden kann, was gerade für junge Menschen wichtig ist. Ein gemeinsames diakonisches Engagement fördert das Gemeinschaftsgefühl – man arbeitet zusammen für eine gute Sache, teilt Erlebnisse und stärkt dadurch das Gefühl des Eingebundenseins und der Beheimatung. Auch die Identifikation mit der Gemeinde kann davon profitieren, zumal wenn das diakonische Engagement mit einer gemeindlichen Kultur von Solidarität, Offenheit und Verantwortung einhergeht. Zudem kann eine Gemeinde, die sich diakonisch engagiert, an Glaubwürdigkeit und Respekt in ihrem Umfeld gewinnen. Sie stärkt ihre Netzwerke und erweitert damit sukzessive ihre Ressourcen und Möglichkeiten.

2.3 *Organisationsformen und Arbeitsfelder der Diakonie*

Wie bereits angedeutet, lassen sich zunächst einmal die Diakonie innerhalb der verfassten Kirche und die eigenständig organisierte Diakonie unterscheiden – und so ist es auch für die Caritas in der katholischen Kirche. Beide Ebenen sind in der *Diakonie* bzw. der *Caritas Deutschland* zusammengeschlossen. Die Diakonie Deutschland koordiniert und unterstützt die Arbeit der Diakonie in den Landeskirchen und vertritt als Spitzenverband gleichzeitig ihre Interessen gegenüber der Politik und in der Öffentlichkeit.

Auch wenn es in diesem Buch um die Perspektiven von Gemeinden geht, erscheint es sinnvoll, einen Blick auf die unterschiedlichen Formen von Diakonie zu werfen, weil damit die Möglichkeiten und Grenzen von Gemeinden deutlicher werden.

Die eigenständigen Einrichtungen haben in der Regel die Rechtsform einer Stiftung, einer gGmbH oder eines eingetragenen Vereins. Bekannte Beispiele sind die Johanniter-Unfallhilfe, die Bethesda-Stiftung und die Von Bodelschwinghsche Stiftungen Bethel, die Lebenshilfe, die Rummelsberger oder die Kaiserswerther Diakonie. Mit etlichen Krankenhäusern und kleineren Einrichtungen gibt es in Deutschland ca. 30.000 diakonische Einrichtungen, in denen ca. 400.000 Menschen hauptberuflich und 700.000 ehrenamtlich arbeiten – also deutlich mehr als in der verfassten Kirche. Ungefähr 10 Mio. Menschen profitieren in Deutschland von der Diakonie, sowohl Kirchen- als auch Nichtkirchenmitglieder (die Kirchenmitgliedschaft ist ausdrücklich nicht Bedingung für die Hilfeleistung). Darüber hinaus ist die weltweite evangelische Diakonie in der Katastrophenhilfe und in der langfristigen Unterstützung von Entwicklung und Verbesserung der sozialen Lebensverhältnisse (Brot für die Welt) engagiert.

Von ihrem Charakter her ist die organisierte Diakonie ein Bestandteil des Wohlfahrtstaates. Der Staat refinanziert zahlreiche Leistungen, die sie anbietet. Daher ist diese Form von Diakonie Teil der Sozialwirtschaft und muss ihre Wirtschaftlichkeit auf dem Markt sozialer Dienstleistungen behaupten. Die Schnittmengen zu Staat und Wirtschaft sind also wesentlich ausgeprägter als bei der verfassten Kirche.

Ebenso gibt es eine Diakonie im Rahmen der verfassten Kirche auf unterschiedlichen Organisationsebenen. Alle Landeskirchen haben Diakonische Werke (wobei einzelne Diakonische Werke mehrere Landeskirchen umfassen und sich andere wiederum auf mehrere Bundesländer innerhalb einer Landeskirche beziehen). Zudem gibt es in den großen Landeskirchen häufig Diakonische Werke bzw. Kreisdiakonieverbände auf Kirchenkreis- oder Dekanatsebene, denen auch viele Kirchengemeinden angeschlossen sind. Sie arbeiten eng mit den landeskirchlichen Werken zusammen, sind aber stärker an der direkten Unterstützung für Menschen vor Ort orientiert, während die Landesverbände sich schwerpunktmäßig in der strategischen Leitung, der politischen Arbeit und der überregionalen Vertretung engagieren.

Die Unterstützungs- und Hilfeleistung der Diakonie ist breit gefächert und richtet sich nach den jeweiligen gesellschaftlichen Herausforderungen. So sind sie angesichts der zunehmenden Schere zwischen Arm und Reich und der Herausforderungen durch Flucht und Migration gegenwärtig in besonderer Weise gefordert. Typische Arbeitsfelder sowohl der eigenständigen als auch der Diakonie im Raum der Kirche sind beispielsweise:

- Soziale Arbeit mit Wohnungslosen, beispielsweise mit Wohnheimen, Übernachtungsmöglichkeiten, Mitternachtsbussen im Winter etc.

- Beratung für Arbeitslose, Suchtkranke und Menschen in anderen herausfordernden Lebenssituationen
- Pflege und Betreuung in Pflegeheimen, Tagespflegeeinrichtungen und mit ambulanten Pflegediensten
- Krankenhäuser, Rehabilitationszentren und Hospize
- Wohneinrichtungen und Werkstätten für Menschen mit Behinderungen
- Kinder- und Jugendhilfe mit Angeboten für die jungen Menschen selbst, Erziehungsberatungsstellen und Unterstützung für die Familien
- Aus-, Fort- und Weiterbildung mit einem Schwerpunkt in sozialen Berufen
- Kindertagesstätten

Ebenso leisten aber Gemeinden diakonische Arbeit. Sie ist in der Regel lokal orientiert und reagiert auf Notlagen im Gemeindebezirk, die – entsprechend der sozialen Schichtung der Bevölkerung – sehr unterschiedlich ausfallen. Daher haben sich manche Gemeinden aufgrund ihrer Lage in Stadtteilen mit besonderem Entwicklungsbedarf zu »Sozialkirchen« entwickelt, während andere Gemeinden in eher bürgerlichen Gegenden ihre Schwerpunkte woanders setzen.

Gemeinden können sich beispielsweise in folgenden Bereichen diakonisch engagieren:

- einsame Menschen besuchen und zu Aktivitäten einladen
- Nachbarschaftshilfe für ältere oder behinderte Menschen leisten zum Beispiel beim Einkaufen oder bei kleinen Hausarbeiten
- Angehörige pflegebedürftiger Personen durch ihre Anwesenheit entlasten, z. B. mit Vorlesen oder Spaziergängen
- in Zusammenarbeit mit der Schule Hausaufgabenhilfe im Gemeindehaus anbieten

- Menschen in herausfordernden sozialen Situationen beraten und Unterstützung bei Behördengängen oder dem Ausfüllen von Anträgen leisten
- eine Kleiderkammer betreiben oder gebrauchte Fahrräder an eine Unterkunft für Geflüchtete vermitteln
- Lebensmittel sammeln und in Form einer Tafel an Menschen mit wenig Geld weitergeben
- geflüchtete Menschen unterstützen, beispielsweise durch Sprachkurse, Freizeitangebote oder Unterstützung bei der Wohnungssuche und Behördengängen
- mit interkulturellen Veranstaltungen und Projekten das Zusammenleben zwischen Menschen unterschiedlicher Herkunft und Religion fördern

Dabei arbeiten viele Kirchengemeinden mit anderen diakonischen Einrichtungen, Vereinen und kommunalen Stellen zusammen, um sich in der Hilfeleistung abzustimmen und die jeweiligen Möglichkeiten besonders effektiv zu nutzen.

Schon bisher wurden die diakonischen Tätigkeiten überwiegend von Ehrenamtlichen geleistet, idealerweise gut begleitet durch Hauptamtliche. Mit zunehmend weniger Hauptamtlichen und dem sich verändernden Charakter des Ehrenamtes wird es noch wichtiger werden, Ehrenamtliche für bestimmte Tätigkeiten, die ihnen entsprechen und von denen sie selbst profitieren, zu gewinnen. Wenn sich immer mehr Kirchengemeinden als kompetente Koordinationsstellen entwickeln für vielfältige Möglichkeiten, sich sinnvoll, gut begleitet und in angenehmer Atmosphäre für andere zu engagieren, wäre viel für die gesellschaftliche Relevanz von Kirche gewonnen. Die Ehrenamtlichen wiederum können durch ihren Einsatz bereichert werden und Impulse für ihre persönliche Entwicklung bekommen. Möglicherweise erwerben sie neue Fähigkeiten und Lebenseinsichten, gewinnen Selbstvertrauen und erfahren Selbstwirksamkeit sowie Wertschätzung.

3. Welche Alternativen gibt es?

Die erste Alternative: Ein exemplarisches diakonisches Handlungsfeld vor Ort

Wenn die lokale Gemeinde neben ihren anderen Handlungsfeldern diakonisch tätig sein möchte, kann sie eine bewusste Entscheidung für ein spezifisches Handlungsfeld treffen. Dies sollte in aufmerksamer Wahrnehmung ihres Kontextes erfolgen und fragen, welche Menschen in der Nachbarschaft welche Form von Unterstützung brauchen, die die Kirchengemeinde besonders gut leisten kann. Wichtig bei der Entscheidung ist, sich dabei weder zu überfordern noch zu unterfordern: Kirchengemeinden haben begrenzte Möglichkeiten und Ressourcen, die realistisch gesehen werden müssen. Gleichzeitig gibt es mit guten Kooperationen einerseits und mit der Gewinnung neuer Ehrenamtlicher andererseits (s. o.) manchmal mehr Möglichkeiten, als sich im ersten Moment zeigen. Eine besondere Ressource, die viele säkulare Einrichtungen nicht haben, ist das Gemeindehaus mit seinen Räumen, die sehr gut diakonisch genutzt werden können – beispielsweise für Hausaufgabenhilfe, Sprachkurse oder Nähkurse für Menschen im Stadtteil oder Dorf.

Das exemplarische diakonische Handlungsfeld kann sowohl kontinuierlich stattfinden als auch mit Projektcharakter für einen bestimmten Zeitraum. Entscheidet man sich für die letztere Variante, kann sich die im südwestdeutschen Raum entwickelte »Vesperkirche« anbieten, die sich gerade in den nördlicheren Landeskirchen verbreitet. In der Vesperkirche wird vorzugsweise im Winter eine Kirche für eine oder mehrere Wochen tagsüber zu einem integrativen Raum für Wohnungslose und Menschen in anderen schwierigen Lebenssituationen, aber eben auch ohne diese besonderen Herausforderungen. Besonders für die Menschen ohne ein festes Zuhause sind die warmen Mahlzeiten wichtig, die in der Kirche serviert werden. Sie können sich zudem mit Kleidung und Schlafsäcken versorgen. Hinzu kommen Angebote von Ärzt*innen, Friseur*innen, Fußpfleger*innen, Tierärzt*innen oder Optiker*innen, die ihre professionellen Kompetenzen ehrenamtlich zur Verfügung stellen. Es gibt zudem ein breites Spektrum von Veranstaltungsangeboten: von Konzerten über Kabarett bis hin zu informativen Vorträgen sowie Beratungsangeboten. Geschätzt wird dabei auch, dass man mit Menschen aus anderen Lebenswelten ins Gespräch kommt, denen man normalerweise nicht persönlich begegnet. Geistliche Impulse rahmen jeden Tag. Die Vesperkirche ist zeitintensiv und benötigt viele Ehrenamtliche, bildet aber für Gemeinden eine ihnen sehr gemäße Variante diakonischer Arbeit.

Wird ein kontinuierliches Handlungsfeld bevorzugt, kann die Gemeinde eine Koordinatorin für eine »christliche Nachbarschaftshilfe« sein. Sie bringt dann Personen, die Unterstützung benötigen, mit Menschen zusammen, die sich in diesem Bereich engagieren möchten. Sie können beispielsweise Senior*innen, Familien mit kleinen Kindern, vorübergehend hilfsbedürftige Menschen oder pflegende Angehörigen im Haushalt und beim Einkaufen unterstützen, Fahrten unternehmen, Haustiere versorgen oder stundenweise bei der Betreuung aushelfen. Die Koordination kann in haupt- oder ehrenamtlicher Hand liegen; allerdings bräuchte es eine verlässliche hauptamtliche Begleitung der Ehrenamtlichen.

Ein *Vorteil* dieser Alternative ist, dass sie auf den spezifischen Möglichkeiten und Kompetenzen der Ortsgemeinde sehr gut aufbaut. Die Stärken ihrer vielfältigen Kontakte im Nahbereich und ihre gute Kenntnis des Umfeldes kann sie nutzen, ohne aufwändige Analysen durchführen zu müssen. Dabei vertieft sie ihre Kenntnisse gleichzeitig und bekommt möglicherweise noch einmal einen anderen Blick auf die Menschen, die im Gemeindegebiet leben. Sie kann ihr diakonisches Engagement zudem an ihre Ressourcen anpassen und das leisten, was ihr entspricht. Entscheidet sie sich für die Vesperkirchenvariante, wird durch den Kirchenraum und die geistlichen Impulse die Verbindung zwischen spiritueller und diakonischer Dimension besonders deutlich. Folgt sie der Idee der christlichen Nachbarschaftshilfe, lebt sie exemplarisch die Idee einer »Caring Community«.

Als *Nachteil* ist zu nennen, dass das diakonische Engagement mit dem sonstigen Gemeindeleben nicht leicht zu verbinden ist, wenn dieses sonst eher Menschen in besseren sozialen Verhältnissen anspricht. Sofern die sonstige Gemeindekultur anders orientiert ist, ist es herausfordernd, Menschen im Sinne des »neuen Ehrenamtes« für einzelne diakonische Aktivitäten zu gewinnen und zu halten, ohne sich insgesamt als ein diakonisch geprägter Ort zu präsentieren.

Die zweite Alternative: Diakonie als Profil der Gemeinde oder des kirchlichen Ortes

In einer zweiten Variante ist eine Gemeinde in der Region oder der Standort in der Großgemeinde diakonisch ausgerichtet. Auch dann können selbstverständlich nicht alle Arbeitsfelder, die möglich und sinnvoll sind, bearbeitet werden, aber doch ein gewisses Spektrum. Welches das ist, richtet sich nach dem jeweiligen Kontext sowie nach den Ressourcen vor Ort. Es liegt nahe, dass der Standort in Gegenden mit größeren sozialen Herausforderungen lokalisiert wird. Die Hauptamtlichen sollten dafür diakonische Leidenschaft und Kompetenzen mitbringen, und von den Berufsgruppen her sollte im Team möglichst viel diakonische Kompetenz vertreten sein. Eine enge Zusammenarbeit mit größeren diakonischen Einrichtungen, mit kommunalen Unterstützungsstellen, möglicherweise aber auch mit sozialer Hilfeleistung aus anderen religiösen Traditionen (vor allem jüdischer und islamischer), ist hilfreich. Die durchgehenden diakonischen Angebote können verbunden werden mit Projekten wie einer jährlichen Vesperkirche, die das christliche Profil organisch einspielt. Die Gottesdienste sollten auf Menschen in herausfordernden Lebenslagen ausgerichtet sein, wofür nicht nur die Sprache und die Form der Verkündigung, sondern auch die Liturgie und die Gottesdienstzeit überdacht werden sollten. Zu überlegen ist zudem, wie die Menschen, um die es an diesem Ort geht, in dessen Gestaltung und Leitung einbezogen werden können, damit es nicht bei einer »Kirche für andere« bleibt, sondern eine »Kirche miteinander« wird.

Ein *Vorteil* dieser Alternative besteht in dem Charakter der Gemeinde oder des kirchlichen Ortes als klare Anlaufstelle für Menschen in herausfordernden Lebenslagen. Anders als andere Gemeinden ist diese nicht bürgerlich dominiert, sondern Menschen auf der Schattenseite des Lebens können sie als »ihre Kirche« ohne Berührungsängste empfinden. Die Hauptamtlichen konzentrieren sich auf dieses Handlungsfeld und müssen nicht zwischen den Welten wechseln. Aus dem wachsenden Vertrauen können eventuell Wünsche nach Kasualien von Menschen entstehen, die sonst kaum auf die Idee kämen, sich oder ihr Kind taufen zu lassen, kirchlich zu heiraten oder sich selbst oder Angehörige kirchlich bestatten zu lassen. Zudem sind mit dieser Alternative vielfältige Möglichkeiten für freiwilliges Engagement gegeben – nicht zuletzt im Sinne des Empowerments auch für diejenigen, die zunächst selbst als Gäste oder Klient*innen teilgenommen haben.

Ein *Nachteil* dieser Variante besteht darin, dass die Profilbildung Absprachen in der Region oder der Großgemeinde erfordert, was in der Regel einen längeren Kommunikations- und Entscheidungsprozess erfordert. Mit den bisherigen Gemeindegliedern muss dies sensibel kommuniziert werden. Es muss verständnisvoll und unterstützend mit Enttäuschungen umgegangen werden, wenn Menschen an diesem kirchlichen Ort bisher andere Arbeitsbereiche erlebt haben, und gemeinsam mit den bisherige Gemeindegliedern müssen Lösungen überlegt werden, neue kirchliche Heimaten zu finden.

Die dritte Alternative: Sozialraumorientierte Gemeindearbeit

Eine dritte Alternative besteht darin, die Gemeindearbeit konsequent auf den Sozialraum auszurichten und ausgehend von den Menschen, die in ihm leben, Kirche zu denken. Dies ist sowohl in einer Einzelgemeinde als auch in einer Großgemeinde oder einer Region möglich. Anders als in der zweiten Alternative verändert dies den Charakter der kirchlichen Arbeit grundlegend, da nicht ihre Haupt- oder Ehrenamtlichen Angebote für Menschen entwickeln und in ihre Räume einladen. Stattdessen nimmt die Gemeinde aufmerksam wahr und erfragt in intensiven Gesprächen mit verschiedenen Menschen in ihrem Kontext, wo deren Probleme liegen und wie sie sich eine Verbesserung ihrer Lebensumstände vorstellen. Sie überlegt, was sie dazu beitragen kann, in der Perspektive der göttlichen Verheißung Menschen darin zu unterstützen, mit den jeweiligen Herausforderungen besser umgehen zu können und ihr Leben zufriedenstellender zu gestalten. Dafür arbeitet sie wie in Variante 2 mit anderen Akteur*innen zusammen und bringt sich dabei als christliche Stimme in das gemeinsame Ziel ein. Was dabei entsteht, ist von dem jeweiligen Kontext und seinen Themen abhängig: Es können Projekte gegen die wachsende Einsamkeit sein oder ein gelingendes gemeinsames Leben von Asylsuchenden und Alteingesessenen um eine Aufnahmeeinrichtung herum. Die Infrastruktur in ländlichen Gegenden kann der Fokus werden oder ein ökologisches Engagement. Wichtig ist in jedem Fall, nicht fertige Lösungen anzubieten, sondern sie gemeinsam mit den betroffenen Menschen zu entwickeln und diese zu befähigen, ihre Lebensumstände zu verbessern. Dabei wird sorgfältig darauf geachtet, welche Initiativen es schon gibt, um keine Doppelstrukturen zu etablieren.

Ein *Vorteil* dieser Alternative besteht darin, dass die Gemeinde damit – dem Auftrag der Kirche gemäß – Menschen darin stärkt und unterstützt, sich aktiv für die Verbesserung ihrer Lebensbedingungen einzusetzen. Menschen finden ein breites ehrenamtliches Betätigungsfeld in einem sinnhaften Engagement vor Ort. Die Bedeutung der christlichen Botschaft für das gesellschaftliche Zusammenleben muss nicht eigens formuliert werden, sondern wird gelebt. Kirche wirkt gerade durch dieses uneigennützige Engagement im Alltag von Menschen besonders plausibel und überzeugend. Es werden Menschen erreicht, die von sich aus nicht zur Kirche finden würden. Gemeinde und Diakonie können sich neu entdecken und voneinander lernen.

Ein *Nachteil* ist die Konzentration auf eine bestimmte Ausrichtung der jeweiligen Gemeinde, was wie in der zweiten Alternative eine gute Kommunikation und einen kompetenten Umgang mit Enttäuschungen erfordert. Das spezifisch christliche Profil ist in dieser Alternative besonders zu bedenken und muss ebenso deutlich wie sensibel kommuniziert werden. Die Arbeit ist für die Hauptamtlichen besonders herausfordernd, da sie ihre Rolle im gleichberechtigten Zusammenspiel mit anderen Akteur*innen neu finden müssen. Zudem müssen sie sich radikal auf die Bedürfnisse von Menschen einlassen und können nicht ein »eigenes Terrain« geltend machen oder von ihnen vertrauten Themen und Denkfiguren ausgehen. Wenn sie konsequent durchgeführt wird, fordert diese Alternative eine Neuausrichtung der kirchlichen Kultur. Von ihrem traditionellen Selbstverständnis her sind viele Kirchengemeinden wenig darin geübt, partnerschaftlich und ohne Sorge vor Verlust des eigenen Profils im Gemeinwesen zu agieren. Da sie sich in ihrer Logik häufig stark von den anderen Akteur*innen im Sozialraum unterscheiden, braucht es für eine konstruktive Zusammenarbeit einen längeren gegenseitigen Lernprozess.

4. Anregungen zur Weiterarbeit

Fragen auf dem Weg zu einer eigenen Position

- Welche Erfahrungen haben Sie selbst mit Diakonie? Wie haben diese Erfahrungen Ihre Bilder von diakonischem Handeln geprägt? Haben sie sich durch die Lektüre dieses Kapitels verändert?
- Wie würden Sie persönlich die Rolle der Diakonie für den christlichen Glauben beschreiben?
- Was müsste sich verändern, damit Ihre Gemeinde dies noch besser leben und gestalten kann?
- Welche Faktoren würden Sie oder andere besonders zu einem diakonischen Engagement motivieren?
- Welche Arbeitsfelder erscheinen Ihnen besonders naheliegend für die Gemeindediakonie?
- Was würde der Gemeinde fehlen, wenn sie nicht diakonisch tätig wäre? Was würde sie vielleicht auch gewinnen?

- Welche der drei Handlungsalternativen ist Ihnen emotional die nächste? Warum? Welche würden Sie rational befürworten?

Ein biblisch-bibliologischer Impuls:

Jakobus 1,22-27: Das Wort nicht nur hören, sondern tun (Übersetzung der Bibel in gerechter Sprache)
Folgt dem Wort, das in euch wirkt, indem ihr es in die Tat umsetzt und euch nicht etwa mit dem Hören begnügt. Sonst betrügt ihr euch selbst. Denn die das Wort nur hören und nicht auch tun, sind wie Menschen, die ihr Gesicht, von Gott geschaffen, im Spiegel betrachten, und kaum dass sie sich umdrehen, schon vergessen haben, wie sie beschaffen sind. Die aber, die das vollkommene Gesetz der Freiheit engagiert studieren und nicht zu den vergesslichen Hörerinnen und Hörern zählen, sondern dabeibleiben und es in die Tat umsetzen, werden glücklich sein bei dem, was sie tun.

Diejenigen, die meinen, gottesgläubig zu leben, ihre Zunge aber nicht beherrschen und also ihr Herz betrügen, deren Gottesgläubigkeit kommt bei Gott nicht an. Die Gottesgläubigkeit, die Gott akzeptiert, ist diese: die Waisen und Witwen in ihrer Not zu besuchen und sich nicht in die Ausbeutungsstrukturen der Welt verwickeln zu lassen.

Das sind deutliche Worte an eine Gemeinde, von der wir nicht viel wissen, oder vielleicht auch an die frühe Christenheit insgesamt. Wer sie damals gelesen oder gehört hat, mag nachdenklich geworden sein. Möglicherweise haben diese Sätze polarisiert, indem sich die einen bestätigt und die anderen in Frage gestellt gefühlt haben: Lebe ich meinen Glauben eigentlich wirklich im Alltag? Tue ich genug? Habe ich genügend Distanz zu den Strukturen, die meine Gesellschaft prägen? Und vielleicht auch: Was hat mein Glaube genau mit meinem Handeln zu tun? Handele ich wirklich anders, seit ich an Jesus von Nazareth als den Messias glaube? Und es ist auch nicht unwahrscheinlich, dass sich der eine oder die andere angesichts der absoluten Aussagen überfordert gefühlt hat: Nach diesen Worten kann man doch ziemlich viel falsch machen mit dem christlichen Glauben – und zu merken, dass man sich selbst betrügt, ist ja immer das Schwerste.

Vielleicht mögen sich manche zudem gefragt haben: Wie agieren wir in dieser Frage eigentlich als Gemeinde? Unterstützen wir das, was die einzelnen Christ*innen tun? Und was tun wir als christliche Gemeinde selbst? Ist es das, was sich der Schreiber des Briefes nach seinem Verständnis des christlichen Glaubens vorstellt? Oder wollen wir unser Selbstverständnis überdenken?

In dieser Hinsicht dürften die Fragen damals und heute gar nicht so unterschiedlich sein.

Eine methodische Idee für die gemeinsame Arbeit in einem kirchlichen Gremium:

Bilder einer diakonischen Gemeinde

Zur Vorbereitung werden Fotos angefertigt, die einerseits typische Szenen eines klassischen Gemeindelebens zeigen und andererseits typische diakonische Handlungsfelder. Diese werden zunächst getrennt voneinander in zwei mit einem Seil o. Ä. markierten Kreisen ausgelegt, die mit »Gemeindeleben« und »Diakonisches Handeln« überschrieben werden. Damit deutlich wird, was mit diakonischem Handeln konkret gemeint ist, kann darunter die Definition des Begriffs nach der Diakonie Deutschland notiert werden: Gelebte Nächstenliebe für Menschen, die am Rande der Gesellschaft stehen, die auf Hilfe angewiesen oder benachteiligt sind (vgl. 2.1).

Zwischen den beiden Kreisen wird ein dritter leerer Kreis markiert, über dem »Diakonische Gemeinde« steht. Zudem werden kleine Kärtchen mit den Symbolen Herz, Ausrufezeichen, Fragezeichen und Blitz bereitgelegt.[6]

Die Teilnehmenden werden gebeten, den mittleren Kreis mit Bildern aus den beiden Kreisen »Gemeindeleben« und »Diakonisches Handeln« zu füllen, die ihrem Verständnis nach zu einer diakonischen Gemeinde gehören. In einer zweiten Runde legen sie Symbole zu Fotos ihrer Wahl: Ein Herz steht für eine emotionale Verbindung zu dem, was auf dem Foto dargestellt ist, das Ausrufezeichen für eine große Zustimmung, das Fragezeichen für offene Fragen und der Blitz zu Widerspruch oder Ablehnung.

Anschließend tauschen sich die Teilnehmenden in einem moderierten Gespräch über ihre Bilder und die damit verbundenen Gefühle, Motive und Sorgen aus und formulieren die Anliegen, die sie mit der Idee einer diakonischen Gemeinde verbinden.

6 Inspiriert wurden die Symbole von der Västeras-Methode, die der kreativen Bibelarbeit zuzurechnen ist.

Kapitel 5
Kindertagesstätten

Einstieg: Szenen aus der kirchlichen Praxis

Szenario 1:
Worauf möchten wir uns in Zukunft konzentrieren und was wollen wir lassen? Das ist die Frage, die die Markus-Gemeinde angesichts der Kürzung ihrer Stellen um 40 % in den Mittelpunkt ihrer Gemeindeberatung gestellt hat. Alles soll auf den Prüfstand kommen und daraufhin befragt werden, ob es zentral ist für die Kommunikation des Evangeliums vor Ort und in diesem Kontext.

Als das Thema auf die Kita der Gemeinde kommt, in die die Gemeinde neben der staatlichen Finanzierung Geld investiert für höhere Qualitätsstandards, entsteht eine erregte Diskussion. Für die einen ist es eine zentrale Aufgabe der Kirche, dass die Kleinsten (und ihre Familien) mit Gott in Beziehung kommen – gerade in einer Zeit, in der eine religiöse Erziehung in der Familie alles andere als selbstverständlich ist. Die anderen könnten sich hingegen von der Kita recht gut verabschieden, weil sie den Eindruck haben, dass die Kita nur wenig Beziehungen zur Gemeinde pflege. Die Eltern und die pädagogischen Fachkräfte nähmen auch eher selten am Gottesdienst teil. Zudem sei es doch fraglich, ob eine Einrichtung, in der viele Kinder nicht getauft sind, wirklich eine zentrale Aufgabe einer evangelischen Gemeinde mit so begrenzten Mitteln sei. Die Kita sei aber auch nicht dazu da, das Gemeindeleben zu füllen, wird darauf entgegnet. Damit steht die Frage im Raum, was eigentlich der Sinn einer kirchlichen Kindertagesstätte ist und warum dieses Handlungsfeld anderen vorgezogen werden sollte, wenn man sich denn entscheiden muss. Damit ist die Gemeinde an einer Kernfrage der kirchlichen Kitaarbeit, die sie klären muss, um eine Entscheidung zu treffen.

Szenario 2:
Mit ihrer großen Kita an drei Standorten, zu denen ein Waldkindergarten und einer mit einem Inklusionsschwerpunkt gehören, ist die Kitaarbeit seit Langem ein Schwerpunkt der großen Katharina von Bora – Gemeinde im städtischen Kontext. Angeschlossen an die Kita ist auch noch ein Familienzentrum, das aus einer Beratungsstelle für Eltern in Alltagsfragen und einer kirchlichen Familienbildungsstätte besteht. Der Diakon, der in diesem Bereich seinen Schwerpunkt hatte und ihn aufgebaut hat, ist seit einigen Jahren im Ruhestand, aber die Gemeinde steht zu dieser Arbeit und bezieht ihr Selbstverständnis als familienfreundliche Gemeinde daraus. Die Krabbelgottesdienste und die Gottesdienste für Klein und Groß sind bei ihnen gut besucht; zum Gemeindefest kommen viele junge Familien, es gibt etliche Taufen und »Traufen«, die die Trauung eines Paares mit der Taufe ihres Kindes verbinden.

*Mittlerweile teilt sich die Gemeinde jedoch die Diakon*innenstelle mit zwei weiteren Gemeinden und die neue Stelleninhaberin ist gemeindepädagogisch in der ganzen Region tätig. Eine der vier Pfarrstellen ist bereits gestrichen und eine zweite wird nicht wiederbesetzt, wenn die Kollegin demnächst in den Ruhestand geht. Spätestens dann wissen die Hauptamtlichen nicht mehr, wie sie das hohe Maß an Verwaltungsarbeit und die Personalverantwortlichkeit (die angesichts des Fachkräftemangels noch einmal zugenommen hat) schaffen sollen. Schon jetzt erfüllen sie ihre eigenen Ansprüche, regelmäßig in der Kita präsent zu sein und mit den Kindern Andachten zu feiern, biblische Geschichten zu* *erzählen und ein offenes Ohr für die Anliegen der pädagogischen Fachkräfte zu haben, kaum noch. Der Kirchengemeinderat wünscht sich ebenfalls, dass die Kita-Themen nicht ständig dafür sorgen, dass die Sitzungen bis in den späten Abend gehen.*

Einen oder gar alle Standorte der Kita aufzugeben würde der Gemeinde sehr schwer fallen, zumal sie wissen, wie schwierig Kita- und gerade Krippenplätze für junge Eltern zu bekommen sind. Seit Längerem überlegen sie daher, die Trägerschaft für die Kita an das vor einigen Jahren gegründete Kita-Werk des Kirchenkreises abzugeben. Eigentlich gibt es realistisch dazu kaum eine Alternative, aber sowohl die Hauptamtlichen als auch der Kirchengemeinderat haben die Befürchtung, dass die Kita dann ein Eigenleben führen und sich von der Gemeinde entfernen werde. Beim letzten Kirchengemeinderat wurde daher beschlossen, eine Klausurtagung dazu mit dem Kita-Leitungsteam und den Elternvertretungen der Kitas zu veranstalten, um zu überlegen, welche Möglichkeiten es gibt, außerhalb der rechtlichen Trägerschaft die Verbindung zwischen Gemeinde und Kitas zu leben.

Szenario 3:
»Eigentlich ist doch die Kita der einzige Bereich unserer Gemeinde, der noch lebendig ist«, sagt ein Mitglied des Kirchengemeinderates resigniert, als es um die Zukunft der ländlichen Tabita-Gemeinde angesichts der bevorstehenden Fusion mit drei größeren Gemeinden geht. Allen ist klar, dass in den anstehenden Entscheidungen über die künftigen Standorte ihr Gemeindehaus aus den 1960er-Jahren mit einem Kirchraum, das energetisch äußerst aufwändig saniert werden müsste, kaum Chancen auf Bestand hat. Zudem wird der Gottesdienst nur von wenigen Menschen besucht

und im Gemeindehaus ist wenig los. Die Pfarrerin ist gleichzeitig auch noch für eine andere Kirchengemeinde zuständig und hat dort ihren Schwerpunkt, zumal dort auch die Konfi-Zeit, die Jugendgottesdienste und eine lebendige diakonische Arbeit stattfinden.

Die Kita der Kirchengemeinde ist hingegen auch im weiteren Umkreis äußerst beliebt, was nicht nur an dem schönen eigenen Gebäude, sondern vor allem an der durchdachten pädagogischen Arbeit mit Montessori-Anteilen in Verbindung mit einer einladenden christlichen Prägung liegt. Auch Eltern, die keine Verbindung zu Christentum und Kirche haben, sind von dieser Arbeit begeistert. Die Leitung ist ein Glücksfall für die Gemeinde und die Region. Sie überzeugt mit ihrem Konzept und den guten Arbeitsbedingungen die pädagogischen Fachkräfte so sehr, dass sie keinen Personalmangel haben.

Was soll aus der Kita werden, wenn es in einigen Jahren voraussichtlich keine Gemeinde mehr vor Ort geben wird? Die Trägerschaft könnte möglicherweise das Kita-Werk übernehmen. Aber kann eine Kita allein Kirche oder Gemeinde im Dorf sein?

1. Vor welchen Herausforderungen stehen die Gemeinden?

Kirchliche Kindertagesstätten bzw. Kindergärten, wie sie bis vor einigen Jahren meist genannt wurden, gehören vielerorts zum gemeindlichen Leben dazu. Gleichzeitig sind sie eine wichtige gesellschaftliche Größe als erste öffentliche Bildungseinrichtung im Lebenslauf. Von den rund 52.000 Kindertagesstätten in Deutschland sind ungefähr ein Drittel in kirchlicher – evangelischer oder katholischer – Trägerschaft. Es gibt knapp 10.000 evangelische Kindertagesstätten in Deutschland, die von etwa einer halben Million Kinder besucht werden – in den einzelnen Bundesländern und lokal jedoch unterschiedlich verteilt. Dabei sind in Ost- und Westdeutschland nach wie vor die unterschiedlichen Traditionen spürbar – waren in der alten BRD kirchliche Kitas ein selbstverständlicher Teil der Gesellschaft, bildeten sie in der DDR für christlich orientierte Familien eine Möglichkeit, ihre Kinder zumindest für diese Lebensphase der staatlichen Kontrolle und Erziehung zur sozialistischen Persönlichkeit zu entziehen.

Im Bereich der Kitas ist gegenwärtig vieles in Bewegung. Staatlicherseits gibt es Reformbemühungen, da die Kitas immer stärker in ihrer Bedeutung für Bildung und Persönlichkeitsentwicklung erkannt werden, statt nur als Versorgung und Betreuung kleiner Kinder. Gleichzeitig erschweren die rechtlichen Regelungen die Arbeit auch. Die gesellschaftliche Bedeutung der Kita – nicht zuletzt hinsichtlich der Demokratiebildung – ist enorm gewachsen und damit auch die Erwartungshaltung an die Kitas und an das, was sie leisten sollen. Besonders in einigen östlichen Bundesländern werden aber auch die kirchlichen Kitas kritisch angefragt.

Diese gesellschaftlichen Tendenzen verschärfen für die kirchlichen Kitas die Frage nach ihrer Bedeutung für die religiöse Bildung. In der säkularer werdenden Gesellschaft wird ein christliches Profil immer wichtiger, insofern es sich nicht von selbst versteht, sondern eine Alternative zu anderen Trägern bietet. Was die kirchliche Kita eigentlich von der säkularen unterscheidet, muss jetzt präzise beantwortet werden. Dies trifft sich mit einer rechtlichen Klarstellung, die 1999 erfolgte: Die Identität der Träger einer Kita darf nicht nur, sondern muss durch ihr Profil kenntlich werden, denn nur so ist das Wunsch- und Wahlrecht der Erziehungsberechtigen gewährleistet. Ein spezifisches religiöses Profil, das im Alltag mit den Kindern erkennbar ist, ist also gefordert. Dafür sind religionspädagogisch gebildete Fachkräfte wichtig, die ein solches Profil tragen und umsetzen. Dies muss aber gleichzeitig in der säkularer werdenden Gesellschaft plausibel und vermittelbar sein.

Dies aber trifft auf eine Situation, in der die kirchlichen Kitas – wie alle anderen Kindertageseinrichtungen – große Probleme haben, überhaupt genügend qualifizierte pädagogische Fachkräfte zu finden. Dass sie Mitglied in einer Kirche sein müssen, die (für evangelische Kitas) dem »Arbeitskreis Christlicher Kirchen« (ACK) angehört, wie es bis vor einigen Jahren in den meisten Bundesländern der Fall war, wird mittlerweile zunehmend weniger vorausgesetzt. Zudem ist diese Anforderung durch verschiedene Rechtsurteile erschwert worden. Um ein religiöses Profil im Alltag so umzusetzen, dass es für die Kinder erlebbar wird, ist aber eine Kirchenmitgliedschaft der pädagogischen Fachkräfte ohnehin kein hinreichendes Kriterium. Dafür ist eine positive Grundhaltung zum christlichen Glauben und eine Auseinandersetzung mit der eigenen Haltung nötig, denn es geht im Umgang mit kleinen Kindern vor allem um die emotionale Seite von Religion. Die Basis dafür bildet die Erfahrung von Kindern, dass die pädagogischen Fachkräfte einfühlsam und sensibel auf ihre Bedürfnisse eingehen. Zudem stellen Kinder sehr direkte religiöse Fragen, mit denen die Erwachsenen kompetent umgehen müssen. Der persönliche Glaube ist für Mitarbeiter*innen in kirchlichen Kitas also nicht nur eine Privatangelegenheit, sondern bedeutsam für ihre Arbeit. Er benötigt daher Fürsorge, Achtsamkeit und Möglichkeiten des Umgangs mit ihm im Alltag. Für die Träger und die Kita-Leitungen bedeutet dies, dass sie für die Unterstützung der persönlichen religiösen Haltung der pädagogischen Fachkräfte Raum, Zeit, eine entsprechende Atmosphäre und andere Ressourcen zur Verfügung stellen müssen. Gleichzeitig können sie aber natürlich eine Beschäftigung mit dem eigenen Glauben nicht einfordern. Besonders wichtig ist daher das Angebot religionspädagogischer Fortbildungen, die bei der eigenen Person und dem, was für sie im Leben wichtig ist, ansetzen.

Dabei kann in einer kirchlichen Kita längst nicht mehr vorausgesetzt werden, dass die Familien der Kinder christlich orientiert sind. Nicht wenige muslimische Kinder besuchen eine kirchliche Kita, beispielsweise weil ihre Eltern für sie einen religiösen Kontext wünschen, auch wenn er der einer anderen Religion ist. Aber auch für Eltern ohne Zugehörigkeit zu einer Religionsgemeinschaft können kirchliche Kitas attraktiv sein, beispielsweise wegen ihres pädagogischen Konzepts. Insofern stehen die kirchlichen Kitas in einer Spannung zwischen christlichem Profil und religiöser Vielfalt. Einerseits darf kein Kind dazu verpflichtet werden, an einer religiösen Handlung teilzunehmen, und selbstverständlich wird niemand zu einer bestimmten religiösen Überzeugung genötigt. Andererseits gehört es zum Profil der kirchlichen Kita, Möglichkeiten der Begegnung mit Gott und dem christlichen Glauben zu eröffnen. Dies kann jedoch heute nur in einer interreligiösen Perspektive geschehen. Da sich das, was in den Kitas geschieht, am Wohl der Kinder orientiert, müssen die pädagogischen und religionspädagogischen Angebote religionssensibel Kindern unterschiedlicher Religionen – und auch Kindern ohne religiöse Verwurzelung – gerecht werden. Gleichzeitig soll die Fähigkeit, mit religiöser Pluralität umzugehen, gefördert werden. Ziel ist es, dass Kinder eine Haltung und Einstellung entwickeln, die von Offenheit und Toleranz, Respekt und Anerkennung geprägt ist. Dies ist aber nicht auf Kosten von, sondern mit Hilfe des christlichen Profils zu gestalten.

In dieser komplexen Aufgabe der kirchlichen Kitas sind ihre enormen Chancen für die kirchlichen Entscheidungsgremien nicht immer auf den ersten Blick erkennbar. Angesichts der angespannten finanziellen und personellen Situation in der Kirche und den Gemeinden gibt es daher gelegentlich Überlegungen, sich von der Kita zu trennen. Im Vordergrund kann dann stehen, dass »die Gemeinde« (womit meist die Kerngemeinde) gemeint ist, nicht erkennbar von der Kita profitiere, sie keinen Beitrag zum sonstigen Gemeindeleben leiste oder die Anzahl der Taufen nicht erhöhe.

Diese Argumentation kann sich dadurch bestätigt fühlen, dass sich laut der aktuellen Kirchenmitgliedschaftsuntersuchung das Verhältnis zur Kirche nicht verbessert, wenn man ein Kind in der Kita hat.[1] Dies ist insofern interessant, als damit das einzige »negative« Ergebnis für die kirchlichen Kitas« herausgegriffen wird und die vielen positiven in der gleichen Studie vernachlässigt werden.[2] Zudem war gerade diese Frage nicht besonders sinnvoll gestellt, da sie extrem deutungsoffen ist – wir wissen nicht, was hinter den Antworten steht und was Menschen damit meinen. Und es ist selbstverständlich nicht die Aufgabe der Kita, das Verhältnis zur Kirche zu verbessern, sondern Kinder in ihrer Persönlichkeitsentwicklung auf christlicher Grundlage zu unterstützen.

Insofern ist umgekehrt zu denken: Gerade angesichts der herausfordernden Situation der Kirche heute muss sie die Möglichkeit, in ihren Kitas Menschen in der Lebensphase, die

1 Vgl. Ev. Kirche in Deutschland, Wie hältst du's mit der Kirche?, 61.

2 Vgl. zu den »positiven« Uta Pohl-Patalong u. a.: Kontakte zu kirchlichen Einrichtungen und Personen, erscheint in: Sozialwissenschaftliches Institut der EKD & Katholische Arbeitsstelle für missionarische Pastoral (Hg.): Wie hältst du's mit der Kirche? Zur Relevanz von Religion und Kirche in der pluralen Gesellschaft. Analysen zur 6. Kirchenmitgliedschaftsuntersuchung, Leipzig/Baden-Baden 2024.

sich prägend auf ihre religiöse Haltung für ihr ganzes Leben auswirkt, einen Kontakt zu der christlichen Botschaft zu eröffnen, besonders intensiv nutzen. Das Gleiche gilt für ihre Familien, insofern Erwachsene mit kleinen Kindern wesentlich offener für Grundfragen des Lebens und ihre religiösen Antwortmöglichkeiten sind als ohne diese. Diese Chancen müssen allerdings genützt und gestaltet werden.

2. Was man dazu wissen sollte

2.1 Die Aufgabe kirchlicher Kitas

Welche Aufgabe die kirchlichen Kitas haben, ist weniger klar, als es auf den ersten Blick scheinen mag. In den letzten Jahrzehnten hat in dieser Frage ein Perspektivenwechsel begonnen, der noch in vollem Gange ist. Man kann ihn schlagwortartig mit »von der Betreuung zur religionspädagogisch geprägten Bildung« beschreiben.

Diese beiden möglichen Orientierungen der Kita gehen schon auf ihre Anfänge zurück. Denn als sich im 19. Jh. die Kindergärten entwickelten, waren zwei Motive im Spiel, warum kleine Kinder außerhalb der Familie betreut werden sollten. Das eine Motiv war das diakonische: Kinder sollten gut versorgt werden, während die Eltern arbeiteten. Das wurde in der Industrialisierung im 19. Jh. nötig, weil die Kinder nicht mehr in der Dorfgemeinschaft aufwuchsen, sondern sich in der Großstadt selbst überlassen waren. Das andere Motiv war die Bildung im frühen Kindesalter, aus der Kinder für ihr Leben etwas mitnehmen sollten.

Die Reformpädagogik plädierte für die zweite Richtung. Bekannt wurde z. B. Friedrich Fröbel (1782–1852) mit seiner

Idee, dass zunächst die Mütter die Bedeutung des Spiels für die kindliche Entwicklung erkennen und in dieser Weise mit den Kindern spielen lernen sollten. Später bildete er Kindergärtnerinnen aus, sodass die Kinder ohne ihre Mütter kommen konnten. Für andere bedeutete der Bildungsansatz, die Kita als Vorschule zu verstehen, wie es ja in anderen Ländern wie z. B. der Schweiz bis heute üblich ist.

Die Kirche entschied sich hingegen im Wesentlichen für das erste Motiv. Die kirchliche Kinderbetreuung wurde also nicht der Bildung, sondern der Diakonie zugeordnet: Kitas waren tätige Nächstenliebe für die Schwächeren der Gesellschaft (sozial gut gestellte Familien waren bei der Kinderbetreuung nicht im Blick, weil sie Personal zur Kinderbetreuung hatten und/oder die Frauen nicht berufstätig waren). Aber auch gesamtgesellschaftlich setzte sich diese Richtung in Deutschland stärker durch. Bis heute gehören rechtlich Kitas ja zur Kinder- und Jugendhilfe und damit zur Sozialfürsorge.

Dass seit ungefähr 2000 die zweite Richtung in der Kita generell und auch in der kirchlichen Kita an Bedeutung gewonnen hat, hat mehrere Gründe. Zum einen wurde frühkindliche Bildung als Grundlage für eine Verbesserung des Bildungssystems überhaupt erkannt, das seit den PISA-Studien sehr in der Kritik steht. Wichtig ist aber auch, dass die Kleinkindpädagogik in den letzten Jahrzehnten des 20. Jh. gezeigt hat, dass kleine Kinder bereits eigenständige Persönlichkeiten sind, die vieles mitbringen und in diesen Fähigkeiten weiter gefördert werden können und sollten.

Speziell für die kirchlichen Kitas kommt hinzu, dass sie in der pluralen Gesellschaft deutlicher ihr christliches Profil zeigen müssen als in einer weitgehend christlichen. Das ist einerseits eine Frage der Wirkung nach außen: Wird es eigentlich genügend deutlich, was die Kirche und was gerade ihre Diakonie leistet? Aber es ist andererseits auch eine Anfrage nach innen und an die eigene Arbeit: Unterscheidet sich die Arbeit der kirchlichen Einrichtungen eigentlich genügend von den säkularen? Spielt die Kirche ihre »Trümpfe«, ihren Mehrwert der christlichen Tradition eigentlich wirklich aus? Es wurde neu gefragt, was eigentlich das Besondere der kirchlichen Kitas im Unterschied zu den säkular getragenen Einrichtungen ist.

Und gleichzeitig wurde deutlicher, dass gerade in den kirchlichen Kitas in einem frühen Alter Grundlagen gelegt werden können für ein positives Verhältnis zum christlichen Glauben und zur Kirche, die später viel schwerer zu vermitteln sind. Ohne dass damit der Nachwuchs an zahlenden Kirchenmitgliedern rekrutiert werden soll, kann die kirchliche Kita Kindern und ihren Eltern etwas vom christlichen Glauben zeigen, die sonst möglicherweise nie Kontakt zu ihr bekommen würden. Dies ist im Kleinkindalter besonders wichtig, weil in den ersten Jahren entscheidende Weichen gestellt werden für die Haltung zur Welt. Wenn Kinder Vertrauen entwickeln und die Erfahrung machen »ich bin wertvoll, einzigartig und geliebt«, sind diese prägend für ihr weiteres Leben.

Insofern kann religiöse Bildung einen wichtigen Beitrag zur Persönlichkeitsentwicklung leisten. Sie kann Kindern vermitteln, dass sie nicht nur aus eigener Kraft stark sein müssen, Würde besitzen und unabhängig von dem, was sie leisten, geliebt und respektiert werden. Sie kann die Bindungssicherheit und Bindungsfähigkeit stärken, was sich auf das ganze Leben auswirkt. In einer interreligiösen Perspektive wird zudem die Fähigkeit gestärkt, mit religiöser und gesellschaftlicher Vielfalt umzugehen, was der Entstehung späterer extremer politischer und religiöser Einstellungen entgegensteht.

Zudem stellen Kinder tiefgreifende Fragen über Gott und die Welt: Wer hat mich und uns alle gemacht? Wie ist das mit Gut und Böse? Warum müssen Kinder leiden? Diese Fragen aufzugreifen und Kinder darin zu unterstützen, mit diesen

Fragen kompetent umzugehen und zu eigenen Antworten zu kommen, die sie auch wieder revidieren dürfen, ist eine bedeutsame Chance religiöser Elementarbildung in der Kita.

Dies bedeutet selbstverständlich nicht, das diakonische Motiv aufzugeben und Kinder weniger gut zu betreuen, im Gegenteil: Religiöse Bildung hat die Kinder ganzheitlich im Blick und sieht sie als Geschöpfe Gottes in der Einheit von Körper, Seele und Geist. Um sie und ihr Wohl geht es in der kirchlichen Kita, die an religiöser Bildung orientiert ist. Auf sie ist der kirchliche Ort und seine Arbeit ausgerichtet – nicht auf einen Beitrag der Kita zur Kirchenmitgliedschaft oder zum Gemeindeleben. Es ist aber wahrscheinlich, dass sich dieses quasi als Nebeneffekt einstellt, gerade wenn man es nicht fordert, sondern als ihre Aufgabe begreift, dass Menschen Begegnungen mit der Liebe Gottes machen können.

2.2 Integrierte Religionspädagogik

Eine solche Form religionspädagogischer Arbeit, die den Alltag der Kita konsequent durchzieht, ist relativ neu. Klassisch sicherten Pastor*innen, Diakon*innen oder Gemeindepädagog*innen das religiöse Element der kirchlichen Kita, wenn sie einmal in der Woche zu einer Andacht oder zum Vorlesen aus der Bibel vorbeikamen. Diese Variante gibt es immer noch, wird aber im Moment von den Erkenntnissen der letzten Jahrzehnte, wie wichtig die religiöse Dimension im Alltag ist, überholt. Für ein Konzept, das Religionspädagogik als konstitutives Element der gesamten Kita-Arbeit versteht, wurde der Begriff »integrierte Religionspädagogik« geprägt.[3]

3 Maike Lauther-Pohl: Gott im Alltag. Integrierte Religionspädagogik als Ansatz religiöser Bildung in konfessionellen Kitas, in: PrTh 50 (2015), 75-81.

Sie ist ein Ideal, das im Moment sowohl in der evangelischen als auch in der katholischen Kirche in sehr unterschiedlicher Intensität (und teilweise auch noch gar nicht) umgesetzt wird, aber immer stärker an Bedeutung gewinnt.

Integrierte Religionspädagogik bedeutet, dass die religiöse Dimension nicht (gelegentlich) zu der pädagogischen Arbeit hinzukommt, sondern in den Alltag der Kita integriert wird. Die entscheidende Größe dafür sind die pädagogischen Fachkräfte. Sie bringen Glaube und Gott im Alltag explizit und gleichzeitig unaufdringlich zur Sprache. Dabei werden die Kinder nicht religiös vereinnahmt und zu etwas genötigt, sondern ihnen wird der Glaube an Gott in seinen unterschiedlichen Facetten als eine hilfreiche Möglichkeit für ihr Leben angeboten und sie erfahren, was das bedeuten kann. Religiöse Bildung ereignet sich also nebenbei, ungeplant, im Spiel, im Gespräch, ganzheitlich mitten im Leben. Grundlage dafür sind die vertrauensvollen Beziehungen der pädagogischen Fachkräfte zu jedem einzelnen Kind und zu jeder Familie sowie eine Sensibilität für die Dynamiken in der Kindergruppe und die Sorge dafür, dass sich alle Kinder dazugehörig und willkommen fühlen. Dabei bestimmen die Erfahrungen und Sichtweisen der Kinder und ihre Interessen und Bedürfnisse die religionspädagogische Arbeit – nicht das, was die Erwachsenen (oder die Kirche) für wichtig halten. Das kann ein gemeinsames Staunen über einen Regenbogen sein ebenso wie die wertschätzende Unterstützung bei der Lösung von Konflikten. Auch kleine Kinder werden als Subjekte ihrer eigenen Glaubensentwicklung verstanden. Sie entwickeln (möglicherweise) eine eigene Beziehung zu Gott und zum Glauben. Dabei ist Religion für kleine Kinder in der Regel kein Wissen über etwas, sondern eine Art »Heimatgefühl«, auf deren Grundlage sich Worte und Verstehen später entwickeln.

Die integrierte Religionspädagogik beruht auf drei Säulen: Haltung, Gestaltung und Versprachlichung von Lebensdeutung. Die *Haltung* der pädagogischen Fachkräfte zeigt sich in einer Umsetzung des christlichen Menschenbildes mit den Kindern und ihren Eltern – beispielsweise in einem wertschätzenden Umgang, im Ernstnehmen ihrer Themen oder in einer Zuwendung unabhängig von Leistung und Verhalten. Die *Gestaltung* erfolgt in Ritualen, im Singen und Beten, im Erzählen von biblischen und auch koranischen Geschichten. Die religiöse Dimension kommt aber auch explizit zur *Sprache*. Die pädagogischen Fachkräfte nehmen Impulse der Kinder zu den großen Themen des Lebens auf und schaffen Möglichkeiten, diesen nachzugehen. Die Atmosphäre lädt dazu ein, Fragen zu stellen. Die Erwachsenen hören den Fragen zu, greifen sie auf und suchen gemeinsam mit den Kindern Antworten. Dabei werden christliche und andere religiöse Antwortangebote eingespielt in biblischen Geschichten, in Gesprächen, in Ritualen, in gottesdienstlichen Feiern und Gebeten, im Gestalten der Kirchenjahresfeste sowie der Feste anderer Religionen, in Liedern und in gemeinsamen Feiern.

Dies zeigt bereits: Die integrierte Religionspädagogik ist nicht auf die christliche Tradition beschränkt. Alle Kinder werden in ihren religiösen und weltanschaulichen Prägungen wertgeschätzt und sie bekommen die Möglichkeit, ihren und anderen religiösen Traditionen zu begegnen. Unterschiede werden wahrgenommen und ausgehalten, Gemeinsamkeiten entdeckt und gepflegt. Vielfalt soll als bereichernd erlebt werden können. Die Grenzen von Toleranz werden dort benannt, wenn (religiös motiviert) Zwang, Gewalt, Verletzung von Würde oder Freiheit ins Spiel kommen.

Weil die integrierte Religionspädagogik mit den pädagogischen Fachkräften steht und fällt, brauchen diese eine Qualifizierung in Form von Fortbildungen (für die sie trotz

Fachkräftemangel zeitlich freigestellt werden müssen). In ihnen werden sie sich ihrer eigenen religiösen Zugänge bewusst und können diese fachlich begleitet weiterentwickeln. Sie reflektieren ihre Motivationen und ihren eigenen Glaubensweg. Sie erlangen Wissen über Inhalte und Grundlagen des christlichen Glaubens und auch über andere Religionen. Aber auch Möglichkeiten kreativer Gestaltung bilden ein wichtiges Thema.

Die Träger*innen kirchlicher Kitas müssen daher integrierte Religionspädagogik als Element von Qualitätsentwicklung verstehen. Ihre Aufgabe ist, dafür Sorge zu tragen, dass die Mitarbeitenden wertschätzende Wahrnehmung ihrer Arbeit und Person erfahren und sie angemessen mit Finanzen, Zeitanteilen und Weiterbildung ausgestattet werden. Dies bildet gleichzeitig einen Wettbewerbsvorteil, der angesichts des Fachkräftemangels dringend nötig ist.

2.3 Kitas als kirchliche Orte

Besonders in Deutschland sind wir es gewohnt, »Kirche« in bestimmten Formen zu denken. In den gewohnten Bildern ist ein kirchlicher Ort klassisch ein Kirchengebäude und ein Gemeindehaus. Das verbindet sich damit, dass viele Menschen das für »typisch kirchlich« halten, was dort geschieht: Gottesdienste, Taufen und Trauungen, Senior*innenkreise oder die Konfi-Zeit. Andere Aufgaben wie Diakonie, überregionale Jugendarbeit, Seelsorge am Urlaubsort oder eben die Kitas werden dann als weniger zentral angesehen und bei engen finanziellen und personellen Ressourcen gelten sie möglicherweise auch rascher als verzichtbar.

Denkt man »Kirche« jedoch von ihrem theologischen Auftrag her, Begegnungen mit der Liebe Gottes zu eröffnen (vgl. den Prolog), ergibt sich ein anderes Bild. Dann ist Kirche überall dort, wo dies geschieht. Und da alle kirchlichen Handlungsfelder die Möglichkeit bieten, die unbedingte Liebe Gottes zu erleben, sind alle gleichberechtigt als »kirchliche Orte« zu begreifen.[4]

In dieser Perspektive ist die kirchliche Kita selbstverständlich ein kirchlicher Ort, weil und insofern in ihr die Chance besteht, dass Kinder dort etwas von der Liebe Gottes erfahren und spüren – und ihre Familien ebenso. Sie wird nicht dadurch kirchlich, dass sie Teil einer Gemeinde ist, dass die Pfarrperson, die Diakonin oder der Gemeindepädagoge kommen, oder dass sie sich am sonstigen Gemeindeleben beteiligt.

Das bedeutet: Die Kita kann einerseits als Teil einer Ortsgemeinde ein guter kirchlicher Ort sein. Dann kann sie sich mit den anderen Teilen der Ortsgemeinde wechselseitig darin unterstützen, gelingende Begegnungen zwischen Menschen und Evangelium zu fördern. Dafür kann es hilfreich sein, dass kirchliche Hauptamtliche regelmäßig in die Kita kommen und das Kita-Team in ihrer religionspädagogischen Arbeit unterstützen. Es kann sinnvoll sein, Veranstaltungen für Familien gemeinsam zu planen. Dies ist aber kein formales Kriterium dafür, ob die Kita »kirchlich« ist, sondern wird rein inhaltlich im Blick auf die Kommunikation des Evangeliums von der unbedingten Liebe Gottes verstanden. Das ist übrigens unabhängig von einer rechtlichen Trägerschaft. Möglicherweise ist das Bewusstsein dieser gemeinsamen Aufgabe sogar dann leichter zu entwickeln, wenn die Pfarrperson nicht Dienstvorgesetzte der pädagogischen Fachkräfte ist und das gemeindeleitende Gremium nicht über ein Budget für die Kita entscheidet.

4 Vgl. zu diesem Modell Uta Pohl-Patalong: Von der Ortskirche zu kirchlichen Orten. Ein Zukunftsmodell, Göttingen (2004) ^{2}2005.

Andererseits kann auch die Kita für sich ein kirchlicher Ort sein. Dass in ihr die Kleinsten die Liebe Gottes gleich zu Beginn ihres Lebens erfahren, bildet eine besondere Situation für den Auftrag der Kirche mit besonderen Chancen. Die kirchlichen Kitas erreichen mit ihrer Arbeit zudem Menschen unterschiedlicher Generationen, die ansonsten nicht in Kontakt mit der kirchlichen Kommunikation kommen würden und dort möglicherweise erst- oder auch einmalig eine Idee von der Liebe Gottes, die ihnen wie allen anderen Menschen gilt, bekommen können. Dies kann durch gemeinsame Aktivitäten für die Familien gestärkt werden. Die gemeinsame Sorge um das Wohlergehen der Kinder verbindet unterschiedlichste Menschen mit unterschiedlichen Kulturen und Werten, was dazu herausfordert und eine Grundlage dafür bildet, einander wertschätzend und friedlich zu begegnen. Das kann in der kirchlichen Kita in besonderer Weise unterstützt werden. Auch dabei gilt, dass diese Erfahrung unverfügbar ist und sich nicht zwingend ereignet, aber je deutlicher dies als Aufgabe der kirchlichen Kita gesehen wird, desto größer ist die Chance, dass es geschieht.

3. Welche Alternativen gibt es?

Die erste Alternative: Die Kita als ein bewusst gestaltetes Handlungsfeld neben anderen

Eine erste Möglichkeit besteht darin, als (größere) Gemeinde die Kita als ein wichtiges Handlungsfeld neben anderen zu verstehen, in dem die Liebe Gottes für eine bestimmte Zielgruppe erfahrbar wird. Dann müssen bei mindestens einer hauptamtlichen Person der Gemeinde Zeit und Leidenschaft vorhanden sein, diesen Bereich kompetent (möglichst mit einer eigenen religionspädagogischen Qualifikation) zu begleiten. Im Sinne der integrierten Religionspädagogik ist ihre Aufgabe nicht, das religionspädagogische Profil umzusetzen, sondern dies gemeinsam mit den pädagogischen Fachkräften und zu deren Unterstützung zu tun. Sie sucht zudem zusammen mit dem gemeindeleitenden Gremium und möglichen Interessierten nach Möglichkeiten der Vernetzung mit anderen gemeindlichen Handlungsfeldern und Zielgruppen. So können beispielsweise Konfirmand*innen ein »Praktikum« in der kirchlichen Kita machen, die Jugendteamer*innen können für Kita-Projekte eingesetzt werden, oder Senior*innen können mit den Kindern (in Anwesenheit einer pädagogischen Fachkraft) basteln oder ihnen vorlesen. Versteht sich die Gemeinde sozialraumorientiert, kann beispielsweise auch ein gemeinsamer Mittagstisch für Kitakinder und Senior*innen angeboten werden (dies trifft sich mit der dritten Alternative in Kapitel 9).

Diese Alternative ist mit und ohne eine rechtliche Trägerschaft möglich. Damit neben den anderen Handlungsfeldern genügend Zeit und Raum für die Begleitung der Kita-Arbeit bleibt, empfiehlt sich möglicherweise die rechtliche Trägerschaft eines Kitawerkes oder eines anderen kirchlichen Großträgers.

Ein *Vorteil* dieser Alternative ist, dass keine größeren organisatorischen Umstellungen zu bewältigen sind. Eine größere Gemeinde kann sicher nicht alle Menschen und Gruppen ihres Bezirks gleichermaßen erreichen, aber doch mehrere nebeneinander. Die besondere Chance besteht dann in der zielgruppen- und milieuübergreifenden Arbeit, wenn diese bewusst als Herausforderung angenommen und gestaltet wird.

Ein *Nachteil* dieser Variante besteht darin, dass in der Mehrzahl der Handlungsfelder mit wenigen Hauptamtlichen die Gefahr besteht, die eigenständig laufende Kita »nebenbei«

zu berücksichtigen. Wenn die Alternative für die Kita und ihre Arbeit gut gelingen soll, erfordert sie eine gute Selbststrukturierung und Abgrenzungsfähigkeit der zuständigen Person. Erst recht ist die Vernetzung mit anderen Altersgruppen aufwändig und für viele auch ungewohnt. Innovative Ansätze, die andere Menschen als bislang ansprechen, sind nicht ausgeschlossen, aber angesichts der traditionellen Anforderungen für die Hauptamtlichen schwerer umsetzbar.

Die zweite Alternative: Die Kita(s) als gemeindliches Profil
Eine weitere Variante begreift die Kita (oder auch die Kitas) als Schwerpunkt der gemeindlichen Arbeit und als wesentlichen Teil des Profils des gemeindlichen Standortes oder der Gemeinde in der Region, das sich auf junge Familien ausrichtet. Anders als beispielsweise bei der Jugend- oder Senior*innenarbeit würde die Alternative allerdings nicht bedeuten, dass es an den anderen Standorten oder Gemeinden in der Region keine Kitas mehr gibt – denn damit würden die oben genannten Chancen der kirchlichen Kitas erheblich gemindert. Die Kitas einer Großgemeinde oder einer Region werden jedoch durch die Gemeinde oder diesen Standort mit dem Profil »junge Familien« begleitet und sie stellt die Nahtstellen zu der sonstigen kirchlichen Arbeit bereit. Sie gestaltet dann ihre Gottesdienste entsprechend – beispielsweise mit Gottesdiensten für Klein und Groß, Kinderkirchen, Spielplatzgottesdiensten, möglicherweise Abendgottesdiensten in der Woche zum Auftanken für Eltern, wenn die Kinder im Bett sind. Die Gemeinde orientiert ihre Angebote insgesamt an den Bedürfnissen junger Familien und in Zusammenarbeit mit ihnen (beispielsweise in Form von Krabbelgruppen, Eltern-Kind-Freizeiten, Angeboten für Großeltern und Enkelkinder, Taufpat*innenabenden etc.) und sieht es als ihre Aufgabe, Familien mit kleineren Kindern zu begleiten und zu

unterstützen. Die kirchlichen Hauptamtlichen begleiten und fördern – möglicherweise in unterschiedlicher Intensität – die Arbeit der Kitas in der Gemeinde oder der Region. Folgt die Kita dem Ansatz der integrierten Religionspädagogik, sind sie auch in dieser Variante nicht für das religionspädagogische Profil der Kita verantwortlich, sondern unterstützen die pädagogischen Fachkräfte bei dieser Aufgabe. Sie haben die Kita bei jeder gemeindlichen Aktivität im Blick und vernetzen sie eng mit anderen Angeboten für Kinder und Familien. So ist auch ein nahtloser Übergang von der Kita in andere gemeindliche Angebote für Kinder gewährleistet (beispielsweise Singen in der Kita und im Kinderchor). Dabei bietet sich auch eine Zusammenarbeit mit den Grundschulen der Region an, die weit über die Schulanfangsgottesdienste hinausgeht.

Sollte die Gemeinde Trägerin der Kita(s) sein, muss mindestens eine hauptamtliche Person – Pfarrer*in oder (über den Kitaausschuss delegiert) auch Gemeindepädagog*in oder Diakon*in – einen erheblichen Anteil ihrer Arbeitszeit für die Verwaltungsarbeit reservieren. Die Professionalität muss dabei gewährleistet sein. Es wäre sinnvoll, wenn der Kirchengemeinderat für dieses Handlungsfeld einen Ausschuss mit relativ weitgehenden Befugnissen einsetzt, damit das Gesamtgremium von Entscheidungen entlastet ist. Die Delegation an ein Kitawerk oder einen Verband kann die Gemeinde insgesamt verwaltungstechnisch sehr entlasten.

Ein *Vorteil* dieser Alternative ist, dass die Kita-Arbeit Teil eines Gesamtprofils der Gemeinde wird, in dem sie in ihrer Aufgabe optimal unterstützt wird und gleichzeitig andere Bereiche unterstützen kann. Sie wird in ihrer großen Bedeutung für die Zukunft der Kirche gewürdigt. Für die Gemeinde bedeutet diese Alternative, ihre Kräfte auf ein bestimmtes Profil konzentrieren zu können und für dieses mit besonderen Kompetenzen und besonderer Attraktivität zu stehen. Sie kann innovative Wege gehen, die für junge Familien neue Zugänge zur Kirche eröffnen, ohne dass Kräfte von einem traditionellen Allroundprogramm gebunden werden. Die Absprachen in der Region vergrößern zudem ihren Einzugsbereich, sodass sich die Familien nicht als vereinzelt erleben. Kitas an anderen Gemeinden können bestehen bleiben, auch wenn nicht die Kapazitäten dafür da sind, sie zu unterstützen und zu begleiten.

Ein *Nachteil* dieser Variante besteht darin, dass sich die Gemeinde mit anderen Gemeinden in der Region auf ihre Profile verständigen muss und die anderen Gemeinden bereit sein müssen, andere Schwerpunkte zu gestalten. Das Profil muss mit anderen Zielgruppen, die die Gemeinde bisher als Heimat empfunden haben, gut kommuniziert werden und sie müssen bei ihrer »Umsiedlung« unterstützt werden. Schließlich sind die Vernetzungsmöglichkeiten mit anderen Zielgruppen geringer.

Die dritte Alternative: Die Kita als eigener kirchlicher Ort

Die dritte Variante wurde oben schon angedeutet: Wenn es sonst keine lokale kirchliche Arbeit gibt, kann die Kita Kirche vor Ort repräsentieren. Dann ist das gestaltete christliche Profil mit einer offenen Haltung im Sinne der integrierten Religionspädagogik besonders wichtig und prägt das Selbstverständnis der Kita. Wenn möglich, ist die Erweiterung der Kita um ein Familienzentrum wünschenswert, das eine Anlaufstelle für Eltern mit Alltagsfragen und in Krisensituationen bildet. Dies stärkt die Kita und fördert die Vernetzung in der Region. Hilfreich ist dabei, das Selbstverständnis und Selbstbewusstsein der Kita-Mitarbeiter*innen, sich ohne theologische Ausbildung als »echte« Kirche zu verstehen, zu fördern. Sie werden darin unterstützt, die Kita als kirchlichen Ort zu verstehen und diesen für ein größeres Umfeld zu gestalten, ohne ihre Kernaufgaben zu vernachlässigen.

Eine Kita als kirchlicher Ort kann sich für andere Generationen öffnen. So kann sie beispielsweise Gottesdienste für Klein und Groß direkt im Anschluss an die Kita-Zeit feiern, zu der die abholenden Eltern und Großeltern, aber auch andere Menschen aus dem Ort kommen können. Die Kinder können den Ort mitgestalten. Sie können Senior*innen zu deren Geburtstagen oder auch sonst besuchen. Die Kita könnte einen von außen zugänglichen (aus Sicherheitsgründen natürlich nicht zur Kita durchlässigen) Raum der Stille beherbergen, der sowohl von Menschen am Ort oder auf der Durchreise besucht werden kann, als auch von der Kita genutzt wird. Für diese und andere Projekte ist eine Kooperation mit Gemeinden und anderen kirchlichen oder diakonischen Einrichtungen, beispielsweise Familienbildungsstätten, in der Region sinnvoll; die Verantwortung läge jedoch bei der Kita.

Der *Vorteil* dieser Variante besteht zunächst schlicht darin, dass die Kita nicht von der Existenz einer Ortsgemeinde abhängt und weiterbestehen kann, wenn es diese nicht mehr gibt (was in den nächsten Jahren und Jahrzehnten vermutlich immer häufiger der Fall sein wird). Gleichzeitig bleibt Kirche damit vor Ort präsent. Die Kita wird sich in dieser Variante ihrer Bedeutung für die Kommunikation des Evangeliums voraussichtlich bewusster und entdeckt neue Wege, diese zu gestalten.

Ein *Nachteil* dieser Variante ist zunächst, dass sie ungewohnt ist und ein Umdenken erfordert. Die Leitung und die pädagogischen Fachkräfte müssen in der Übergangszeit gut begleitet werden, damit sie sich nicht überfordert fühlen. Sie benötigen eine ausgeprägte religionspädagogische Kompetenz und müssen in besonderer Weise in der Lage sein, ein christliches Profil zu gestalten. Für die Öffnung in den Ort hinein braucht es Zeit und Energie sowie gute Kooperationspartner*innen.

4. Anregungen zur Weiterarbeit

Fragen auf dem Weg zu einer eigenen Position

- Welchen Stellenwert hat die Kita derzeit in Ihrer Gemeinde? Erscheint Ihnen dies adäquat? Was müsste sich ggf. ändern, damit die Kita eine ihr adäquate Bedeutung erhält?
- Warum sollten Kinder in eine kirchliche Kita gehen? Was ist in Ihren Augen der Mehrwert für sie gegenüber säkularen Einrichtungen?
- Wie würden Sie persönlich die Aufgabe der kirchlichen Kita formulieren?
- Wird diese Aufgabe in der Kita Ihrer Gemeinde Ihrem Eindruck nach erfüllt? Wer ist dafür verantwortlich? Was brauchen die Verantwortlichen, um ihre Aufgabe ggf. noch besser erfüllen zu können?
- Was würde der Gemeinde fehlen, wenn sie keine Kita mehr hätte? Was würde sie vielleicht auch gewinnen?
- Welche der drei Handlungsalternativen wäre Ihnen emotional die nächste? Warum? Welche würden Sie rational befürworten?

Ein biblisch-bibliologischer Impuls:

Mk 10,13-16: Jesus segnet die Kinder (Übersetzung der Zürcher Bibel)
Und man brachte Kinder zu ihm, damit er sie berühre. Die Jünger aber fuhren sie an. Als Jesus das sah, wurde er unwillig und sagte zu ihnen: Lasst die Kinder zu mir kommen, hindert sie nicht, denn solchen gehört das Reich Gottes. Amen, ich sage euch: Wer das Reich Gottes nicht annimmt wie ein

Kind, wird nicht hineinkommen. Und er schließt sie in die Arme und legt ihnen die Hände auf und segnet sie.

Auch die Kleinsten sollen bekommen, was den Erwachsenen gut tut: die Zuwendung des Wanderrabbiners aus Galiläa, von dem in den Dörfern gerade viel erzählt wird. Dies aber erregt Widerspruch – ausgerechnet bei den Jüngern, die doch Jesus eigentlich gut kennen. Ob sie befürchten, dass die Kinder die Botschaft Jesu noch nicht verstehen? Oder ihn nerven? Ob sie ihn schützen wollen? Erscheint ihnen anderes wichtiger als gerade Kinder? Egal, was es ist, das sie sich zwischen Jesus und die Kinder stellen lässt – für Jesus ist es nicht akzeptabel. Im Gegenteil sucht er die unmittelbare Nähe zu den Kindern, zeigt ihnen seine Zuneigung und vermittelt ihnen in seinem Segen die unbedingte Wertschätzung und die Liebe Gottes. Und er geht sogar noch weiter, wenn er sagt, dass Kinder eine direkte und unmittelbare Beziehung zum Reich Gottes haben, die intensiver ist als die von Erwachsenen.

Viel deutlicher kann diese kurze biblische Erzählung nicht sagen, dass Kindern nicht nur ein Zugang zur Liebe Gottes eröffnet werden soll, sondern sie sogar eine besondere Bedeutung haben und besonders im Blick sind, wenn es um sein Reich geht. Sie stehen damit auch exemplarisch für die geistlichen Wege von Menschen. Wenn es um kirchliche Prioritären und Posterioritäten geht, sollte das berücksichtigt werden.

Eine methodische Idee für die gemeinsame Arbeit in einem kirchlichen Gremium (idealerweise gemeinsam mit Kita-Mitarbeitenden):

Von dem Gewinn für die Kinder zur Kommunikation des Evangeliums – der Weg zu einer gelingenden Kita-Arbeit in fünf Schritten

- Zunächst notieren die Teilnehmenden entweder auf großen Plakaten oder digital in »Wortwolken« in Stichworten, was die Kinder idealerweise in einer kirchlichen Kita erleben und für ihr Leben mitnehmen sollen. Das kann sich auf das religionspädagogische Profil beziehen, aber auch allgemein pädagogisch ausgerichtet sein. Die Gruppe nimmt das Gesamtbild wahr, fragt bei Unklarheiten nach und sieht gemeinsame Tendenzen ebenso wie unterschiedliche Vorstellungen.
- In einem zweiten Schritt überlegen sie, was die pädagogischen Fachkräfte brauchen, damit diese Idealvorstellungen möglichst realistisch werden, und notieren auch dies auf einem Plakat oder in einer Wortwolke. Dies wird unterschieden in das, was außerhalb der Gemeinde geschieht (z. B. Fortbildungen), und wie die Gemeinde dies unterstützen kann (z. B. Finanzierung von Vertretungskräften, damit Mitarbeiter*innen an einer Fortbildung teilnehmen können). Wichtig dabei ist, die Perspektive auf die Unterstützungsleistung der Gemeinde für die Erfahrung der Liebe Gottes für kleine Kindern zu behalten und nicht zu fragen, was die Gemeinde »davon hat«. Das Gesamtbild wird erneut reflektiert.
- Ein dritter Schritt nimmt die organisatorischen Fragen in den Blick: Welche Formen sind für eine solche Kita-Arbeit hilfreich, welche eher hinderlich? Auch diese Gedanken

werden aufgeschrieben und das Ergebnis wird gemeinsam betrachtet.

- Anschließend wird notiert, wie diese Unterstützung mit den jetzigen und künftigen Ressourcen realistisch ist und wer diese in welcher Form leisten kann. Dabei sollten ausdrücklich auch die Möglichkeiten und Ressourcen der Nachbargemeinden mitbedacht werden. Um realistisch zu sein, sollte die aktuelle Situation des Fachkräftemangels einbezogen werden, ohne dass sie die Überlegungen dominiert.
- In einem letzten Durchgang wird thematisiert, inwiefern die Gemeinde mit einer solchen Kitaarbeit ihrer Aufgabe, für möglichst viele Menschen die unbedingte Liebe Gottes erfahrbar zu machen, nachkommt, und was die Gemeinde in dieser Perspektive mit der Kita gewinnt.

Nach diesen fünf Schritten werden mögliche Konsequenzen für die künftige Kita-Arbeit der Gemeinde gezogen, die eine Entscheidung vorbereiten können.

Kapitel 6
Konfi-Zeit

Einstieg: Szenen aus der kirchlichen Praxis

Szenario 1:
In der Gemeinde St. Johannis im ländlichen Kontext ist die Konfi-Zeit eine feste Größe, obwohl die Zahlen der Teilnehmenden sehr niedrig sind. Bis vor einigen Jahren meldeten sich jährlich noch sechs bis acht Jugendliche an, im letzten Jahr waren es vier und in diesem drei. Der Pfarrer genießt die Zeit mit ihnen, ist aber unsicher, ob es wirklich noch sinnvoll ist, so kleine Gruppen zu betreuen. Und er fragt die Jugendlichen immer wieder, ob sie nicht lieber an der gut laufenden Konfi-Zeit in der Stadt, wo auch ihre Schule ist, teilnehmen würden. Bisher fanden die Konfis das ganz »nice«, auch mal was im Dorf zu machen und »unter uns« zu sein; allerdings haben sie dies vor einigen Jahren noch überzeugter geäußert als heute. Als neulich zwei von ihnen krank waren, war die 1:1-Situation wirklich skurril und dem Pfarrer wurde deutlich, dass es so auf Dauer nicht geht. Er möchte aber den Jugendlichen die Bindung an die Dorfgemeinde und das Gefühl der Vertrautheit miteinander nicht nehmen. Daher fragt er sich, wie er diesen widerstreitenden Anliegen der Jugendlichen und in sich selbst gerecht werden kann.

Szenario 2:
*Schon länger arbeiten die sechs ländlichen Gemeinden als Region zusammen. Die Pastor*innen vertreten sich gegenseitig, die Diakonin hat Stellenanteile in drei Gemeinden und sie teilen sich zwei Kirchenmusiker*innenstellen. Sie veranstalten zusammen besondere Gottesdienste, bei-*

*spielsweise an Himmelfahrt oder für Jugendliche, haben eine gemeinsame Kleiderkammer und planen immer mal wieder Projekte für die Region. Den beiden neuen Pfarrpersonen und der neuen Diakonin geht diese Form von Regionalisierung allerdings nicht weit genug. Sie wünschen sich eine Aufteilung von bestimmten Arbeitsfeldern unter den Gemeinden und nennen dabei als Erstes die Konfi-Zeit. Es sei doch wirklich nicht sinnvoll, dass an sechs Orten der strukturschwachen Region jede Woche eine kleine Gruppe von Jugendlichen für das gleiche Angebot zusammenkommt, für das sechs Hauptamtliche beschäftigt sind. Das leuchtet den anderen Kolleg*innen ein, aber ihnen ist eine kirchliche Beheimatung vor Ort wichtig. Sie schätzen den Kontakt mit den Jugendlichen, von denen ab und zu auch jemand als Teamer*in weitermacht, und sie wissen auch um ihre unterschiedlichen Schwerpunkte in dem, was die Konfis erleben und mitnehmen. Sich zu einigen, wie sich die Konfi-Zeit gestaltet und wer sie machen darf, stellen sie sich schwierig vor. Vielleicht könnte man einen Kompromiss schließen und erst einmal die jährlichen Wochenendfreizeiten zusammenlegen? Damit scheint den anderen jedoch noch nicht viel gewonnen, es geht ihnen ja vor allem um die Entlastung und um den Gewinn einer größeren Gruppe für die Jugendlichen. Und überhaupt sei ja die Frage, ob nicht das Modell des Konfi-Camps, das überwiegend aus einer langen Ferienfreizeit bestehe, viel sinnvoller sei als die wöchentlichen Treffen, zu denen die Jugendlichen nach der Schule hetzen würden. Man könnte bestimmt auch mehr Jugendliche erreichen als bisher. Es wird deutlich, dass die Frage nicht durch einen Austausch der Argumente gelöst werden kann, sondern eine ausführlichere Beschäftigung braucht, in die auch die Kirchengemeinderäte einbezogen werden müssen.*

Szenario 3:
*Während viele andere Gemeinden über zurückgehende Zahlen von Konfirmand*innen klagen, hat die Versöhnungs-Gemeinde das umgekehrte Problem: Sie hat so viele Anmeldungen, dass die Hauptamtlichen jedes Jahr neue Lösungen finden müssen, damit die Gruppen nicht zu groß werden. Schon lange bieten sie parallel ein Freizeitmodell mit zwei Wochen in den Ferien und mehreren Wochenenden sowie eine Gruppe mit wöchentlichen Treffen an; jetzt ist auch noch eine Gruppe mit monatlichen Treffen am Samstag dazugekommen. Unter den Jugendlichen in der Stadt und auch im Umkreis hat sich herumgesprochen, dass in der »coolen« Versöhnungs-Gemeinde die Konfi-Zeit besonders viel Spaß macht. Auch etliche nicht-getaufte Jugendliche melden sich dort an, und es gibt immer mehr, für die die Konfi-Zeit eine Erstbegegnung mit christlichen Inhalten ist. Die beiden Pfarrpersonen und der Gemeindepädagoge machen diese Arbeit wirklich gerne und entspricht auch ihrem Selbstverständnis, als Gemeinde attraktiv zu sein für junge Menschen, unabhängig von deren Sozialisation. Die Gemeinde trägt dies überwiegend mit und hat Verständnis, dass andere Arbeitsfelder dahinter zurücktreten. Mittlerweise kommen aber die Hauptamtlichen an die Grenzen ihrer Kapazitäten, zumal zwei von ihnen als junge Eltern nicht mehr so leicht für Wochenenden oder ganze Wochen zur Verfügung stehen. Die letzte Runde der Stellenstreichungen haben sie unbeschadet überstanden, aber sie mögen sich kaum vorstellen, wie es nach der nächsten Runde aussehen soll. Zudem mehren sich die Stimmen der anderen Gemeinden, dass sie den Eindruck haben, ihnen würden ihre Jugendlichen abgeworben. Es scheint Zeit zu sein, das, was sich eher zufällig entwickelt hat, konzeptionell zu durchdenken und im Dekanat zu besprechen.*

1. Vor welchen Herausforderungen stehen die Gemeinden?

Auf den ersten Blick erscheint die Konfi-Zeit als ein verhältnismäßig stabiles kirchliches Handlungsfeld. Für die meisten Gemeinden ist sie ein selbstverständlicher Bestandteil ihres Handelns, das vorrangig die Hauptamtlichen (Pfarrpersonen, Diakon*innen, Gemeindepädagog*innen) gestalten und vielerorts von ehrenamtlichen Teamer*innen unterstützt wird. Zwar werden die Gruppen kleiner, aber das liegt auch an der demografischen Entwicklung. Nach wie vor werden rechnerisch ca. 80-90 % der evangelisch getauften Jugendlichen konfirmiert (d.h. die Zahl der Konfirmierten entspricht 80-90 % der Evangelischen, allerdings sind ca. 7 % vorher nicht getauft, lokal manchmal auch deutlich mehr). Durch den Rückgang der Kirchenmitgliederzahlen gehen aber entsprechend die absoluten Zahlen stärker zurück, als es nur durch die geringere Geburtenrate der Fall wäre. Die lange gültige Schätzung, dass ca. 30 % eines Jahrgangs von diesem Angebot der evangelischen Kirche erreicht werden, dürfte daher heute nicht mehr stimmen und in den nächsten Jahren weiter zurückgehen. Dies aber ist nicht nur eine Herausforderung für viele Gemeinden, sondern es sinken auch die Chancen, dass junge Menschen in einer ihnen gemäßen Weise christlichen Inhalten begegnen und von ihnen berührt und bereichert werden. Dass dies prinzipiell in der Konfi-Zeit gelingt, zeigt die aktuelle Kirchenmitgliedschaftsuntersuchung der EKD eindrücklich: Bei der Frage, wovon Menschen in ihrem Glaube am stärksten beeinflusst wurden, nimmt die Konfirmation jetzt den ersten Platz ein und rangiert sogar noch vor dem Einfluss der Mutter, die in den letzten Studien immer ganz oben stand.[1]

1 Ev. Kirche in Deutschland, Wie hältst du's mit der Kirche?, 59.

Besonders in Ostdeutschland sind die Gruppen vor Ort häufig jetzt schon sehr klein und bestehen manchmal aus zwei oder drei Jugendlichen. Mit dieser Zahl eine lebendige und kreative Konfi-Zeit zu gestalten, für die ja die Peer-Group eine wichtige Rolle spielt, ist ausgesprochen anspruchsvoll. Die Jugendlichen erleben diese Zeit zudem in dem Bewusstsein, eine Ausnahme zu bilden und »anders« zu sein, was gerade in der Pubertät belastend sein kann. Schon aus diesem Grund wird die Konfi-Zeit zunehmend zentral für die Region angeboten. Aber auch bei größeren Zahlen von Konfirmand*innen wird diese Variante gelegentlich bevorzugt, ebenso wie auch andere Modelle im Spiel sind. Insofern stellt sich im Zuge von Regionalisierungen und Fusionen sowie Profilbildungen die grundsätzliche Frage: Wie soll dieses theologisch und für die Zukunft der Kirche wichtige Handlungsfeld künftig gestaltet werden?

Bei dieser Frage wird allerdings nicht selten deutlich, dass die Ziele und Anliegen der Konfi-Zeit weniger klar sind, als gedacht. Was mit den und für die Jugendlichen in dieser Zeit erreicht werden soll und was sie daraus mitnehmen sollen, dazu gibt es unterschiedliche Vorstellungen. Das liegt auch daran, dass die traditionelle Idee einer Vorbereitung auf ein eigenständiges Bekenntnis zum christlichen Glauben und die volle Kirchenmitgliedschaft davon ausging, dass die Gesellschaft als ganze und alle ihre Mitglieder christlich orientiert sind. Heute geht es jedoch wesentlich mehr um eine Annäherung an die christlichen Inhalte mit der Frage, ob sie möglicherweise eine Bedeutung für das eigene Leben gewinnen könnten, und ebenso um eine Begegnung mit Kirche und Gemeinde für einen gewissen Zeitraum. Ob diese Zeit als gewinnbringend erlebt wird und die Jugendlichen dies in ihrem Umfeld und in den sozialen Medien so weitergeben, dürfte künftig immer wichtiger werden für die Anmeldezahlen der nachfolgenden Jahrgänge. Die Aussicht auf Geld und Geschenke am Ende dieser Zeit reicht jedenfalls als Motivation nicht aus, wie auch Studien zeigen. Gleichzeitig wirkt sich die Begegnung mit kirchlichem Leben in der Jugendzeit auf das Verhältnis zur Kirche im Erwachsenenalter aus. Dabei ist ein »Hineinwachsen« in die Gemeinde durch die Konfi-Zeit die Ausnahme. Auch wenn sie als Teamer*innen noch für eine Weile dabeibleiben, erleben die Jugendlichen die Gemeinde selten als attraktiven Ort auf Dauer. Dies wird eindrücklich durch die Frage nach dem Verhältnis zum Gottesdienst im Rahmen einer europaweiten empirischen Studie (s. u.) belegt: Sind vor der Konfi-Zeit 45 % der Jugendlichen der Meinung, dass das Sonntagsgottesdienst langweilig sei, sinkt die Zahl nicht etwa, wenn sie diesen aufgrund der Verpflichtung zur Teilnahme besser kennen, sondern sie steigt auf 52 %.[2] Ebenso zeigen die Studien, dass die Konfi-Zeit von Jugendlichen, die in ihrer Familie kaum oder keinen Kontakt mit christlichen Inhalten haben, als deutlich weniger gewinnbringend erlebt wird als von religiös sozialisierten Konfirmand*innen.

Besonders in Ostdeutschland steht die Konfirmation immer auch in Konkurrenz zur Jugendweihe, die von deutlich mehr Jugendlichen gewählt wird als die Konfirmation – allerdings nicht immer als Alternative, da manche Jugendlichen auch beide Feiern begehen. Um die Begegnung mit christlichen Inhalte – zumeist konfessionslosen – Jugendlichen zu ermöglichen, die sich nicht zum christlichen Glauben bekennen möchten und keine verbindliche Konfi-Zeit über einen längeren Zeitraum eingehen würden, werden in manchen ostdeutschen Städten christliche »Lebenswende-Feiern« gestaltet. Mit ihnen bietet die Kirche Jugendlichen im Übergang zwischen Kindheit und Erwachsenenalter Begleitung an, in

2 Vgl. Henrik Simojoki u. a.: Zukunftsfähige Konfirmandenarbeit. Empirische Erträge – theologische Orientierungen – Perspektiven für die Praxis, Gütersloh 2018, 145.

der »die Heranwachsenden mit ihren eigenen Anliegen vorkommen und diese vor dem Hintergrund unseres Glaubens an den Gott des Lebens wertgeschätzt werden können«[3].

Ein wichtige Herausforderungen bildet auch die immer stärkere digitale Prägung der gesamten Lebenswelt von Jugendlichen. Hier geht es nicht nur um den durchdachten Einsatz digitaler Tools, sondern auch um medienpädagogische und -ethische Überlegungen. Die Konfi-Zeit muss heute auch Themen aufgreifen, die durch die Sozialen Medien entstehen oder von ihnen geprägt werden. Zu nennen sind beispielsweise die eigenen Selbstbilder, die Haltung zu Influencer*innen oder die Weise, wie politische Informationen oder Geschlechterrollen medial dargestellt werden.

Insofern ist es nicht erstaunlich, dass die künftigen Formen und Inhalte der Konfi-Zeit in Wissenschaft und kirchlicher Praxis diskutiert werden und in den aktuellen Umbrüchen auch viele Gemeinden darüber nachdenken.

2. Was man dazu wissen sollte

2.1 Was ist Sinn und Ziel der Konfi-Zeit?

Vermutlich gibt es kein anderes Handlungsfeld der evangelischen Kirche, das einerseits so fest und selbstverständlich etabliert ist und andererseits so viele unterschiedliche und manchmal fast widersprüchliche Ziele hat.

Das zeigt sich bereits in den verschiedenen Bezeichnungen für dieses Handlungsfeld. Ursprünglich »Konfirmandenunterricht« genannt, wurde in den 1970er- und 1980er-Jahren

3 https://www.lebenswendefeier.de/halle/die-idee/ (28.6.2024).

die »Konfirmandenarbeit« geläufig. Das machte deutlich, dass Jugendliche nicht länger in der »richtigen« christlichen Lehre unterwiesen werden, sondern es darum geht, sie – parallel zur Jugendarbeit – eigene religiöse Entdeckungen machen zu lassen, ihnen als Begleitung zur Verfügung zu stehen und Gemeinschaftserfahrungen zu ermöglichen. Seit den 1990er-Jahren wurde dies aufgrund der gewachsenen sprachlichen Sensibilität für Genderaspekte teilweise auf »Arbeit mit Konfirmandinnen und Konfirmanden« erweitert (wobei sich relativ lange das Vorurteil hielt, dass zusammengesetzte Wörter weniger die männlich geprägten Bilder befördern würden als andere und man daher auch bei »Konfirmandenarbeit« bleiben könne). Aufgrund der langen Zeit, die diese Einschätzung fortwirkte, und aufgrund der wachsenden Einsicht, dass Menschen nicht trennscharf in zwei Geschlechter eingeteilt werden können, wurde teilweise auch der Ausdruck »Konfirmationsarbeit« verwendet. Inhaltlich wurde damit ein stärkerer Akzent auf die Vorbereitung auf die Konfirmation gesetzt. Gleichzeitig sollte der Anschluss an die international gängige Bezeichnung »confirmation work« gefunden werden. Seit einigen Jahren etabliert sich zunehmend der Begriff »Konfi-Zeit«, was nicht nur den Genderaspekt elegant umsetzt, sondern auch das Problem löst, dass die »Arbeit« leicht mit von den Jugendlichen geleisteter Arbeit verwechselt werden kann und zudem von den Hauptamtlichen aus gedacht ist. Gleichzeitig wird dabei eher formal auf eine bestimmte Zeitspanne abgehoben, die inhaltlich unterschiedlich gefüllt werden kann – womit der Vielfalt der Profile, Ziele und Ausrichtungen Rechnung getragen wird.

Die Wurzeln der Konfirmation liegen in der Reformationszeit, weil in der reformatorischen Theologie die eigenständige Zustimmung zu der Eingliederung in die Kirche und die Bindung an Christus nach der Säuglingstaufe besonders wichtig war. Dafür sollten die als Säuglinge Getaufte, wenn sie der Kindheit entwachsen waren, dem Glauben aktiv zustimmen und darin unterwiesen werden, damit sie anschließend das Abendmahl (das zweite Sakrament in der evangelischen Kirche neben der Taufe) verständig entgegennehmen können. Erste Ansätze dazu gab es in der reformierten Kirche bei Johannes Calvin und Martin Bucer, aber auch im lutherischen Bereich. Flächendeckend durchgesetzt hat sich die Konfirmation und der ihr vorausgehende Unterricht erst mit den Einflüssen des Pietismus (der besonderen Wert legte auf die persönliche Gottesbeziehung) und der Aufklärung (der es um Mündigkeit auf der Grundlage von Bildung ging) im 18. und 19. Jh. Von Anfang an war sie also von unterschiedlichen Ideen, welchen Charakter sie haben soll und was ihr Ziel ist, begleitet. Dies setzte sich mit diversen Reformvorschlägen und -programmen im 19. und 20. Jh. fort und ist auch heute nicht anders.

Etwas holzschnittartig lassen sich die folgenden Ziele und Ausrichtungen unterscheiden – die in der Praxis oft miteinander verbunden werden, allerdings in der Regel bestimmte Akzente setzen und nicht immer glatt miteinander vereinbar sind.

Auf das christliche Bekenntnis in der Konfirmation und die volle Kirchenmitgliedschaft vorbereiten

Dieser Aspekt entspricht nicht nur seiner ursprünglichen Zielbestimmung, sondern er bildet auch nach wie vor eine wichtige Grundlage dieses Handlungsfeldes. Wer sich in der Konfirmation zu der eigenen Taufe als Aufnahme in die christliche Gemeinde, die andere entschieden haben, bekennen soll, muss dies auf einer fundierten Grundlage tun. Und wer mit allen Rechten – wie die Gemeindeleitung zu wählen und eine Pat*innenschaft zu übernehmen – und Pflichten Kirchenmitglied sein möchte, sollte wissen, was die Kirche ausmacht und was die Mitgliedschaft in ihr bedeutet. In der Gegenwart, in der Jugendliche in der Regel nicht selbstverständlich in die Kirche hineinwachsen, erscheint dies schon aus Gründen der Transparenz wichtig, aber auch unabhängig davon in der reformatorischen Tradition grundlegend. Dies hat auch eine rechtliche Dimension: Mit 14 ist man religionsmündig und entscheidet in Religions- und Bekenntnisfragen selbst; dafür braucht es inhaltliche Grundlagen und Sprachfähigkeit.

Den Schritt ins Erwachsenenalter begleiten
Zwar markiert die Konfirmation heute nicht mehr den klar definierten (Status-)Übergang von der Kindheit ins Erwachsenenleben, wie es noch vor wenigen Generationen der Fall war, als man am Tag nach der Konfirmation die Lehre begann oder »in Stellung« ging. Der Prozess des Erwachsenwerdens erstreckt sich heute über etliche Jahre und sieht im Einzelnen sehr unterschiedlich aus. Dennoch hat die Konfirmation auch heute noch Elemente des Erwachsen- und Mündigwerdens, die an diesem Tag inszeniert werden. Entsprechend kann die Konfi-Zeit als Begleitung und Stärkung auf diesem Weg in das Erwachsenenleben verstanden werden.

Diese Begleitung fällt in die Pubertät als eine anspruchsvollen Lebensphase. Während nicht selten gefragt wird, ob die Konfi-Zeit in der Pubertät eigentlich sinnvoll platziert ist (in anderen Ländern wie z. B. in den Niederlanden liegt sie später und die unten vorgestellten Konfi3- und Konfi4-Modelle ziehen sie teilweise in das Grundschulalter vor), betont dieses Anliegen, dass gerade Jugendliche zwischen 12 und 15 eine empathische Begleitung der Pubertät und des Erwachsenwerdens jenseits von Elternhaus und Schule brauchen. Hier können in einem geschützten Rahmen Probleme angesprochen, aufgefangen und manchmal auch gelöst werden. Unterstützung in der Identitätsfindung und in der Frage, wie man leben möchte und (sinnvoll) leben kann, kann geleistet werden. Mit der Seelsorge auf Social Media hat dies noch einmal eine neue Dimension gewonnen, die von nicht wenigen Jugendlichen auch dann genutzt wird, wenn sie die Seelsorgerin wöchentlich treffen. Angesichts der bekannt gewordenen Fälle von sexualisierter Gewalt in den Kirchen ist dabei die Idee der Konfi-Zeit als »safe space« allerdings nicht mehr vorauszusetzen, sondern mit Sensibilität und Selbstreflexion sorgfältig zu gestalten.

Grundlegendes Wissen über Christentum und Kirche vermitteln
Das Anliegen der Reformation und der Aufklärung, christlichen Glauben (auch) als Bildungsgeschehen zu verstehen, das zu einem bewussten Glauben auf der Grundlage fundierter Kenntnisse führt, hat heute ebenfalls eine besondere Bedeutung gewonnen. Auch bei den getauften Jugendlichen, die sich zur Konfirmation anmelden, kann keine christliche Sozialisation vorausgesetzt werden, und nicht alle hatten einen Religionsunterricht, der fundiertes Basiswissen vermittelt hat. Zudem melden sich öfter Jugendliche an, die weder getauft, noch religiös sozialisiert sind und auch nicht am Religionsunterricht teilgenommen haben. Insofern kann es auch als Aufgabe der Konfi-Zeit verstanden werden, eine »christliche Alphabetisierung« zu leisten.

Christlichen Inhalten begegnen
Die nächste Ausrichtung zielt weniger auf das Wissen (wie die »Alphabetisierung«) als auf die persönliche Erfahrung. Die Inhalte orientieren sich stärker an ihrer (möglichen) Bedeutung für Jugendliche als an ihrer Wichtigkeit für Christentum und Kirche. Die didaktischen Formen sind erfahrungsorien-

tierter ausgerichtet. Meist hat die Begegnung mit biblischen Texten in lebendigen Formen wie der kreativen Bibeldidaktik, Bibliolog oder Bibliodrama einen wichtigen Stellenwert. Auch erfahrungsorientierte kirchenpädagogische Ansätze liegen nahe, ebenso wie ein diakonisches Lernen in diakonischen Einrichtungen. Gleichfalls bietet sich das Theologisieren an, das die eigenen Zugänge der Jugendlichen zu theologischen Themen ernst nimmt und fördert.[4] Da die Erfahrung damit eine wichtigere Rolle bekommt, als wenn die Jugendlichen nur nachdenken und diskutieren, werden gleichzeitig unterschiedliche Talente angesprochen und die Konfi-Zeit wird inklusiver.

Jugendliche in ihren religiösen Fragen und Interessen fördern

Würden sicher die meisten Menschen, die die Konfi-Zeit gestalten, zustimmen, dass es *auch* darum geht, Jugendliche in ihren religiösen Fragen und Interessen zu fördern, verändert sich ihr Charakter, wenn dies das vorrangige Ziel wird. Dann werden keine Standards der Inhalte (z. B. Vaterunser, Taufe, Abendmahl) und der Teilnahmeformen (z. B. Gottesdienste) vorgegeben, sondern es erfolgt eine radikale »Subjektorientierung« an den Themen und Bedürfnissen der Jugendlichen. Von diesen ausgehend können dann Verbindungen zur biblischen und sonstigen christlichen Tradition gezogen werden. Oft werden Vereinbarungen mit den Jugendlichen auf der Basis ihrer Bedürfnisse getroffen.[5]

4 Nachzulesen sind diese Ansätze beispielsweise in Uta Pohl-Patalong: Religionspädagogik. Ansätze für die Praxis, Göttingen 2013.

5 Vgl. dazu in einem radikalen Modus Stefan Mendling: Tut ihnen keinen Zwang an! Jede Form von Zwang in der Konfi-Arbeit zerstört die Chancen kirchlicher Bildung, in: Thomas Ebinger u. a. (Hg.): Handbuch Konfi-Arbeit, Gütersloh 2018, 483-487.

Die Gemeinde kennenlernen und (potenziell) in ihr Heimat finden
Neben diesen eher auf die Inhalte ausgerichteten Zielen kann es auch als dezidierte Aufgabe der Konfi-Zeit gesehen werden, die konkrete Gemeinde vor Ort kennenzulernen und in sie hineinzuwachsen, zumindest auf Zeit, möglicherweise (oder auch möglichst) auch auf Dauer. In dieser Akzentsetzung wird Kirchenmitgliedschaft vorrangig als Gemeindemitgliedschaft verstanden. Organisatorisch ist es naheliegend, dass die Konfi-Zeit in der eigenen Gemeinde stattfindet (zu den Alternativen s. u.). Didaktisch liegen beispielsweise Besuche bei oder auch Interviews mit Haupt- und Ehrenamtlichen in der Gemeinde nahe sowie ein Kennenlernen ihrer Arbeitsfelder vom Gottesdienst (teilweise mit Pflichtbesuchen) bis zur Kita oder zur Tafel. Wird eine Teilnahme an dem Gemeindeleben nach der Konfirmation explizit zum Ziel gesetzt, gibt es häufig weiterführende Angebote, als Teamer*innen für die Kinderkirche, im Jugendkreis etc.

Gute Erfahrungen mit Kirche eröffnen
Einen anders gelagerten Akzent setzt die Konfi-Zeit, wenn sie weniger auf das Hineinwachsen in die konkrete Gemeinde als auf bereichernde Erfahrungen mit Kirche ausgerichtet ist. Diese Erfahrungen sind in dieser Form zeitlich begrenzt, bieten aber idealerweise eine Grundlage für ein lebenslanges positives Verhältnis zur Kirche, das sich immer wieder neu aktualisiert. In dieser Ausrichtung liegen regionale Modelle oder auch Konfi-Camps besonders nahe (s. u.). Didaktisch werden vorrangig Formen und Inhalte gewählt, die sich an der Bedeutung von Christentum und Kirche für die jungen Menschen orientieren und fragen, auf welchen Wegen welche Themen für ihr Leben Bedeutung gewinnen können.

Gemeinschaft erleben
Über die Inhalte und die Beziehung zur Institution hinaus wird es häufig als Ziel der Konfi-Zeit verstanden, gute Gemeinschaftserfahrungen zu ermöglichen. Angesichts von (analogen und digitalen) Ausgrenzungen und Mobbing in den Schulen kann es eine Chance sein, mit anderen Jugendlichen in einer anderen Atmosphäre zusammenzukommen und Gemeinschaft auf christlicher Basis zu erleben. Steht dieser Aspekt im Vordergrund, bieten sich Wochenendmodelle, vor allem aber Freizeiten und Konfi-Camps an. Didaktisch wird viel Raum für gruppendynamisches Arbeiten gegeben, Grundsätze gelingender Kommunikation werden vermittelt (z. B. nach dem Ansatz der gewaltfreien Kommunikation) und den Jugendlichen wird Verantwortung für die Gruppe übertragen (z. B. mit Kochen, Abwaschen, Musik auswählen etc.). Dieser Aspekt bildet auch eine besondere Chance für die Inklusion, da nicht nur Jugendliche verschiedener Schulformen, sondern auch mit und ohne körperliche und geistige Einschränkungen in der Konfi-Zeit zusammenkommen.

2.2 Modelle der Konfi-Zeit

Die Konfi-Zeit findet heute in vielfältigen Formen statt. Teilweise sind diese nach Gemeinde oder Regionen verschieden, teilweise werden sie aber auch nebeneinander angeboten, da alle Vor- und Nachteile haben, die individuell unterschiedlich gewichtet werden. Häufig werden die Varianten in eigenen Modellen auch kombiniert. Da es nicht unwesentlich von dem Modell abhängt, was die Jugendlichen inhaltlich mitnehmen, trägt das gemeindeleitende Gremium als Entscheidungsträger hier eine hohe Verantwortung.

Das Wochenmodell
In diesem klassischen Modell treffen sich die Konfirmand*innen über ein oder knapp zwei Jahre für 60, 90 oder 120 Minuten in der Regel im örtlichen Gemeindehaus. Ergänzend gibt es meist eine oder mehrere Freizeiten. Wie oben angedeutet, kann damit die Bindung an die Gemeinde gestärkt und eine kontinuierliche Begleitung in Präsenz ermöglicht werden. Das Modell stößt jedoch zunehmend auf Schwierigkeiten, weil die Schule immer mehr Raum am Nachmittag eingenommen hat. Didaktisch erinnert die Form an schulisches Lernen und sie bevorzugt kognitive Dimensionen, weil ganzheitlichere Prozesse mehr Zeit brauchen. Außerdem ist es oft schwierig, jugendliche Konfi-Teamer wöchentlich angemessen mitwirken zu lassen.

Das Wochenendmodell
Die Treffen finden in der Regel monatlich an einem Samstag statt, manchmal kombiniert mit dem Freitagabend oder dem Sonntagsgottesdienst, der auf die Jugendlichen ausgerichtet ist oder von ihnen (mit-)gestaltet wird. Auch dies wird meist mit Freizeiten verbunden. Die häufig anderweitig belegte Nachmittagszeit wird auf diese Weise vermieden und es ist Raum für längere didaktische und soziale Prozesse. Für abwechslungsreiche Methoden können Teamer*innen gut einbezogen werden und sind dafür auch erforderlich. Gleichzeitig sind natürlich auch viele Wochenenden mit Hobbys und Familienaktivitäten belegt und wenn ein Wochenende verpasst wird, verpasst man viel. Für Jugendliche, die nicht bei beiden Elternteilen aufwachsen, sind die Wochenenden zudem nicht selten mit Besuchen bei dem anderen Elternteil belegt.

Das Konfi-Camp-Modell

Mit den Konfi-Camps erfolgt ein wesentlicher Teil der Konfi-Zeit in einem Zeltlager oder Freizeitheim in den Schulferien für eine (wiederholte) Zeitspanne von einigen Tagen bis drei Wochen am Stück. Dies kann in einer einzelnen Gemeinde stattfinden, oft wird es aber für eine Region organisiert. Es gibt Konfi-Camps, in denen Gruppen aus verschiedenen Regionen und Landeskirchen mit Hunderten von Jugendlichen zusammenkommen, wobei sich gruppenspezifische Phasen und Events für alle abwechseln. Wie Erfahrungen und Studien zeigen, befördert dieses Modell häufig die Gemeinschaftserfahrung, ermöglicht aber auch eine intensivere Begegnung mit der christlichen Tradition und das Erleben christlicher Spiritualität. Jugendliche werden häufiger mit dem Glauben vertraut. Diese Form ist zwar stärker auf gute Erfahrungen mit Kirche als auf das Hineinwachsen in die Gemeinde ausgerichtet, aber sie fördert interessanterweise die Beziehung zur Kirche nach der Konfirmation.[6] Es gibt aber auch währenddessen einen Kontakt zur Gemeinde, wenn die Zeit im Konfi-Camp ergänzt wird durch einzelne lokale Treffen zur Vorbereitung des Konfi-Camps und anschließend zur Vertiefung und Vorbereitung der Konfirmation.

Das Konfi-Kurs-System

In diesem Modell besteht der Kern der Konfi-Zeit aus der Teilnahme an verschiedenen Kursen zu bestimmten Zeiten, die unterschiedliche Haupt- oder Ehrenamtliche mit thematischen Schwerpunkten anbieten. Aus einer Übersicht der Kursangebote wählen sie eine bestimmte Anzahl und besuchen diese. Dies können kreative Begegnungen mit der Bibel ebenso wie lebensweltliche Themen und ethische Fragestel-

6 Vgl. Simojoki u. a.: Zukunftsfähige Konfirmandenarbeit, 148.

lungen sein, häufig werden auch Exkursionen und Praktika in diakonischen Einrichtungen oder Weltläden angeboten. Es wird eine andere Form von Zusammenarbeit zwischen Gemeinden möglich, als wenn die Konfi-Zeit in einer Region an einzelne Hauptamtliche delegiert wird. Übergemeindliche Einrichtungen lassen sich gut einbeziehen. Dabei erleben die Jugendlichen unterschiedliche kirchliche Personen als Kursleitende, möglicherweise auch mit unterschiedlichen Zugängen zum Glauben.

Das Konfi3- oder Konfi4-Modell
In einigen Landeskirchen gibt es die Möglichkeit, das erste Jahr der Konfi-Zeit in das dritte oder vierte Schuljahr zu verlegen und den zweiten Teil vor der Konfirmation im klassischen Alter anzubieten. Dabei können im ersten Teil die Eltern intensiv einbezogen werden. Das Modell setzt auf die größere Offenheit von Kindern für biblische Geschichten und kirchliche Traditionen und den sich über eine längere Phase erstreckende Kontakt zur Gemeinde idealerweise für die ganze Familie. Dadurch bekommt die Konfi-Zeit einen anderen Charakter: Die Beziehung zur Gemeinde und die ihrer Familien wird wichtiger als die Begleitung im Jugendalter und die Förderung ihrer Auseinandersetzung mit einem eigenen Glauben auf der Schwelle zum Erwachsenenleben. Das Modell steht vor der Herausforderung, dass der Zusammenhang zwischen den beiden Phasen durch Zu- und Wegzüge und den großen Abstand zwischen beiden Phasen oft schwer zu halten ist.

2.3 *Einige Einsichten in die empirische Erforschung der Konfi-Zeit*

Eine große, in Deutschland begonnene und dann europaweit durchgeführte Studie hat seit 2007 die Konfi-Zeit in vielen Facetten eingehend empirisch untersucht.[7] Hier können natürlich nur einige Ergebnisse genannt werden, die möglicherweise für die Entscheidung vor Ort, wie sich die Konfi-Zeit entwickeln soll, besonders wichtig sind.

Die Studie zeigt, dass sich die Jugendlichen heute überwiegend aus freier Entscheidung für die Konfirmation anmelden und sich nur noch selten von den Eltern dazu genötigt fühlen. Unterschiedliche Motive spielen für die Entscheidung eine Rolle: Es werden religiöse Gründe genannt, beispielsweise ist den Jugendlichen der Segen Gottes wichtig. Aber auch die sozialen Gründe auf der Ebene der Peer-Group sind bedeutsam: Man entscheidet sich gemeinsam mit Freund*innen oder schließt sich ihnen an. Dies bedeutet heute auch, dass man sich in der Entscheidung, bei welcher Gemeinde man sich anmeldet, von seinen Freundschaften leiten lässt. Es werden auch pragmatische Gründe genannt wie die zu erwartenden (Geld-)Geschenke zur Konfirmation, die aber eine deutlich geringere Rolle spielen, als häufig angenommen.

7 Sie wurde in insgesamt 12 Bänden veröffentlicht. Die beiden wichtigsten dürften sein: Wolfgang Ilg u. a.: Konfirmandenarbeit in Deutschland. Empirische Einblicke – Herausforderungen – Perspektiven, Gütersloh 2009; und Friedrich Schweitzer u. a.: Konfirmandenarbeit im Wandel – Neue Herausforderungen und Chancen. Perspektiven aus der zweiten bundesweiten Studie, Gütersloh 2015. Die dritte Studie (erhoben 2021/2022) – Henrik Simojoki u. a.: Konfi-Arbeit in und nach der Corona-Pandemie. Empirische Befunde und Impulse für die Qualitätsentwicklung aus der dritten bundesweiten Studie, Gütersloh 2024 – steht kurz vor der Veröffentlichung (Juli 2024), lag aber bei Abschluss des Manuskripts noch nicht vor.

Auch die Frage, was die Jugendlichen besonders an der Konfi-Zeit schätzen, wird unterschiedlich beantwortet. Für viele ist es wichtig, sich mit grundlegenden Fragen des Lebens auseinanderzusetzen und frei von schulischem Lernstress mit Religion zu befassen sowie die eigene religiöse Position zu klären. Ihnen ist aber auch die Gemeinschaft untereinander wichtig, die sie besonders intensiv auf Freizeiten und in den Konfi-Camps erleben. Dort wird auch von intensiveren spirituellen Erfahrungen berichtet. Ebenso ist ihnen eine gute Beziehung zu den Hauptamtlichen wichtig.

Im Verhältnis zur Kirche zeigt sich auch unter Konfis überwiegend die gleiche Haltung, die für die Mehrzahl der Kirchenmitglieder gilt: Man bejaht sie prinzipiell, aber deswegen muss sie für einen persönlich nicht bedeutsam sein. So sagen 72 % der befragten Jugendlichen, dass die Kirche Gutes tue, aber nur für 41 % ist die eigene Zugehörigkeit zur Kirche wichtig. Interessant ist dabei besonders, dass der regelmäßige und als positiv empfundene Kontakt zur Kirche während der Konfi-Zeit an dieser Einstellung nicht grundsätzlich etwas ändert. Dazu könnte aber auch ein – auch von den Autor*innen der Studie als alarmierend eingestufte – Befund beitragen, dass die Konfi-Zeit die Überzeugung, dass »die Kirche keine Antworten auf die Fragen [hat], die mich wirklich bewegen«, eher verstärkt: Vor der Konfi-Zeit sind 32 % dieser Überzeugung und nach der Konfi-Zeit sind es 34 %.

Insgesamt sind die Konfis überwiegend zufrieden mit dieser Zeit: 75 % der befragten Konfirmand*innen gaben dies an. Wirkt dies zunächst wie eine umfassende Bestätigung der bisherigen Praxis, trüben tiefere Blicke das positive Bild doch etwas.

Zum einen ist ein Viertel nicht mit dieser Zeit zufrieden und dies äußern wesentlich stärker sowohl bildungsfernere Jugendliche als auch solche ohne eine religiöse Erziehung in der Familie. Die Konfi-Zeit ist also weniger gut auf eine Erstbegegnung mit Christentum und Kirche ausgerichtet, und die Arbeitsformen kommen eher Gymnasiast*innen entgegen. Dies muss angesichts des kirchlichen Auftrags, der sich an »alle Welt« richtet, aber auch im Blick auf die Zukunft der Kirche in der immer heterogener werdenden Gesellschaft (sowohl in religiöser als auch in sozialer Hinsicht) zum Nachdenken anregen.

Zum anderen sagt ein großer Teil der Jugendlichen, dass sie ihre Glaubensfragen in der Konfi-Zeit nicht wiederfänden (nur 39 % bejahen dies). Fast die Hälfte (47 %) empfindet eine Distanz zwischen den Themen der Konfi-Zeit und ihrer Lebenswelt, obwohl eigentlich alle Konzepte seit den 1970er-Jahren die Lebenswelt der Jugendlichen und deren Themen in den Vordergrund stellen. Dabei dürfte auch eine Rolle spielen, dass nur 32 % der Jugendlichen erleben, dass sie die Inhalte beeinflussen können. Dies sollte in die Zukunftsüberlegungen einbezogen werden.

3. Welche Alternativen gibt es?

Die erste Alternative: Konfi-Zeit lokal und regional

Möchte man die Verankerung der Konfi-Zeit in der eigenen Gemeinde nicht aufgeben, obwohl die Gruppen zu klein sind für ein wirkliches Gruppenerlebnis und die Entwicklung von jugendgemäßen spirituellen Formen, ist ein Kompromiss denkbar: Die Treffen lassen sich aufteilen zwischen wöchentlichen oder besser monatlichen Zusammenkünften in der Gemeinde und einer Teilnahme an einem größeren Konfi-Camp als Gruppe. Für beides müssen genügend zeitliche Ressourcen einer hauptamtlichen Person vorhanden sein, und auch in dieser Variante sollten die Gruppen nicht zu klein sein.

Ein *Vorteil* dieser Alternative ist, dass sie unterschiedliche Anliegen verbindet. Die Jugendlichen lernen die Gemeinde kennen und bekommen die Möglichkeit eröffnet, sie als Heimat und integralen Bestandteil ihres Lebensumfeldes zu verstehen. Gleichzeitig können sie jugendgemäße Formen des Glaubens und seines Ausdrucks in einer größeren Gruppe entdecken und intensive Gemeinschaftserfahrungen machen.

Ein *Nachteil* dieser Variante besteht darin, dass die Jugendlichen mit der eigenen Gemeinde ein Bild von Kirche bekommen, das tendenziell eher auf andere Altersgruppen ausgerichtet ist, die sie vermutlich wenig mitgestalten können. Wenn die beiden Formen nicht nebeneinander stehenbleiben sollen, ist eine didaktische Verknüpfung zwischen ihnen erforderlich, die anspruchsvoll sein dürfte. Eine Entlastung für die Hauptamtlichen ist damit nicht verbunden.

Die zweite Alternative: Konfi-Zeit als prägend für das gemeindliche Profil

Eine weitere Variante begreift die Konfi-Zeit als Schwerpunkt der gemeindlichen Arbeit und als wesentlichen Teil des Profils der Gemeinde, die sich insgesamt auf Jugendliche ausrichtet (vgl. die zweite Alternative in Kapitel 7). Diese Variante bietet sich in der Region oder in der fusionierten Großgemeinde an. An den anderen Orten gibt es dann keine Konfi-Zeit. Die Gottesdienste werden jugendgemäß gestaltet bzw. gemeinsam mit den Konfirmand*innen und den anderen Jugendlichen entworfen und geplant. In dieser Variante ist es möglich und sinnvoll, zwei oder drei Modelle der Konfi-Zeit anzubieten, um den unterschiedlichen Bedürfnissen der Konfirmand*innen und ihrer Familien gerecht zu werden.

Ein *Vorteil* dieser Alternative ist, dass die Konfi-Zeit einen organischen Teil des Gemeindelebens bildet, das Jugendliche als »ihres« erleben können. Sie können davor, gleichzeitig oder anschließend an anderen kirchlichen Angeboten teilnehmen und erleben, dass diese auf sie und ihre Lebenswelten ausgerichtet sind. Aufgrund der Absprachen in der Region kommen entsprechend viele Jugendliche zusammen. Kirche wird als Kirche für und mit Jugendlichen erfahrbar. Da sich die Hauptamtlichen gezielt auf dieses Profil beworben haben, dürften die Jugendlichen in ihnen Begleitpersonen finden, die einen guten Blick für die Themen und Verhaltensweisen des frühen Jugendalters haben und gleichzeitig didaktisch versiert sind. Die Gemeinde kann wiederum ihre Ressourcen auf ein bestimmtes Profil konzentrieren und mit diesem neue Wege gehen, die auch kirchen- oder bildungsfernere Jugendliche ansprechen.

Ein *Nachteil* dieser Variante besteht darin, dass der Verständigungsprozess mit den anderen Gemeinden oder Gemeindeteilen nicht immer einfach ist. Mit den anderen Altersgruppen, die die Gemeinde bisher als Heimat empfunden haben, muss das Profil sensibel und konstruktiv kommuniziert werden, und sie müssen die Möglichkeit haben, woanders neue kirchliche Heimaten zu finden. Auf dem Land ist zudem ein Shuttledienst erforderlich, der die Jugendlichen aus ihren Ortsteilen abholt und zurückbringt.

Die dritte Alternative: Konfi-Zeit in den Jugendkirchen
Eine dritte Variante besteht darin, die Konfi-Zeit an eine regionale Jugendkirche zu delegieren und dort auch die Konfirmation zu feiern (vgl. die Variante 3 in Kapitel 7). Das charakteristische Merkmal der Eigenverantwortlichkeit der Jugendlichen muss für die Konfi-Zeit, die schon im Blick auf die Konfirmation nicht auf Hauptamtliche verzichten kann, sorgfältig durchdacht und gestaltet werden. Den Teamer*innen kommt in jedem Fall eine noch bedeutsamere Rolle zu als in den anderen Modellen, was eine besonders qualifizierte Begleitung erfordert.

Ein *Vorteil* dieser Alternative ist zunächst, dass die Konfi-Zeit Bestandteil einer Kirche wird, in der jugendgemäße Formen des Glaubens, Lebens und Feierns verantwortungsvoll gestaltet werden. Wie in der zweiten Alternative wird die Konfi-Zeit eng verbunden mit anderen Möglichkeiten, an Kirche teilzuhaben und sich einzubringen. Jugendgemäße Formen von Spiritualität sind selbstverständlich und werden in einer großen Gruppe erlebt.

Als *Nachteil* dieser Variante kann gesehen werden, dass Jugendliche keine klassische Gemeinde erleben. Möchten sie nach ihrer Jugendzeit Anschluss zur Kirche halten, müssen neue Orte gefunden werden. Zudem ist die Balance zwischen jugendlicher Eigenverantwortung und Rolle der Hauptberuflichen nicht einfach und muss sorgfältig austariert werden.

4. Anregungen zur Weiterarbeit

Fragen auf dem Weg zu einer eigenen Position

- Welchen Stellenwert hat die Konfi-Zeit im Moment für Ihre Gemeinde? Woran macht sich das konkret fest? Sind Sie damit zufrieden?
- Welchen Erinnerungen haben Sie an Ihre eigene Konfi-Zeit? Was waren Gelingensfaktoren, was war belastend? Was ist davon auf Jugendliche heute übertragbar, was nicht?
- Welche Erfahrungen mit Gott, Christentum und Kirche sollen Jugendliche Ihrer Meinung nach aus der Konfi-Zeit (realistisch gedacht) mitnehmen? Erscheinen Ihnen die jetzigen Formen in Ihrer Gemeinde dafür optimal geeignet? Was müsste sich ggf. verändern, damit die Wirkung wahrscheinlicher wird?

- Wenn Sie die empirisch erhobenen Perspektiven der Jugendlichen mit der Ihnen vor Augen stehenden Konfi-Zeit in Beziehung setzen – welche Bedürfnisse werden gut erfüllt? Wo sehen Sie Handlungsbedarf?
- Wie nehmen Sie den Gewinn und die Belastung der Konfi-Zeit für die Hauptamtlichen wahr? Was könnte möglicherweise dazu beitragen, dass die Belastung sinkt und sie die Arbeit wirklich mit Zeit, Konzentration und Freude gestalten können?
- Was würde der Gemeinde fehlen, wenn sie keine eigene Konfi-Zeit mehr anbieten würde? Was würde sie vielleicht auch gewinnen?
- Welche der drei Handlungsalternativen wäre Ihnen emotional die nächste? Warum? Welche würden Sie rational befürworten?

Ein biblisch-bibliologischer Impuls:

Sam 3,1-10: Samuels Berufung (Übersetzung der Bibel in gerechter Sprache)
Der Junge Samuel also stand im Dienst des Heiligen unter der Aufsicht Elis. Das Wort des Heiligen war selten zu dieser Zeit, Gesichte waren nicht verbreitet. Eines Tages nun geschah dies: Eli lag schon an seinem Schlafplatz, seine Augen hatten angefangen, trüb zu werden, so dass er nicht mehr sehen konnte. Die Gotteslampe war noch nicht erloschen. Und Samuel lag im Tempel des Heiligen, wo sich der Gottesschrein befand. Da rief der Heilige Samuel. Der sagte: »Da bin ich!« Und er rannte zu Eli und sagte: »Da bin ich! Du hast mich ja gerufen.« Der aber sagte: »Ich habe dich nicht gerufen. Lege dich wieder hin!« So ging er und legte sich hin. Und der Heilige rief noch einmal: »Samuel!« Da stand Sa-

muel auf, ging zu Eli und sagte: »Da bin ich! Du hast mich ja gerufen.« Der aber sagte: »Ich habe dich nicht gerufen, mein Sohn. Lege dich wieder hin!« Samuel hatte den Heiligen nämlich noch nicht kennen gelernt, ihm war noch kein Wort des Heiligen offenbart worden. Dann rief der Heilige Samuel zum dritten Mal. Der stand auf, ging zu Eli und sagte: »Da bin ich! Du hast mich ja gerufen.« Da begriff Eli, dass es der Heilige war, der den Jungen rief. Und Eli sagte zu Samuel: »Geh! Lege dich hin! Wenn dich dann jemand ruft, sag: »Rede, Heiliger! Dein Getreuer hört ja.« Da ging Samuel und legte sich an seinen Platz. Und der Heilige kam, stellte sich hin und rief wie die andern Male: »Samuel! Samuel!« Da sagte Samuel: »Rede! Dein Getreuer hört ja.«

In einer Zeit, in der sich Gott nur wenigen zeigt und der Kontakt zwischen Gott und Mensch offensichtlich schwer geworden ist, wendet sich Gott direkt an einen jungen Menschen, der nach heutigen Maßstäben vermutlich im Jugendalter ist, und spricht ihn mit seinem Namen an: »Samuel!« Als einer, der sich gerade in der Ausbildung zum Tempeldienst befindet, sollte dem Jugendlichen Gott eigentlich nicht fern sein: Er schläft ja sogar im Tempel, der als das »Haus Gottes« gilt. Und dennoch kommt er gar nicht auf die Idee, dass Gott ihn gemeint haben könnte. In seiner Kultur gilt ja, dass die Älteren das Sagen haben und Anweisungen geben, die die Jüngeren zu befolgen haben. Im Tempel kommt noch die geistliche Hierarchie hinzu: Einen direkten Kontakt zu Gott haben am ehesten die Priester. Kein Wunder also, dass Samuel die Stimme Gottes für die Stimme des Alten und des Priesters hält. Und auch der hält das Ganze zunächst für ein Missverständnis: Samuel muss sich getäuscht haben.

Gott bleibt hartnäckig und ruft Samuel erneut und noch ein drittes Mal. Jedes Mal steht der Junge wieder auf und läuft zu dem, von dem er Anweisungen erwartet – möglicherweise mittlerweile schon ziemlich genervt (»kann er mich bitte schlafen lassen!«), möglicherweise ohne nachzudenken im Gehorsamsmodus (»das ist mein Job hier«), möglicherweise aber auch mit Zweifeln an der eigenen Wahrnehmungsfähigkeit (»sind meine Ohren noch in Ordnung, höre ich schon Stimmen??«) – oder schon mit dem Verdacht, dass es eine andere Instanz ist, die ihn ruft (»sollte es etwa hier im Tempel doch mal eine Stimme aus dem Himmel sein ...?«). Beim dritten Mal versteht der erfahrene Religionsprofi endlich, was hier vor sich geht: Gott wendet sich an der klerikalen Hierarchie vorbei an einen Jugendlichen und offenbart sich ihm als einem der ganz wenigen, denen er sich überhaupt zeigt. Eli kann Samuel noch dabei helfen, wie er mit einem ersten Satz reagieren soll. Anschließend aber ist Gott der Handelnde und er vertraut Samuel seine Botschaften an. Samuel wird zum Propheten. Er muss erst seinem Vorgesetzten Eli eine unangenehme Botschaft überbringen und später bekommt er die Aufgabe, den – übrigens ebenfalls jugendlichen – David als künftigen König Israels zu salben.

Natürlich sind dies ganz andere Verhältnisse als heute und die Ausbildung im Tempel ist selbstverständlich nicht vergleichbar mit der Konfi-Zeit. Aber dass Gott sich ohne den Weg über die religiösen Ämter in einen direkten Kontakt mit einem Jugendlichen begibt, könnte durchaus interessant sein für die Frage nach den künftigen Zielen und Formen dieses Handlungsfeldes.

Eine methodische Idee für die gemeinsame Arbeit in einem kirchlichen Gremium:

Unterschiedliche Perspektiven auf die Konfi-Zeit einnehmen und entdecken – eine Identifikation

Diese Idee braucht eine experimentierfreudige Gruppe mit einer gewissen Spielfreude.

Nach einer Beschäftigung mit wichtigen Erkenntnissen zur Konfi-Zeit (idealerweise mit zusammengefassten Ergebnissen der o.g. empirischen Studie) werden im Raum sechs Teppiche in verschiedenen Farben ausgelegt und diese mit »die Jugendlichen«, »die älteren Gemeindemitglieder«, »der Kirchengemeinderat« (bzw. anderen Bezeichnungen für das Leitungsgremium), »die Hauptamtlichen«, »die Kirche« und »das Evangelium« betitelt. Die Teilnehmenden gehen im Raum umher und stellen sich probehalber nacheinander auf alle Teppiche, womit sie sich mit der jeweiligen Perspektive identifizieren. Dabei gehen sie in allen Perspektiven den Impulsen nach und formulieren Sätze wie z. B. »Als Jugendliche ist mir an der Konfi-Zeit besonders wichtig ...«, »als Kirchengemeinderätin finde ich, die größte Chance der Konfi-Zeit ist ...« oder »Als Evangelium finde ich wichtig, dass die Jugendlichen mich nicht als ..., sondern als ... erleben«). In kleinen Gruppen können sie dies auch laut aussprechen und möglicherweise in einen Dialog mit anderen Perspektiven treten, sofern die Leitung die entstehende Dynamik kompetent moderieren kann.

Die Gedanken, die den Teilnehmenden in den verschiedenen Identifikationen kommen, notieren sie anschließend auf sechs Stellwänden zu den jeweiligen Perspektiven. Anschließend werden diese gemeinsam betrachtet und neue Erkenntnisse daraus formuliert.

Dies kann als Gesprächsgrundlage für Entscheidungsprozesse dienen, wenn diese anstehen.

Kapitel 7
Jugendarbeit

Einstieg: Szenen aus der kirchlichen Praxis

Szenario 1:
*In der Matthäus-Gemeinde ist die Jugendarbeit während der Pandemie eingeschlafen. Die Jugendlichen, die davor gekommen sind, haben sich anderweitig orientiert und mittlerweile die Schule bzw. die Stadt verlassen. Aus den jetzigen Jahrgängen und auch von den Konfirmand*innen wird kein Interesse signalisiert. Die Hauptamtlichen wissen ohnehin nicht recht, wann sie neben allem anderen Zeit finden sollten, die Jugendarbeit neu aufzubauen. Und richtig gut lief sie auch vor der Pandemie nicht.*

Auf der jährlichen Gemeindeversammlung wird nun aber kritisch gefragt, ob es denn wirklich gar keine Angebote für Jugendliche mehr geben soll. Ausgerechnet die junge Generation zu vernachlässigen wäre für die Zukunft der Kirche doch wirklich kontraproduktiv! Daran schlossen sich unter den älteren Anwesenden Erinnerungen an lebendige Jugendgruppen mit gesellschaftlichem Engagement und intensiven Gemeinschaftserlebnissen in den 1970er- und 1980er-Jahren an. Und sei der Pfarrer nicht selber über die Jugendarbeit zum Theologiestudium gekommen?

Die Hauptamtlichen fühlen sich angegriffen und unter Druck gesetzt. Sie erläutern die Situation und fragen, woher sie erstens die interessierten Jugendlichen und zweitens die Kapazitäten für die Jugendarbeit nehmen sollten. Es seien nun einfach andere Zeiten als damals. Zufrieden sind sie aber auch nicht mit der Situation und nehmen sich vor, die Jugendarbeit als Thema in einem der nächsten Pfarrkon-

vente anzuregen – denn ihnen ist bewusst, dass das nicht nur ein Thema ihrer Gemeinde ist, sondern auch andere Gemeinden beschäftigt und eigentlich die gesamte Kirche beschäftigen muss.

Szenario 2:
*In der David-Gemeinde hingegen bildet die Jugendarbeit schon lange einen Schwerpunkt der Gemeindearbeit. Die Vorgänger*innen des jetzigen Teams haben sie mit viel Engagement aufgebaut, und die Leidenschaft für diesen Bereich steht seitdem in allen Stellenausschreibungen ganz oben. Die Gemeindepädagogin ist ausschließlich für die Jugendarbeit zuständig und auch der Großteil der Arbeitszeit des Pfarrers geht dort hinein, während die Pfarrerin für die sonstige Gemeindearbeit zuständig ist. Als die gemeindepädagogische Stelle reduziert werden sollte, haben Eltern umgehend einen Förderverein gegründet, der die Stelle jetzt zur Hälfte finanziert. Es gibt zwei wöchentliche Jugendgruppen sowie einen offenen Jugendtreff an zwei Abenden, regelmäßige Jugendgottesdienste, zwei Jugendfreizeiten in jedem Jahr und etliche Eventwochenenden und Projekte, für die die Jugendlichen viel Engagement einbringen. Jedes Jahr gibt es eine intensive Teamer*innenausbildung, die viele Jugendliche befähigt und motiviert, sich in der Konfi-Zeit und der Kinderbibelwoche zu engagieren. Und neulich kam unter einigen älteren Jugendlichen die Idee auf, ob sie nicht eine Chatseelsorge von Jugendlichen für Jugendliche anbieten könnten, für die sie natürlich eine Fortbildung bräuchten.*

Mit dieser florierenden Arbeit erreicht die Gemeinde Jugendliche aus der gesamten Region und weiten Teilen des Kirchenkreises. Es gibt Fahrgemeinschaften von Eltern und älteren Jugendlichen aus den Dörfern und auch einen Gemeindeshuttle mit dem gesponsorten Kleinbus. Nach an-

fänglichen Konkurrenzen haben die anderen Gemeinden dies akzeptiert und fühlen sich teilweise auch entlastet.

Als kürzlich die aktuelle Pfarrstellenplanung vorgestellt wurde, hat die Gemeinde mit Schrecken realisiert, dass sie in wenigen Jahren eine der beiden Pfarrstellen verlieren wird. Dies wird sofort auf die Tagesordnung des nächsten Kirchenvorstands gesetzt (in dem die Jugend sehr gut vertreten ist). Alle sind sich einig, dass dies die gut laufende Arbeit enorm beeinträchtigen wird. Die Vorsitzende des Kirchenvorstands bittet um kreative Ideen. Als eine solche wird genannt, dass die Gemeinde künftig nur noch Jugendarbeit macht und alles andere einstellt. »Wir würden eine echte Jugendgemeinde!«, sagt jemand. Die Idee findet Zustimmung und Ablehnung. Was sollen dann die älteren Menschen machen? Was ist mit den Trauungen und Beerdigungen? Und dürften wir das eigentlich? Wenn überhaupt, braucht es Absprachen mit den Nachbargemeinden und im Kirchenkreis, darüber sind sie sich schnell einig. Und einen behutsamen Übergang, merkt noch jemand an. Sie einigen sich, dass dieser Weg weiterverfolgt und geprüft werden soll, merken aber, dass das ein großer Schritt wäre.

Szenario 3:
Aus einer privaten christlichen Initiative heraus gestartet, bildet das Zentrum »Dornbusch« mittlerweile einen kirchlichen Erprobungsraum. In der Sporthalle und auf dem Außengelände einer ehemaligen Schule können Kinder und Jugendliche in einem Wohngebiet mit großen sozialen Problemen auf der Grundlage christlicher Werte Sport treiben. Sie werden in ihren Talenten gesehen und gefördert, erleben Gemeinschaft und verlässliche Begleitung. Viele wachsen erkennbar in ihrem Selbstbewusstsein und ihren sozialen Kompetenzen.

*Die diversen sportlichen Aktivitäten werden jeden Tag gerahmt von einem »Geschenk«, was anderswo Andacht oder geistlicher Impuls heißt: Eine*r der Jugendlichen teilt einen inspirierenden Gedanken, ein Lied oder etwas anderes, was ihr*ihm wertvoll ist, mit den anderen.*[1]

*Bislang ist die Rechtsform des Dornbusch-Zentrums ein eingetragener Verein, zu dessen Vorstand überwiegend die Gründer*innen gehören. Sie sind mittlerweile aber auch ein Erprobungsraum ihrer Landeskirche geworden. Die wesentliche Motivation für ihre Bewerbung war, dass sie sich selbst als Kirche begreifen, weil sie finden, dass sie genau das tun, was Aufgabe der Kirche ist: Jugendliche in schwierigen Lebensverhältnissen die Chance zu geben, der unbedingten Liebe Gottes zu begegnen, was für sie viel verändern kann. Aber auch die finanzielle Unterstützung ist willkommen, denn die reine Spendenbasis braucht viel Anstrengungen und begrenzt notwendige Sanierungsarbeiten. Und wenn die Gründungsgeneration irgendwann abtritt, wäre es hilfreich, einer größeren Struktur anzugehören. Gespräche mit den umliegenden Gemeinden, dem Kirchenkreis und der Landeskirche zeigen, dass man ihre Arbeit sehr schätzt und sie irgendwie auch als Kirche versteht. Sie aber als Gemeinde anzuerkennen sei rechtlich schwierig und es sei ja auch keine richtige Gemeinde, sondern eher eine christliche Initiative. Die Verantwortlichen fragen sich zunehmend, was denn eigentlich eine Gemeinde ausmacht und ob das Kirchenrecht noch zeitgemäß ist, wenn es Gemeinde so eng denkt. Beim*

1 Bei dieser Beschreibung habe ich mich inspirieren lassen von der »Villa Wertvoll« in Magdeburg, einem Kinder- und Jugendkulturhaus, in dem junge Menschen musikalisch, im Schauspiel und Tanz künstlerisch tätig werden können. Vgl. Bettina Becker: »Nenn es nicht Kirche«. Die Villa Wertvoll in Magdeburg, in: PrTh 59 (2024), 136-140, 136. Dies bedeutet nicht, dass ich den Verantwortlichen für die »Villa Wertvoll« die hier geschilderten Überlegungen unterstelle.

nächsten Treffen der Erprobungsräume möchten sie dies thematisieren und den Anstoß geben, über ein Gemeindebild der Zukunft nachzudenken.

1. Vor welchen Herausforderungen stehen die Gemeinden?

Dass die Kirche (auch) eine Kirche für Jugendliche sein muss, dürfte schon im Blick auf ihre Zukunft weitgehend Konsens sein. Gleichzeitig bündeln sich im Handlungsfeld Jugendarbeit die Herausforderungen, vor denen die Kirche insgesamt heute steht. Der viel zitierte demografische Wandel bedeutet, dass die Zahl jüngerer Menschen im Verhältnis zu den älteren deutlich gesunken ist. Zwar stieg im letzten Jahrzehnt die Geburtenrate wieder etwas an, aber es besteht weiterhin ein Geburtendefizit, während Menschen gleichzeitig durchschnittlich immer älter werden.[2] Durch die Zuwanderung wird der jüngere Teil der Bevölkerung zwar ein wenig gestärkt, aber aufgrund der Religionszugehörigkeiten profitiert die evangelische Jugendarbeit davon so gut wie gar nicht und die katholische sehr begrenzt. Im Gegenteil – zu dem demografischen Wandel kommt der Rückgang der Kirchenmitglieder hinzu, der wiederum bei den jungen Menschen überdurchschnittlich ausgeprägt ist: Häufig bildet die Aufnahme der Berufstätigkeit (womit die Zahlung von Kirchensteuern verbunden ist) den letzten Anstoß für den Austritt, worauf in der Regel später die eigenen Kinder nicht getauft werden. Dieser Rückgang hat in den letzten Jahren deutlich Fahrt aufgenommen: Zwi-

2 Vgl. https://www.destatis.de/DE/Themen/Querschnitt/Demografischer-Wandel/demografie-mitten-im-wandel.html (27.5.2024).

schen 2019 und 2030 wird voraussichtlich die Quote von Kirchenmitgliedern unter den Schüler*innen von 50 % auf 40 % sinken (man rechnet dann mit 19 % evangelischen und 21 % katholischen Schüler*innen).[3]

Gleichzeitig geht die kirchlich geprägte Religiosität zurück. Jugendliche wachsen heute wesentlich seltener als noch vor 50 und auch noch seltener als vor 20 Jahren in einer Familienkultur auf, in der Kirche zumindest im Hintergrund eine Rolle spielt. Die kirchliche Jugendarbeit kann sich daher nicht mehr auf christlich sozialisierte Kirchenmitglieder ausrichten, sondern muss noch attraktiver werden für Jugendliche ohne religiöse Bezüge oder mit anderen als evangelischen. Dies braucht einen anderen Blick, teilweise neue Konzepte und auch Kompetenzen seitens der Verantwortlichen. Sie müssen beispielsweise Grundlagen des christlichen Glaubens alltagsnah plausibel machen und seinen Mehrwert für das Leben nicht nur formulieren können, sondern auch erlebbar werden lassen.

Das bedeutet: Jugendarbeit muss heute in sich selbst plausibel und relevant für Jugendliche sein. Und dies steht in Konkurrenz zu den vielfältigen Freizeitangeboten. Durch die Digitalisierung kann sie auch nicht mehr darauf setzen, im ländlichen Raum eines von wenigen Freizeitangeboten zu sein, denn man kann seine Kontakte von überall aus pflegen und gemeinsamen Aktivitäten nachgehen. Aufgrund der großen Bedeutung anderer Jugendlicher als »Peer-Group« braucht kirchliche Jugendarbeit jedoch gleichzeitig eine kritische Masse an Akzeptanz und »Likes«, um attraktiv zu sein. Dies ist in den ländlichen Räumen noch herausfordernder als in den städtischen, weil diese – besonders in Ostdeutschland – stärker überaltert und zudem verkehrstechnisch oft schlecht angebunden sind.

3 Vgl. Wolfgang Ilg: Jugendarbeit gestalten (Praktische Theologie konkret Bd. 4), Göttingen 2021, 19.

Gleichzeitig ist »Jugend« heute wesentlich vielfältiger, als sie es bis in die 1980er-Jahre hinein war. Auch unter Jugendlichen sind »Milieus« auszumachen (vgl. dazu ausführlich Kapitel 8), die unterschiedliche Lebensstile und Lebensorientierungen, unterschiedliche Kommunikationswege und Interessen repräsentieren. Angebote erreichen daher immer nur bestimmte jugendkulturelle Milieus.

Eine weitere Herausforderung entsteht durch den Trend zur Ganztagsschule, der kaum Raum lässt für wöchentliche Freizeitaktivitäten wie die klassische Jugendgruppe. Die Wochenenden hingegen sind in den Gemeinden häufig schon mit anderen Aktivitäten belegt. Daher wird vielfach über Kooperationen mit der Schule nachgedacht und diese werden teilweise bereits umgesetzt.

Insofern ist die Jugendarbeit noch stärker als andere Handlungsfelder genötigt, neue Formen zu finden, die realistisch und gleichzeitig attraktiv sind. Dabei liegen auch Kooperationen mit evangelischen Jugendverbänden, mit der katholischen Kirche oder mit Freikirchen, mit muslimischen oder jüdischen Initiativen und möglicherweise auch mit kommunalen Einrichtungen nahe. Dies geschieht zwar teilweise, aber gleichzeitig ist zu bemerken: »Irritierenderweise erweist sich die Jugendarbeit aber längst nicht überall als ein Ort des Aufbruchs, sondern ist oftmals vom Beharren auf etablierte Strukturen gekennzeichnet.«[4] Für die Zukunft der Jugendarbeit ist es hingegen wichtig, sich auf ihren grundlegenden Auftrag zu besinnen. Zentral dafür ist, dass kirchliche Jugendarbeit nicht primär in der Perspektive der kirchlichen Nachwuchsgewinnung gedacht, sondern um der jungen Menschen willen gestaltet wird – wie es dem christlichen Menschenbild und dem theologischen Auftrag der Kirche entspricht.

4 A.a.O., 21.

2. Was man dazu wissen sollte

2.1 Jugendliche und Kirche heute

Brauchen, wollen Jugendliche Kirche? Ist Religion überhaupt wichtig und interessant für junge Menschen? Beides dürfte mit »es kommt darauf an« zu beantworten sein.

Kinder und Jugendliche begegnen Religion heute auf vielfältigen Wegen: nach wie vor (wenn auch bei Weitem nicht zuverlässig) in der Familie, in der Kita und der Schule, unter ihren Freund*innen, im Film und in der Werbung, und vor allem auch in den sozialen Medien. Die religiösen Inhalte, denen sie begegnen, entstammen unterschiedlichen religiösen Hintergründen. Nach wie vor spielt das Christentum in Europa eine größere Rolle als andere Religionsgemeinschaften, aber für junge Menschen sind interreligiöse und religionslose Perspektiven heute selbstverständlich. Diese Einflüsse und religiösen Stile können mehr oder weniger anschlussfähig an kirchliche Kontexte sein. Das traditionelle Monopol für Religion hat die Kirche jedoch in der Gesellschaft insgesamt und besonders für Jugendliche längst verloren. Entsprechend muss sich die Kirche dialogisch präsentieren und keine Wahrheiten behaupten, sondern Überzeugungen plausibilisieren.

Jugendstudien zeigen, dass die Bedeutung des christlichen Glaubens für Jugendliche in den letzten Jahrzehnten erheblich abgenommen hat. Auch unter den evangelischen Jugendlichen ist es nach der Shell-Jugendstudie 2019 nur einem Viertel wichtig, an Gott zu glauben.[5] Interessanterweise bezeichnen sich immer weniger Jugendliche als »religiös« und verwenden

5 Vgl. Deutsche Shell (Hg.): Jugend 2019. Eine Generation meldet sich zu Wort. 18. Shell Jugendstudie, Weinheim 2019, 153.

stattdessen den Begriff »gläubig«. Während dieser bis vor einigen Jahren noch mit einer intensiveren Frömmigkeit assoziiert wurde und die Bezeichnung »religiös« unverbindlicher erschien, wirkt sich jetzt der Einfluss der englischen Sprache aus: »Religion« und »religiös« werden in der jungen Generation zunehmend mit der Kirche als Institution identifiziert, während »gläubig« und »spirituell« eher den persönlichen, ungebundenen Glauben meinen. Dies zeigt, dass eine Distanz zur Kirche keineswegs bedeutet, dass man Glaubens- und Sinnfragen nicht stellt, und nicht einmal, dass man sie nicht in einem Horizont des Göttlichen beantwortet.

Gleichzeitig nimmt die Zahl der Jugendlichen zu, die von sich sagen, dass sie nicht wissen, ob und was sie glauben. Diese Haltung bedeutet kein klares nicht-religiöses Selbstverständnis. Sie ist eher zu verstehen als ein unabgeschlossener Suchprozess (mit offenem Ergebnis), der für Jugendliche heute selbstverständlicher ist als in früheren Generationen, in denen die religiösen Vorgaben wesentlich stärker waren. Das kann beispielsweise lauten: »Ich glaube nicht, dass ich nicht an Gott glaube [...]. Also ich fänd's ganz schön, wenn es stimmen würde.«[6]

Im Grunde entspricht dies auch der Jugendphase, sich im Leben und im Glauben zu orientieren, unterschiedliche Möglichkeiten auszuprobieren und die Antworten offenzuhalten. In dieser »fluiden« Haltung werden Impulse aus der christlichen Tradition experimentell ausprobiert und »getestet«, ob sie sich als lebensdienlich erweisen. So zeigt beispielsweise eine ostdeutsche Studie, dass sich Jugendliche ohne Kontakt zu Religion oder Kirche durch Vorbilder in den sozialen Me-

6 Zitat aus: Albrecht Schöll: Jugend und Religion aus soziologischer Perspektive, in: Heidi Albrecht u. a. (Hg.): #religionsundkultursensibel. Perspektiven für die Arbeit mit Kindern und Jugendlichen in evangelischen Kontexten, Leipzig 2018, 131-137, 135.

dien anregen lassen, eine Gebetspraxis auszuprobieren – und nach dem Muster von *trial and error* bleiben sie dabei, wenn sie ihnen guttut.[7] Welche religiösen Fragen für Jugendliche eine Rolle spielen, ist selbstverständlich sehr individuell. Dennoch lassen sich einige für diese Lebensphase typischen Themen identifizieren. So geht es für Jugendliche häufig um

- den Sinn ihres Lebens
- ihre Identität
- die Bewältigung des Alltags
- die Bewältigung von Kontingenz, Krisen und Tod
- ihre Zukunft/Lebensträume (mit der Hoffnung, dass es einen Gott gibt, der sie nicht allein lässt)
- Sünde, Schuld, Versagen und Vergebung (»wenn es schiefgeht«)
- Spiritualität und Transzendenz
- Orientierung (»wie soll ich leben?«)
- Gottesbilder (»existiert Gott und wie sieht er*sie aus?«)
- Nachdenken über den Glauben und theologische Fragen[8]

Der Kirche trauen allerdings viele Jugendliche nicht zu, dass sie ihnen bei diesen Fragen weiterhilft. Das bedeutet jedoch nicht, dass Jugendliche die Kirche ablehnen. Sie können deren Existenz durchaus als sinnvoll ansehen – allerdings nicht für sich selbst, sondern für ältere und bedürftige Menschen. Vielen erscheint die Kirche ihrer Lebenswelt fern: zum einen, weil ihnen die Inhalte altmodisch und/oder unverständlich erscheinen, und zum anderen, weil sie in ihr keine Bedeutung

7 Vgl. Sarah Demmrich: Religiosität und Rituale. Empirische Untersuchungen an ostdeutschen Jugendlichen (Arbeiten zur Praktischen Theologie Bd. 62), Leipzig 2016, 169.

8 Vgl. Michael Freitag: Jugend und Religion – Jugend und Glaube. Empirische Daten und Beobachtungen, in: Albrecht u. a. (Hg.), #religionsundkultursensibel, 110-122, 117-122.

für ihr Leben sehen. Dies aber kann rasch dazu führen, dass ihnen der Austritt aus der Kirche naheliegend erscheint, wenn sie nach der Aufnahme einer Berufstätigkeit ihren ersten Kirchensteuerbescheid bekommen.

Entsprechend sieht es ganz anders aus, wenn Jugendliche Kontakt zu einer Gemeinde oder einer kirchlichen Einrichtung bekommen, in der sie ihre eigenen Räume gestalten, ihre eigenen Formen finden und sich mit anderen Jugendlichen und möglicherweise auch erwachsenen Bezugspersonen über Themen auseinandersetzen können, die ihnen am Herzen liegen. Kirche kann zu einem »Ort der Möglichkeiten« werden: »Junge Menschen bevölkern dann im Sommer den Pfarrgarten, gestalten aus eigener Initiative gemeinsame Wochenenden, arbeiten beim Konfi-Camp mit und setzen sich für Klimaschutz oder geflüchtete Menschen ein.«[9]

Dabei spielen die digitalen Formen von Kirche mittlerweile eine wichtige Rolle. Jugendliche leben heute »onlife«, sodass analoge und digitale Dimensionen verschwimmen. Dabei gibt es rein digitale Formen, zunehmend auch im kirchlichen Bereich, aber auch etliche Varianten mit digitalen und analogen Anteilen. Jugendliche nutzen diese Varianten so, wie sie ihnen hilfreich erscheinen. So berichtet beispielsweise eine Pfarrerin, dass die Konfirmand*innen, die sie wöchentlich sieht, sich mit Problemen und Sorgen eher digital an sie wenden, als dass sie das Präsenzgespräch suchen.[10]

Wenn Jugendliche zur Kirche finden, geschieht dies aus unterschiedlichen Motiven. Darunter sind die sozialen Beziehungen jedoch besonders wichtig: Jugendliche selbst sind die besten Botschafter*innen für die kirchliche Jugendarbeit.

9 Ilg, Jugendarbeit, 19.

10 Vgl. Uta Pohl-Patalong: Seelsorge auf Social Media. Einblicke in die seelsorgliche Arbeit von Sinnfluencer*innen, in: PrTh 59 (2024), 17-31, 24.

2.2 Ziele und Inhalte kirchlicher Jugendarbeit

Für die Jugendarbeit gilt grundsätzlich der gleiche Auftrag wie für die Kirche insgesamt: Junge Menschen sollen die Möglichkeit bekommen, der unbedingten Liebe Gottes so zu begegnen, dass sie in ihrem Leben bedeutsam wird. Dies kann auf ganz unterschiedlichen Wegen geschehen: in (jugendgemäßen) Gottesdiensten ebenso wie in intensiven Gemeinschaftserlebnissen, im Zeltlager ebenso wie im generationenübergreifenden Projekt und im Einsatz für die Seenotrettung Geflüchteter ebenso wie beim Teilen von belastenden oder ergreifenden Erfahrungen des Lebens.

Für die Jugendarbeit ist dabei wesentlich, dass zwar Impulse gesetzt werden, aber Jugendlichen der Raum gegeben wird, diese selbstständig zu verarbeiten und darin ihren persönlichen Zugang zur Erfahrung der Liebe Gottes zu entdecken – oder manchmal eben auch nicht zu entdecken. Gerade wenn Jugendliche kein christliches Vorwissen mitbringen, kann es herausfordernd sein, Abstand zu nehmen von dem »katechetischen« Ansatz, nach dem junge Menschen die grundlegenden christlichen Inhalte erst einmal lernen müssten. Stattdessen sollte die Jugendarbeit Erfahrungsräume eröffnen, in denen junge Menschen sich und ihre Gedanken und Ideen von Anfang an einbringen können. Das gilt für die religiösen Inhalte ebenso wie für die Formen von Gemeinschaft, das gottesdienstliche Feiern oder das gesellschaftspolitische Engagement. Dann müssen auch nicht seitens der Hauptamtlichen die Bezüge zwischen den christlichen Inhalten und der Lebenswirklichkeit von Jugendlichen gefunden werden, sondern die Jugendlichen werden angeregt, sie selbst wahrzunehmen und zu entdecken.

2.3 Gestaltungsformen kirchlicher Jugendarbeit

Wenn bisher die Rede von »Jugendarbeit« war, verbergen sich dahinter unterschiedliche Organisationsformen und Formate von Angeboten für junge Menschen. Die bekanntesten davon sind:

Die regelmäßige Gruppe

Diese Form war bis vor einigen Jahrzehnten die in Gemeinden übliche Form von Jugendarbeit, und die gibt es trotz der genannten Schwierigkeiten auch heute noch, vor allem für Kinder und jüngere Jugendliche. Sie kann wöchentlich, zweiwöchentlich oder monatlich stattfinden, sie kann inhaltlich gestaltet werden oder gemeinsame Zeit zum »Chillen« bieten, sie kann mit und ohne explizit christliche Elemente wie Andachten oder Lieder stattfinden, sie kann hauptamtlich oder von jugendlichen Teamer*innen geleitet werden und sie kann Selbstzweck sein oder mit sozialen Aktionen verbunden werden. Von dieser Form werden überwiegend junge Menschen mit bildungsbürgerlichem Hintergrund angesprochen. Im Vordergrund steht der Gemeinschaftscharakter, dem in dieser Lebensphase eine besondere Bedeutung zukommt: Während in anderen Freizeitbeschäftigungen wie Sport oder Musik das Wettbewerbselement häufig eine Rolle spielt, bieten Jugendgruppen »Lebens- und Beziehungsräume, in denen [die Jugendlichen] ›einfach so‹ sein dürfen«[11].

Für das Selbstverständnis ist eine gewisse Verbindlichkeit und eine Identifikation als Gruppe nötig, was auch Abgrenzungstendenzen beinhaltet. Gleichzeitig muss die Gruppe offen sein für neue Mitglieder, die auch der Gruppenkultur guttun.

11 Ilg, Jugendarbeit, 87.

Diese Form findet nach wie vor überwiegend in Präsenz statt, kann aber digital ergänzt werden, beispielsweise durch den Austausch in einer WhatsApp-Gruppe, gelegentliche Treffen per Video oder digitale Teilnahme von Gruppenmitgliedern, die sich für einen Schüler*innenaustausch im Ausland befinden.

Offene Jugendarbeit

Während die klassische Gruppe von dem sozialen Gruppengefühl lebt, ist die offene Jugendarbeit gerade nicht auf Verbindlichkeit angelegt. Wer möchte, kommt einfach vorbei und kann jederzeit gehen. Diese Form kann im Gemeindehaus stattfinden, häufiger ist sie jedoch in Jugendhäusern, auf Abenteuerspielplätzen oder Jugendfarmen zu finden. Die Zielgruppen sind entsprechend unterschiedlich, tendenziell werden aber häufiger Jugendliche aus Elternhäusern mit geringerem sozialen Status, teils auch in prekären Lebenssituationen erreicht. Insofern ist die Grenze zur Jugendsozialarbeit fließend.

Diese Form der Jugendarbeit bietet häufig zunächst einen geschützten Raum, in dem Jugendliche ihren Interessen nachgehen können. Wichtig ist aber auch das Angebot einer persönlichen und sozialen Begleitung und Beratung durch Hauptamtliche. Jugendspezifische Veranstaltungen wie Konzerte oder Kurse können hinzukommen. Dabei kann die Kirche mit säkularen Trägern kooperieren, manchmal auch mit Schulen. Nicht selten ist eine staatliche Refinanzierung möglich.

Projekte und Events

Kirchliche Jugendarbeit kann auch in Form von spezifischen Angeboten gestaltet werden, zu denen man sich jeweils neu entscheidet und die sich daher auf immer neue Gruppendynamiken einstellen muss. Die überregionale Jugendarbeit eines Kirchenkreises oder Dekanates arbeitet schon aufgrund ihres größeren Einzugsbereiches häufig in dieser Weise, aber auch Gemeinden können diese Variante wählen – je nach Kapazitäten in dichteren oder größeren Abständen und mit mehr oder weniger Vorbereitungsaufwand.

Der Zugang ist für Jugendliche niedrigschwellig, muss aber von der Kirche immer wieder neu eröffnet werden. Gleichzeitig werden dabei intensive Gemeinschaftserfahrung durch das gemeinsame Erleben ermöglicht, die nicht selten nachhaltig erinnert werden. Welcher Art diese Angebote sind, kann flexibel nach den Interessen und Bedürfnissen von Jugendlichen (und idealerweise gemeinsam mit ihnen) entschieden werden: Vom »Heaven-Festival« am Himmelfahrtswochenende über eine Klimasailtour bis zu einer Woche gemeinsamen Lebens, in der Jugendliche im Gemeindehaus oder der Kirche wohnen, ist vieles möglich.

Die Jugendkirche

Die Grundlage von Jugendkirchen ist ein Kirchengebäude, das Jugendliche selbst gestalten und nutzen. Insofern ist der sakrale Raum mit seinen religiösen Symbolen eine wichtige Basis des Modells. Er kann von den Jugendlichen nach ihren eigenen Vorstellungen (um-)gestaltet werden, sodass er wirklich zu ihrem Raum wird und ihrem Lebensgefühl entspricht.

Die Jugendlichen kommen in dem Kirchenraum zu Veranstaltungen und Zusammenkünften zusammen, die überwiegend von Jugendlichen für Jugendliche organisiert werden. In der Regel gibt es eine hauptamtliche Begleitung, die aber gerade nicht Angebote für Jugendliche konzipiert, sondern sie bei Bedarf unterstützt. Auch die Leitung einer Jugendkirche liegt überwiegend bei den Jugendlichen. Hauptamtliche haben eher die Rolle von Coaches oder Trainer*innen.

Jugendkirchen verstehen sich zunehmend als eigene Gemeinden, in denen Jugendliche gemeinsam Kirche leben und gestalten.[12] Neben Formen, in denen primär jugendgemäße Gottesdienste gefeiert werden, gibt es auch lebensweltlich orientierte Formen wie beispielsweise die Jugendkirche »Herzschlag«, die als Erprobungsraum der ev. Kirche in Mitteldeutschland anerkannt ist. Sie versteht sich als »eine Kirche, in der Teenager gemeinsam Leben teilen, Gottesdienste feiern, essen, arbeiten, lernen, gestalten und Feste feiern«, und als »ein Lebensraum, den die Jugendlichen für sich selbst und ihre Freunde gestalten und füllen«.[13] Dabei sind die Übergänge zur »Jugendgemeinde« fließend.

Die Jugendgemeinde

Auch Jugendgemeinden bilden weitgehend selbstorganisiert Kirche von Jugendlichen. Sie beruhen jedoch nicht unbedingt auf einem sakralen Raum, sondern es geht vor allem um eine »geistliche Heimat«, die auch in einem Gemeindehaus, einem Ladenlokal oder in einem Industriegebiet angesiedelt sein kann. Häufig haben sie ein eher evangelikales Frömmigkeitsprofil und sind traditionell eher in Freikirchen als in den großen Kirchen vertreten. Mittlerweile gibt es sie auch im Rahmen der Landeskirche in Form von »Fresh Expressions of Church« oder als Erprobungsräume. Auch dort steht meist ein von den Jugendlichen gestalteter regelmäßiger Gottesdienst im Zentrum.

Noch stärker als bei Jugendkirchen stellt sich bei Jugendgemeinden die Frage nach ihrem Gemeindestatus. Erst allmählich werden in den landeskirchlichen Verfassungen rechtliche

12 Vgl. programmatisch Tobias Fritsche: Jugendkirche als Gemeinde. Subjektive Theorien junger Menschen und kirchentheoretische Dimensionen, Stuttgart 2024.

13 https://www.herzschlag.me/ueber-uns/articles/herzschlag-junge-kirche.html (28.4.2024).

Möglichkeiten geschaffen, Jugendgemeinden und auch Jugendkirchen als vollgültige Gemeinden mit allen Rechten und Pflichten anzuerkennen. Dies ist beispielsweise wichtig für die Frage, ob man in der »gefühlten« kirchlichen Heimat auch formal Mitglied sein kann, oder dem Anliegen, sich dort taufen oder trauen lassen zu können, wo man den eigenen kirchlichen Ort hat.

Schulbezogene Jugendarbeit

Als Reaktion auf die Entwicklung, dass die Schule einen immer größeren Raum im Leben von Jugendlichen einnimmt, hat in den letzten Jahren die schulbezogene Jugendarbeit an Bedeutung gewonnen. Voraussetzung dafür ist die Überwindung der Annahme, dass die kirchliche Jugendarbeit in einem Gegensatz zu der von Zwang, Leitungsorientierung und Bewertung bestimmten Schule steht. Dies wird dadurch erleichtert, dass die Schule immer mehr zu einem Lebensraum für Jugendliche wird. Und wenn Jugendliche in ihren Lebenswelten unterstützt werden sollen, bietet schulbezogene Jugendarbeit gute Chancen dafür.

Verbreitet sind mittlerweile die sog. »Tage der Orientierung« bzw. »Tage ethischer Orientierung«, bei denen eine Gruppe Schüler*innen in ein kirchliches Tagungshaus oder auch in ein Kloster fährt oder sich unter der Leitung von hauptberuflichen Kirchenmitarbeitenden oder ehrenamtlichen Teamer*innen mit Lebens- und Sinnfragen beschäftigt. Es gibt aber auch kirchliche Angebote im Alltag der Schule wie ein Café für die Schüler*innen, teilweise mit dem Angebot zu seelsorglichen Gesprächen, sodass sich Schulseelsorge und Jugendarbeit ergänzen. Ebenso kann es Angebote zur Pausengestaltung oder in der Nachmittagsbetreuung seitens der Kirche geben.

Die Angebote sind (wie auch der Religionsunterricht) für alle Schüler*innen offen, selbstverständlich darf niemand zur

Teilnahme gezwungen werden. Dass kirchliche Angebote nicht weltanschaulich neutral sind, gehört zu ihrem Charakter und dies hat auch seinen Ort in der religiös pluralen Schullandschaft.

3. Welche Alternativen gibt es?

Die erste Alternative: Jugendarbeit mit Projekt- und Eventcharakter in einem Gemeindenetzwerk
Eine erste Möglichkeit besteht darin, in bestimmten (regelmäßigen oder unregelmäßigen) Abständen unterschiedliche Projekte für Jugendliche zu gestalten: eine *Dance Night* in der Kirche, einen Tageskurs zum Mixen alkoholfreier Cocktails, ein Nachhaltigkeitsfestival, ein Achtsamkeitswochenende, eine Paddelfreizeit in Schweden, einen Demokratieworkshop, einen Abend zum Reagieren auf rechtsextreme Sprüche etc. Die Themen und Formate sollten gemeinsam mit Jugendlichen entschieden und vorbereitet werden. Sinnvoll erscheint eine Mischung aus Präsenzveranstaltungen und digitalen Angeboten. Diese Variante kann auch einzelne Projekte in der Schule umfassen und damit Elemente der schulbezogenen Jugendarbeit einbeziehen.

Für diese Aktivitäten können sich verschiedene Gemeinden und/oder Einrichtungen für überregionale Jugendarbeit vernetzen, um den Kreis der Interessierten zu erhöhen und sich gegenseitig zu entlasten. Die Veranstaltungen können gemeinsam in den sozialen Medien, bei Konfirmand*innen und Teamer*innen beworben werden und damit eine große Reichweite bekommen.

Als *Vorteil* dieser Alternative ist zu nennen, dass es Veranstaltungen für Jugendliche in der eigenen Gemeinde gibt, die flexibel im Blick auf die Kapazitäten der Haupt- und Ehrenamtlichen sind. Dabei ist man nicht auf Jugendliche im lokalen Umfeld angewiesen, sondern erweitert den Kreis erheblich. In der Organisation kann man auf die Expertise der überregionalen Jugendarbeit und auch potenziell von jugendarbeitserfahrenen Kolleg*innen zurückgreifen. Zudem ist ein breites Spektrum von Veranstaltungen möglich, mit dem unterschiedliche Jugendmilieus angesprochen werden können.

Ein *Nachteil* ist, dass jedes Projekt neu organisiert und koordiniert werden muss und häufig Neuland betreten wird. Auch wenn man im Jahreskalender dafür Raum vorsieht, findet es letztlich zusätzlich zum gemeindlichen Alltag statt. Es gibt verhältnismäßig wenig Kontinuität. Die Kultur kurzfristiger Pläne in der jüngeren Generation erschwert die Vorbereitung. Zudem ist die Arbeitsform auf gelingende Kooperationen angewiesen.

Die zweite Alternative: Jugendarbeit als Profil eines Standortes in der Region

Im Kontext der Regionalisierung oder Fusion zu einer Großgemeinde bietet es sich an, einem der Standorte das Profil »Jugendarbeit« zu geben. Idealerweise mit einer dafür geeigneten oder umbaubaren Kirche finden dort Jugendgottesdienste und unterschiedliche Veranstaltungen für Jugendliche bzw. mit Jugendlichen statt. Mindestens eine hauptamtliche Person ist intensiv mit diesem Schwerpunkt befasst (und künftig wird die Stelle auch gezielt für das Profil Jugendarbeit ausgeschrieben). Wichtig erscheint dabei, dass die Jugendlichen die Person als »ihre« Mitarbeiterin oder Pfarrperson wahrnehmen. Die Jugendlichen müssen dann verbindlich in die Gremien und Entscheidungsstrukturen der Gemeinde eingebunden sein und die Sitzungen so gestaltet werden, dass ihnen eine Teilnahme auf Dauer gut möglich ist.

Es ist denkbar, auch diese Alternative mit schulbezogener Jugendarbeit zu verbinden, sodass die kirchliche Jugendarbeit mit der Schule kooperiert und beispielsweise Tage der Orientierung oder andere regelmäßige Aktivitäten für schulische Lerngruppen durchführt.

Ein *Vorteil* dieser Alternative ist, dass Jugendliche einen klar definierten Ort in der Gemeinde oder Region erhalten, an dem sie sich verwurzeln und vernetzen können. Eine Person mit Leidenschaft und Kompetenzen dafür verantwortet diesen Bereich gemeinsam mit Jugendlichen als klare Ansprechperson und bietet eine verlässliche Beziehung an. Es kann eine Vernetzung mit der Konfi-Zeit erfolgen, die an diesem Ort stattfinden und in die Jugendarbeit hineinführen kann.

Ein *Nachteil* dieser Variante besteht darin, dass eine generationenübergreifende Arbeit eigens organisiert werden muss – wobei man zugestehen muss, dass sie sich auch in einer Gemeinde ohne spezifisches Profil selten von selbst ergibt. Wie bei jeder Profilbildung muss eine gute Kommunikation und eine sorgsame Begleitung für diejenigen, die jetzt eine andere kirchliche Heimat finden müssen, gegeben sein. Zudem müssen junge Menschen den Ort wechseln, wenn sie dem Jugendalter entwachsen und sich weiterhin kirchlich orientieren möchten.

Die dritte Alternative: Jugendkirche/Jugendgemeinde

Verwandt damit, aber noch einmal mit einem anderen Charakter ist die Entscheidung für eine Jugendkirche, die sich auch als Jugendgemeinde verstehen kann. In dieser Variante liegt die Entscheidungsmacht und Gestaltungkraft noch stärker als in der zweiten Alternative bei den Jugendlichen. Die hauptamtliche Person nimmt eine eher begleitende und unterstützende Rolle ein. Der von den Jugendlichen gestaltete Kirchenraum bekommt eine wichtige Bedeutung. In ihm finden nicht nur die Gottesdienste, sondern auch andere Veranstaltungen statt und möglicherweise sogar der gemeinsam gelebte Alltag der Jugendlichen.

Jugendkirchen müssten entweder als eigene Gemeinden anerkannt werden, in der Jugendliche miteinander und in selbst gewählten Formen ihren Glauben entdecken, ausprobieren und leben, oder alternativ als Profilkirche innerhalb einer Großgemeinde bestehen. Wesentlich ist in jedem Fall, dass die Jugendlichen über die Gestaltung dieses Ortes und die dort stattfindende Arbeit selbstständig entscheiden und die Verantwortung dafür tragen.

Ein *Vorteil* dieser Variante besteht darin, dass sie den Grundsätzen der Subjektorientierung und Partizipation von Jugendarbeit in einem besonders hohen Maße entspricht. Wird sich die zweite Alternative möglicherweise zwischen einer Kirche für Jugendliche und mit Jugendlichen bewegen, kann hier von einer Kirche von Jugendlichen gesprochen werden – wobei die Übergänge fließend sind. Auch hier gibt es den klar erkennbaren kirchlichen Ort als Heimat für Jugendliche.

Die *Nachteile* dieser Variante entsprechen im Wesentlichen denen der zweiten Alternative.

4. Anregungen zur Weiterarbeit

Fragen auf dem Weg zu einer eigenen Position

- Welche Bilder hatten Sie bisher von kirchlicher Jugendarbeit? Haben sie sich durch die Lektüre dieses Kapitels verändert?
- Welche Rolle hatten Jugendliche bisher ihren Vorstellungen nach in der Kirche? Wie sehr war diese Rolle von der (Mit-)Gestaltung der Gemeinde geprägt?

- Was würden Sie Ihren Kindern, Patenkindern, Nichten/ Neffen, Enkelkindern oder anderen jungen Menschen, die Sie kennen und schätzen, im Zusammenhang mit kirchlicher Jugendarbeit wünschen?
- Was hat die Gemeinde davon, Jugendarbeit anzubieten? Was hat sie davon, keine Jugendarbeit anzubieten?
- Welche Vor- und Nachteile hat dies für die gesamte Kirche?
- Welche der drei Handlungsalternativen wäre Ihnen emotional die nächste? Warum? Welche würden Sie rational befürworten?

Ein biblisch-bibliologischer Impuls:

Jeremia 1,4-10: Die Berufung eines jungen Menschen zum Propheten (Übersetzung der Basisbibel)
Da kam das Wort des HERRN zu mir: »Bevor ich dich im Mutterleib geformt habe, kannte ich dich. Bevor du von deiner Mutter geboren wurdest, warst du schon heilig für mich. Zum Propheten für die Völker habe ich dich bestimmt.«

Ich antwortete: »Ach, mein Gott und HERR, ich kann nicht gut reden! Denn ich bin noch zu jung.«

Doch der HERR erwiderte: »Sag nicht, dass du zu jung bist, sondern geh, wohin ich dich sende! Und verkünde alles, was ich dir auftrage! Fürchte dich nicht vor ihnen, denn ich bin mit dir und werde dich retten!« – So lautet der Ausspruch des HERRN.

Dann streckte der HERR seine Hand aus und berührte meinen Mund. Der HERR sagte zu mir: »Ich lege meine Worte in deinen Mund. Sieh her: Ich gebe dir heute einen Auftrag. Über Völker und Königreiche stelle ich dich. Du sollst ausreißen und einreißen, zerstören und vernichten, aber auch aufbauen und pflanzen.«

Was für ein Auftrag an einen jungen Menschen! Dessen Einwand, dass das Prophetendasein nicht altersangemessen sei, lässt Gott nicht gelten, sondern widerspricht dem explizit: Das Alter ist völlig gleichgültig. Entscheidend ist, welche Lebensaufgabe Gott für den Menschen vorgesehen hat. Diese Entscheidung ist schon lange vor der Geburt gefallen: Er soll als Prophet für die Völker wirken.

Bei dem jungen Menschen mag das sehr unterschiedliche Gefühle ausgelöst haben: Erschrecken vor der großen Aufgabe und Überforderung, Stolz über das Auserwähltsein, viele Fragen, Angst vor dem, was das konkret bedeutet ... Gott verneint nicht, dass es anstrengend und auch riskant ist; nicht einfach zu tun und zu leben wie andere auch, sondern eine herausgehobene Position innezuhaben und unbequeme Wahrheiten zu verkünden, die Menschen nicht unbedingt hören wollen. Aber er sagt zu, den jungen Menschen niemals zu verlassen und wenn es nötig wird, ihn immer wieder zu retten.

Ob ihm das geholfen hat? Ohne diese Zusage wäre es zumindest wohl kaum möglich, solch einem Auftrag nachzukommen und einer solchen Machtfülle gerecht zu werden. Gott stellt einen offensichtlich sehr jungen Menschen über die politischen Machthaber und die staatlichen Strukturen und gibt ihm den Auftrag und die Macht, (lebensfeindliche) Strukturen zu beseitigen und (lebensfreundliche) Verhältnisse neu zu gestalten.

Man stelle sich einmal vor, wie eine solche Konstellation die Welt – und die Kirche – heute verändern würde!

Eine methodische Idee für die gemeinsame Arbeit in einem kirchlichen Gremium:

Mit Jugendlichen im Gespräch
Jugendarbeit von den Jugendlichen als Subjekte her zu denken, ist nicht möglich, ohne mit ihnen im Gespräch zu sein und ihre Ideen und Vorstellungen wahrzunehmen und ernst zu nehmen.

Ein Abend oder besser ein Tag oder ein Wochenende eines Gremiums gemeinsam mit mehreren Jugendlichen (idealerweise gleich viele, wie das Gremium Mitglieder hat) sollte sorgfältig in einer aus beiden Gruppen zu gleichen Teilen besetzten Vorbereitungsgruppe geplant worden sein. Sie sollten unterschiedliche interaktive Zugänge auswählen, mit denen die Perspektiven von Jugendlichen auf die Kirche und die Gemeinde und ihre Vorstellungen einer jugendgerechten Kirche nicht einfach nur dargelegt werden, sondern mit denen sich die anderen Generationen intensiv auseinandersetzen. Dafür bieten sich Perspektivenwechsel mit Rollenspielen, gemeinsame Arbeit an Bildern, intensive Zweier- oder Vierergespräche zu Details an, die sich mit vielen auflockernden und Energie vermittelnden methodischen Elementen abwechseln könnten.

Wichtig wäre dabei, das Ziel dieses Treffens klar zu definieren und im Vorhinein transparent zu machen, inwieweit die Jugendlichen nicht nur gehört, sondern ihnen auch Mitbestimmung und Mitentscheidungsbefugnisse zugestanden werden.

Kapitel 8
Erwachsenenbildung

Einstieg: Szenen aus der kirchlichen Praxis

Szenario 1:
*Der Kirchengemeinderat der Lukas-Gemeinde, die nach der Fusion vor 10 Jahren die ganze Kleinstadt umfasst, hat sich für seine Jubiläumsklausurtagung eine gründliche Bestandsaufnahme der gemeindlichen Arbeit vorgenommen. Ihre Handlungsfelder und Aktivitäten waren damals nach längerer Diskussion passend auf die Standorte verteilt worden: Die Arbeit mit Familien nahe am Neubaugebiet, die Senior*innenarbeit bei Einrichtungen für alte Menschen, der diakonische Schwerpunkt in der Nähe des Bahnhofs und die Innenstadtkirche ist zur Jugendkirche geworden. Das passt eigentlich alles recht gut, ist die übereinstimmende Meinung. Als die Gruppe gerade dazu übergehen möchte, die einzelnen Handlungsfelder im Detail anzugucken, meldet sich eines der nachgerückten Kirchengemeinderatsmitglieder. Sie möchte doch einmal anmerken, dass sie als Single im mittleren Erwachsenalter außerhalb des Gottesdienstes eigentlich keine Aktivitäten finde, die sie ansprechen würden. Ob es denn in der ganzen Stadt wirklich keine Angebote für Erwachsene ohne Familienbezug gebe?*

*Die anderen Kirchengemeinderatsmitglieder können nach einigem Nachdenken auf einige Projekte wie die jährliche »Vesperkirche« am diakonischen Standort oder die Ausstellung einer lokalen Künstlerin in der Kirche mit Schwerpunkt Senior*innenarbeit verweisen, und auch die Konzerte in den verschiedenen Kirchen seien ja für alle gedacht. Sie müssen aber zugeben, dass Erwachsene ohne Familie und* *ohne größere soziale Herausforderungen vor der Phase des Älterwerdens nicht richtig im Blick sind. Bei der Fusion sei im Wesentlichen aufgeteilt worden, was es an Handlungsfeldern vorher schon gab, erinnert sich jemand – und auch da kamen Erwachsene als Zielgruppe eigentlich nicht vor. Was sie sich denn wünsche, wird das neue Kirchengemeinderatsmitglied gefragt. Dazu fällt ihr vieles ein – Diskussionsveranstaltungen über aktuelle gesellschaftliche und religiöse Themen, spirituelle Angebote, Pilgerreisen, Workshops für eine bessere Life-Work-Balance, rassismuskritische Veranstaltungen, Klimabildungsveranstaltungen, Fortbildungen zum Umgang mit Rechtsextremismus etc. Das wäre eigentlich schön, wenn wir zumindest etwas davon hätten, meinen andere Teilnehmer*innen – in der Tat gehe es ja um eine wirklich große Gruppe und es seien zudem die Menschen, die die kirchliche Arbeit finanziell besonders stark trügen. Damit steht jetzt ein neues Thema auf der Tagesordnung.*

Szenario 2:
*In der Abraham-Gemeinde sind klassische Erwachsenenbildungsveranstaltungen hingegen ein fester Bestandteil ihrer Arbeit. Die Vorträge mit einem breiten Themenspektrum, bei denen nicht nur lokale Persönlichkeiten aus Gesellschaft, Politik und Kirche, sondern auch Expert*innen aus anderen Orten sprechen, liegen dem Pfarrer besonders am Herzen, denn für ihn ist Kirche immer auch ein Ort gesellschaftspolitischer Bildung. In der Predigt am darauffolgenden Sonntag nimmt er das Thema des Vortrags oft auf und bringt es auf diesem Wege noch stärker in die Gemeinde ein. Für die Vorträge gibt es ein Stammpublikum, aber es kommen auch immer Menschen gezielt zu dem jeweiligen Thema des Abends. In den letzten Jahren ist die Zahl der Teilnehmenden allerdings kleiner und ihr Altersdurchschnitt höher geworden.*

Für die, die altersbedingt irgendwann nicht mehr kommen können, rücken kaum noch Jüngere nach, und es kommen auch weniger, die speziell am Thema interessiert sind. Schon länger überlegt der Pfarrer, woran das liegen könnte. Dass sich für viele Menschen die Arbeit verdichtet hat und die Familienphase mit der Berufstätigkeit beider Eltern kaum Zeit lässt für kirchliche Aktivitäten am Abend, ist ihm bewusst. Und nachdem er die Angebote der Stadtteil-Initiative, der verschiedenen Vereine, der Citykirche und auch der Volkshochschule studiert hat, ist ihm die reiche Angebotspalette von Veranstaltungen für Menschen in seinem Umfeld deutlich. Manchmal fragt er sich auch schon, ob es überhaupt noch Aufgabe der Gemeinde ist, allgemeine Bildungsveranstaltungen anzubieten. Sollte sie sich vielleicht eher auf spirituelle Angebote ausrichten – oder Glaubenskurse veranstalten? Manche Gemeindemitglieder würden das vermutlich begrüßen, aber ihm liegt es nicht und dafür müsste der Einzugsbereich auch viel größer sein als die Gemeinde. Und eigentlich ist das Thema auch größer als die Frage, wie viele Menschen zu welchen Veranstaltungen kommen – letztlich geht es um die Aufgaben und den Charakter von Kirche in der spätmodernen Gesellschaft. Dazu braucht es sicher einen längeren Prozess des Nachdenkens.

Szenario 3:
*Die vor einigen Jahren nach dem Modell einer »Fresh Expressions of Church« gegründete Hoffnungs-Gemeinde ist in ihrem säkularen Umfeld konsequent missionarisch orientiert. Ihr geht es darum, dass Menschen, die vorher noch nie etwas mit Christentum und Kirche zu tun hatten, die christliche Botschaft kennenlernen und die Möglichkeit bekommen, sich für sie zu entscheiden. Die Initiator*innen leben in einer Wohnung der Plattenbausiedlung und entwickeln*

aus diesem Kontext heraus diakonisch ausgerichtete Aktivitäten. Die haben bei den Kindern begonnen und laufen wirklich gut. Die Annahme, dass über die Kinder auch die Eltern erreicht werden, geht aber bisher nicht so recht auf. Die Eltern schätzen es, wenn die Kinder eingeladen und betreut werden, Gemeinschaft erleben, bei den Hausaufgaben unterstützt werden und Ausflüge machen, und es gibt auch keine Schwierigkeiten, wenn die Kids die täglichen Andachten mitfeiern. Es gibt jedoch wenig Kontakt zu den Erwachsenen und die Hoffnung, mit dem Engagement für die Kinder die Eltern zu erreichen, hat sich weitgehend nicht erfüllt. »Wir müssen auch mal was für die Erwachsenen anbieten«, ist ein Vorschlag, der bei den wöchentlichen Gemeindeversammlungen immer wieder zu hören ist. Prinzipiell finden das auch alle richtig, aber was brauchen die Menschen vor Ort, wie könnte man sie erreichen?

Bei einem der monatlichen Thementage werden verschiedene Möglichkeiten, Erwachsene in diesem Stadtteil zu erreichen, diskutiert – von demokratiefördernden und antirassistischen Bildungsangeboten (wofür man staatliche Fördermittel für gemeinwohlorientierte Weiterbildung bekommen würde) bis zu gemeinsamen Spaziergängen gegen die Einsamkeit reichen die Vorschläge. Oder sollte man nicht versuchen, die Familien zu stärken? Intensiver wird über Glaubenskurse diskutiert, die eigentlich besser zum missionarischen Profil der Gemeinde passen würden. Aber ob das hier eine Chance hat? Müsste es dafür nicht erst einmal einen persönlicheren Kontext jenseits der Kinder geben? Vielleicht sollte man einmal die Nachbarschaft einladen und mit ihr ins Gespräch kommen, was sie in ihren Lebenswelten brauchen – und dann überlegen, welche Zugangspunkte zu Christentum und Kirche hier naheliegen könnten? Aber wie? Und wer könnte dabei unterstützen? Dafür braucht es sicher noch einmal eine ausführlichere Gesprächsrunde und vielleicht auch Beratung durch die Fachstelle für evangelische Erwachsenenbildung.

1. Vor welchen Herausforderungen stehen die Gemeinden?

Bildungsangebote für Erwachsene waren auch in früheren Jahrhunderten ein Bestandteil kirchlichen Handelns, gewannen aber in der zweiten Hälfte des 20. Jh. eine größere Bedeutung als zuvor. Sie hatten im Wesentlichen einen Charakter, der dem klassischen Bildungsverständnis entsprach: Es ging um Lernprozesse (wie die Gemeinde insgesamt auch als »Lernort« verstanden wurde) für das eigene, das soziale und das gesellschaftliche Leben. Diese relativ spezifische Ausrichtung machte häufig das kirchliche Angebot für die Altersgruppe zwischen 30 und 60 aus, wenn sie nicht über eigene Kinder oder Enkelkinder von familienorientierten Aktivitäten erreicht wurden.

Dabei hatte die Kirche immer Anteil an den gesellschaftlichen Entwicklungen: In den 1950er-Jahren führten die Bemühungen um Demokratiebildung beispielsweise zum Aufbau etlicher evangelischer und katholischer Akademien. In den 1970er-Jahren wirkten sich die gesellschaftlichen Bildungsaufbrüche auf die Einrichtung vieler Bildungsangebote sowohl in den Ortsgemeinden als auch im übergemeindlichen Bereich aus. Seitdem gibt es in den meisten Landeskirchen eine finanzielle Förderung von kirchlichen Bildungsangeboten. Ebenso beeinflusst aber heute das gesamtgesellschaftlich geringere Interesse an klassischen Bildungsveranstaltungen die kirchlichen Angebote. Nach wie vor werden Vorträge, Diskussionsveranstaltungen, Ausstellungseröffnungen, Bibelabende etc. besucht, aber tendenziell von einem älteren Publikum, dem die nächsten Generationen nicht wie bisher nachfolgen.

Hierfür sind unterschiedliche Faktoren verantwortlich. Die »Beschleunigung« der Gesellschaft erschwert Prozesse, die Zeit brauchen und auch zeitlich nicht kalkulierbar sind – dies aber ist typisch für Bildungsprozesse, die die Person betreffen und auf Partizipation angelegt sind. Gesellschaftlich ist eine Tendenz erkennbar, einen unmittelbaren Nutzen zu erwarten, wenn man sich die Zeit für eine Veranstaltung nimmt, während zumindest im klassischen Bildungsgedanken der Prozess wichtiger ist als das Ziel. Hinzu kommt die Verdichtung der beruflichen Belastung, zumal mit zwei Berufstätigkeiten in der Familie und immer häufiger auch mit der Pflege der Eltern. Aber auch die zunehmende Ausdifferenzierung der Gesellschaft wirkt sich aus: Konnte bis vor einigen Jahrzehnten noch eine bildungsbürgerliche Kultur als gemeinsames erstrebenswertes Ideal unterschiedlicher sozialer Schichten gelten, orientieren sich heute Menschen sehr individuell und vielfältig. Zudem hat das Freizeitangebot insgesamt enorm zugenommen und die Erwartungen an seine Qualität und Professionalität sind gestiegen. Und in der Altersgruppe zwischen 30 und 60 wirkt es sich besonders stark aus, dass die Kirche gegenüber den 1970er-Jahren ca. die Hälfte ihrer Mitglieder verloren hat. Auch die Digitalisierung spielt eine wichtige Rolle: Bildungsinhalte sind heute für viele Menschen unkompliziert zugänglich und können jederzeit in Online-Teachings, Webinaren, Blogs etc. in ansprechender Form abgerufen werden.

Gleichzeitig haben spirituelle Angebote auch im Raum der Kirche zugenommen, mit denen auf das Interesse an erfahrungsorientierter »ganzheitlicher« Spiritualität reagiert wird. Meditationsabende, Pilgerreisen, Exerzitien im Alltag,

Begleitung von »Sieben Wochen ohne« und vieles mehr sind hinzugekommen, analog oder mittlerweile auch digital. Daneben gibt es selbstverständlich auch freizeitorientierte Angebote für Erwachsene in der Kirche. Dies lässt neu fragen, was mit dem Handlungsfeld »Erwachsenenbildung« eigentlich gemeint ist und wo darin die Möglichkeiten und Chancen für die Kirche liegen. Gleichzeitig kann dieser Bereich in den Konzentrationsbemühungen auf kirchliche »Kernaufgaben« manchmal auch vernachlässigt werden, weil er weniger zum hauptamtlichen »Pflichtprogramm« gehört als beispielsweise Kasualien, Konfi-Zeit oder Senior*innenarbeit. Eher noch gibt es musikalische Angebote, die für das mittlere Erwachsenenalter attraktiv sind.

Diese Tendenz könnte sich aber im Blick auf die Zukunft der Kirche fatal auswirken, wenn sich die Frage, ob man Kirchenmitglied bleiben (oder gar werden) möchte, heute ganz wesentlich daran entscheidet, ob man die Kirche und ihre Arbeit als relevant für das eigene Leben empfindet. Und da man sich für einen Kirchenaustritt zumeist während der Phase der Berufstätigkeit entscheidet, haben fehlende Gelegenheiten für eine kirchliche »Relevanzerfahrung« direkte Konsequenzen. Was dies aber genau bedeutet, muss angesichts der begrenzten Ressourcen einerseits und der unterschiedlichen Bedürfnislagen andererseits sorgfältig überlegt und mit anderen Gemeinden und kirchlichen Einrichtungen abgestimmt werden.

2. Was man dazu wissen sollte

2.1 Was ist eigentlich kirchliche Erwachsenenbildung?

Bei »kirchlicher Erwachsenenbildung« könnte man zunächst den klassischen Vortrag über religiöse Themen im Gemeindehaus vor Augen haben. Der gehört selbstverständlich zu diesem Handlungsfeld, es umfasst jedoch mittlerweile ein großes Spektrum von Inhalten, Ausrichtungen und Veranstaltungsformaten. Gemeinsam ist ihnen, dass sie Menschen in ihrer persönlichen, sozialen und teilweise auch beruflichen Entwicklung fördern und ihnen zu einem erfüllteren Leben verhelfen möchten. Erwachsenenbildung ist grundsätzlich an den Menschen als Subjekten orientiert und dient nicht der Vermittlung von (Glaubens-)Inhalten oder einer Beheimatung in der Kirche. Dies wird kirchlicherseits auch immer wieder kritisch angefragt, entspricht aber gerade den theologischen Wurzeln von »Bildung« insgesamt. Denn der Begriff stammt von dem mittelalterlichen Mystiker Meister Eckart, der das Wort »bildunga« prägte: als Prozess, in dem der Mensch seiner von Gott gegebenen Bestimmung immer mehr entspricht und sich so seiner Gottebenbildlichkeit nähert. Dazu gehören in christlicher Perspektive selbstverständlich auch die Beziehung zu Gott und die religiöse Dimension im engeren Sinne. Da Bildung auf den ganzen Menschen in seinem Alltagsleben zielt, geht kirchliche Erwachsenenbildung aber weit über den explizit religiösen Bereich hinaus. Grundlegung ist für sie jedoch die Orientierung an christlichen Werten und Überzeugungen sowie an einem christlichen Menschenbild. Das hat weitreichende Konsequenzen, die die Bildungsarbeit prägen:

- Bildung ist wesentlich mehr als Wissenserwerb, sondern betrifft alle Dimensionen des Menschseins. Sie zielt auf Nachdenken und Verstehen ebenso wie auf Gefühle und Sinne, auf praktische Fähigkeiten ebenso wie auf die Erweiterung des Horizonts und auf ein erfüllteres Leben ebenso wie auf soziale Verantwortung im Kleinen wie im Großen.
- Die Bildungsangebote orientieren sich an den Themen und Fragen der Teilnehmenden. Sie nehmen aber auch deren Antworten ernst und verstehen sie als Expert*innen ihres eigenen Lebens. Die Angebote unterstützen die Menschen in dem, was ihnen wichtig ist.
- Die kirchliche Erwachsenenbildung fördert die kritische Urteilsbildung in gesellschaftlichen Fragen, vor der eigenen Haustür und im globalen Horizont. Sie möchte zu einem bewussten und verantwortlichen Handeln motivieren, beispielsweise in einer klimagerechten Orientierung, in einem sozial und fair orientierten Einkaufsverhalten oder in einem wertschätzenden Umgang mit Vielfalt.
- Für die Bildungsarbeit ist wichtig, dass Menschen als Geschöpfe Gottes ihren Wert in sich selbst haben und nicht für andere Zwecke vereinnahmt oder funktionalisiert werden dürfen. Dies widerspricht einer Orientierung kirchlicher Erwachsenenbildung an »Lernzielen« oder »Bildungsstandards«, wie sie in der Schule vorgegeben werden. Bildungsprozesse sind immer ergebnisoffen.
- Und gleichzeitig sind die Wirkungen gerade in christlicher Perspektive natürlich keineswegs gleichgültig – in der Bildungsarbeit kann man nicht zufrieden sein mit lebensverneinenden oder ausgrenzenden Haltungen am Ende von Bildungsprozessen. Das Dilemma bringt Bernhard Dressler auf den Punkt: »Freilich schließt Bildung die Erwartung [bestimmter Wirkungen] keineswegs aus, sondern hofft umso mehr darauf, je weniger sie solche

Ziele anstrebt. Sie hat es mit dem in allem pädagogischen Handeln wirksamen Paradox zu tun, dass das Unintendierte und Nichtfunktionale oft das Nachhaltigere und Funktionalere ist.«[1]

- Bildungsveranstaltungen beinhalten immer auch das Angebot, Gemeinschaft zu erfahren. Die Teilnehmenden erleben sich als Teil einer Gruppe, die sich der gleichen Sache widmet und sich in der Regel darüber austauscht. Oft werden gemeinsame Werte dabei entdeckt, oder aber es gibt eine – möglichst konstruktive – Begegnung mit anderen Ansichten in einem gemeinsamen Suchprozess. Die Formen von Gemeinschaft reichen dabei von der kontinuierlichen Gruppe über größere Abstände bis hin zu einmaligen Konstellationen. All diese sind gleichwertig und richten sich sowohl nach dem Inhalt und dem Format als auch nach den Bedürfnissen der Teilnehmenden.

Dieses weite Bildungsverständnis ist die Grundlage dafür, dass in den meisten Landeskirchen kirchliche und auch gemeindliche Bildungsangebote mit staatlichen Mitteln bezuschusst werden. Grundlage dafür sind die Weiterbildungsgesetze für den 4. Bildungssektor, die bewusst unterschiedliche Träger vorsehen wie Gewerkschaften, Landessportbünde, Volkshochschulen und eben auch Kirchen. Darüber werden auch hauptamtliche Erwachsenenbildner*innen in den Fachstellen der Landeskirchen und Kirchenkreise bzw. Dekanate oder Sprengel finanziert, die (gemeindliche) Bildungsangebote anregen, begleiten und sie bei dem Zugang zu den Fördertöpfen unterstützen.

1 Bernhard Dressler: Religion verstehen. Beiträge zur Religionshermeneutik und zu religiöser Bildung (Praktische Theologie heute Bd. 170), Stuttgart 2020, 75.

2.2 *In welchen Gestalten findet kirchliche Erwachsenenbildung statt?*

Auf dieser Basis kann die kirchliche Erwachsenenbildung ganz verschiedene Angebote umfassen, die teils in der Ortsgemeinde, teils aber auch in Evangelischen Akademien, Frauenwerken, dem kirchlichen Dienst in der Arbeitswelt, an Citykirchen, in kirchlichen Volkshochschulen und in Bildungswerken ihren Ort haben. Typische Formate für diese sind:

- Vorträge, Kurse und Seminare zu biblischen Themen, christlicher Ethik, Kirchengeschichte, dekolonialer und rassismuskritischer Theologie, Klimagerechtigkeit und anderen theologischen Fragen
- Abende oder Wochenenden zur Stärkung persönlicher Kompetenzen wie Kommunikation, Konfliktlösung, Zeitmanagement, Selbstfürsorge und Stressbewältigung
- Diskussionen zu aktuellen Themen, Workshops zur Demokratieförderung, Friedensbildung oder interkulturelle Trainings
- Gesprächskreise zu aktuellen und/oder religiösen Themen, zu denen auch Bibel- und Glaubensgesprächskreise gehören
- Musik-, Kunst- oder Literaturworkshops
- Events wie z. B. »Nacht der Kirchen« oder »Nacht der Religionen«
- Spirituelle Angebote wie beispielsweise Meditationsabende, Bibliodrama, Exerzitien oder meditativer Tanz
- Mehrtägige Tagungen zu einem religiösen oder gesellschaftlich orientierten Thema
- Kurse zur beruflichen Qualifizierung und Weiterbildung
- Sprachkurse für geflüchtete Menschen und interkulturelle Angebote

- Aus- und Fortbildungen z. B. zur Telefonseelsorge oder Seelsorge über Soziale Medien, zur Sterbebegleitung, zu Prädikant*innen oder Lektor*innen, zu Kirchenführer*innen sowie zu Bibliolog- und Bibliodramaleitung
- Exkursionen, Studien- und Pilgerreisen

Neben vielen Präsenzveranstaltungen finden manche dieser Formate auch in digitaler Form statt. Daneben gibt es zunehmend digitale Selbstlernkurse mit Begleitung oder Blended Learning-Angebote, die Präsenzveranstaltungen und Online-Lernmodule verbinden.

Damit ist »Erwachsenenbildung« breit angelegt. Ob ein so weiter Bildungsbegriff sinnvoll sei, wird immer wieder angefragt. Das gilt einerseits besonders im Blick auf spirituelle Angebote, da sie weniger auf die kritische Reflexion zielen (die die Aufklärung als Kern der Bildung verstanden hat) als auf das unmittelbare Erleben und Einüben geistlicher Praxis. Dies muss sich aber keineswegs ausschließen: Der Bildungsbegriff verweist darauf, dass auf das spirituelle Erleben in der Regel eine Phase folgt, in der die Teilnehmenden ihre Erfahrungen sprachlich ausdrücken und sie reflektieren. Sie treten einen Schritt zurück von ihren Erlebnissen und verstehen ein wenig besser, was sie erlebt haben und wie dies einzuordnen ist – ohne es rational aufzulösen oder vollständig durchdringen zu wollen. Dies ist auch deshalb wichtig, weil kirchliche Bildungsarbeit Menschen nie »überwältigen« oder vereinnahmen darf. Ihre Formen und Formate bilden immer ein freiwilliges Angebot, zu dem Menschen sich verhalten und selbst entscheiden, was davon und in welcher Weise sie sich dies aneignen oder wie sie es für sich verändern. Dazu sind sie aber erst in der Lage, wenn sie religiöse Dimensionen kennengelernt haben. Gerade religiöse Bildung muss heute, wo viele Menschen ohne selbstverständliche Zugänge zu religiösen

Ausdrucksformen aufwachsen, beides umfassen: das Erleben religiöser Dimensionen und das Sprechen und Nachdenken über diese.

Ebenso gibt es eine Diskussion darüber, ob Glaubenskurse als kirchliche Erwachsenenbildungsangebote zu verstehen sind. Letztlich hängt dies davon ab, wie diese didaktisch konzipiert sind und durchgeführt werden. Antje Rösener nennt – vor dem Hintergrund des »Überwältigungsverbotes« – als Kriterien dafür, Glaubenskurse als Bildungsveranstaltungen zu verstehen, dass sie

- Menschen nicht überwältigen und das als kontrovers darstellen, worüber wissenschaftlich keine Einigkeit besteht
- Inhalte nicht vorgeben, sondern Impulse setzen, die Menschen selbsttätig mit ihren Erfahrungswelten verbinden können
- Menschen als Subjekte sehen, die ihre Fähigkeiten in ihrem Alltag entfalten
- ergebnisoffen und nicht auf eine Beheimatung im Glauben oder in der Gemeinde ausgerichtet sind
- auch die Fähigkeit zum interreligiösen Dialog stärken.[2]

Diese Kriterien können über Glaubenskurse hinaus insgesamt für die Wahrnehmung von Bildungsangeboten hilfreich sein.

2 Vgl. Antje Rösener: Standards für eine Bildung, die den Menschen dient und der Kirche gut zu Gesicht steht!, in: Johannes Zimmermann (Hg.): Darf Bildung missionarisch sein? Beiträge zum Verhältnis von Bildung und Mission (BEG Bd. 16), Neukirchen-Vluyn 2010, 132-149.

2.3 Milieus und Kontext als Zugänge zu der Vielfalt von Lebensorientierungen und Bedürfnissen

Empirische Studien unterstützen einen Eindruck, den man nicht selten in der kirchlichen Bildungsarbeit bekommt: Mindestens die »klassischen Formate« kirchlicher Erwachsenenbildung werden überdurchschnittlich häufig von bildungsnahen, älteren und traditionsbezogenen weißen Menschen besucht. Dies gilt für die Ortsgemeinde insgesamt, aber im Bildungsbereich zusätzlich für viele übergemeindliche Formen wie beispielsweise die evangelischen Akademien. Hilfreich für die Wahrnehmung und möglicherweise auch für die Überwindung dieser Verengung kann der Milieuansatz sein. Dieser ist eng mit den gesellschaftlichen Wandlungen verbunden.

Lange Zeit hat man (erwachsene) Menschen in »Klassen« oder »Schichten« eingeteilt – vor der Neuzeit in Bäuer*innen, Bürgertum und Adel und anschließend in Unter-, Mittel- und Oberschicht. In der sog. »Spätmoderne«, deren Beginn Ende der 1960er-Jahre angesiedelt wird, wurde allmählich deutlich, dass Menschen immer individueller werden. Auch innerhalb der gleichen Gehaltsklasse haben Menschen unterschiedliche Lebensentwürfe, unterschiedliche Werte, unterschiedliche Interessen und Orientierungen. In den 1980er-Jahren ging man daher in der Soziologie von einer Form von »Individualisierung« aus, die jeden Menschen quasi zu einem Einzelfall macht.[3] Rasch wurde jedoch erkennbar, dass es durchaus Muster gibt, an denen sich Menschen orientieren und mit

3 Ein entscheidendes Werk dafür war das Buch von Ulrich Beck: Risikogesellschaft. Auf dem Weg in eine andere Moderne, Frankfurt a.M. (1986), ^{25}2022.

denen sie quasi neue »Gruppen« bilden – ohne dass sie sich dessen bewusst sein müssen. Man nannte diese Gruppen »Milieus« oder (so in der vierten Kirchenmitgliedschaftsuntersuchung) auch »Lebensstile«, wobei man auf frühere Ansätze schon aus dem 19. Jh. zurückgreifen konnte. Eines der ersten Werke war das 1992 erschienene Buch »Die Erlebnisgesellschaft« von Gerhard Schulze, der zwei jüngere und drei ältere Milieus ausmachte, wobei das Bildungsniveau eine wichtige Rolle spielte.[4] Differenzierter sind von Anfang an die »Sinus-Studien« des Sinus-Instituts vorgegangen, die ihr Modell mit zehn Milieus seitdem auf der Grundlage von permanenten Umfragen beständig weiterentwickeln.[5] Die Sinus-Milieus entstehen einerseits auf der Basis einer Unterscheidung von Oberschicht, Mittelschicht und Unterschicht und andererseits auf der Wahrnehmung traditionaler, moderner und postmoderner Wertorientierungen. Beschrieben werden sie als »Kontexte und Zusammenhänge bestimmter Bevölkerungsgruppen, die sich durch ähnliche Lebensbedingungen, Lebenserfahrungen, Lebensauffassungen, Lebensweisen, Lebensstile und Lebensführungen und eine verstärkte Binnenkommunikation ausweisen«[6].

Für die evangelische Kirche hatte die vierte Kirchenmitgliedschaftsuntersuchung 2002 einen besonders großen Einfluss: Sie hat auf der Basis der Befragung sechs »Lebensstile« unter evangelischen Kirchenmitgliedern klassifiziert, die jeweils andere Erwartungen an die Kirche und religiöse Bedürf-

4 Gerhard Schulze: Die Erlebnisgesellschaft. Kultursoziologie der Gegenwart, Frankfurt a.M./New York (1992), Neuauflage 2005.

5 Vgl. https://www.sinus-institut.de (16.8.2024).

6 Michael N. Ebertz: Anschlüsse gesucht. Ergebnisse einer neuen Milieu-Studie zu den Katholiken in Deutschland, in: Herder Korrespondenz 60 (2006), 173-177, 174.

nisse haben.[7] Diese Typologie wurde dann in eine konkrete Beschreibung von sechs Milieus überführt.[8] Unterschieden werden hier:

- das Milieu der Hochkulturellen, die eine »niveauvolle Kirche« begrüßen, beispielsweise mit anspruchsvollen Predigten und Bachkantaten
- das Milieu der Bodenständigen, die die Kirche im Dorf oder im Stadtteil schätzen und für die Kasualien ein wichtiger Bezugspunkt zur Kirche sind
- das Milieu der Kritischen, die sich eine aufgeschlossene Kirche wünschen, welche sich aktuellen gesellschaftlichen Themen widmet und Selbstbestimmung (z. B. im »neuen Ehrenamt«) fördert
- das Milieu der Geselligen, für die die Kirche freundlich und alltagsnah sein muss, z. B. mit unkomplizierten Familiengottesdiensten und Gemeindefesten
- das Milieu der Zurückgezogenen, die eine verlässliche Kirche brauchen, die im Krisenfall da ist – ohne dass es ein Interesse an Gruppen oder Angeboten gibt
- das (jüngste) Milieu der Mobilen, die die Kirche kaum für sich in Anspruch nehmen, sondern sie für andere schätzen – oder eben austreten

Solche Unterteilungen führten gerade in der Anfangszeit zu der klassischen »Falle« von Milieutheorien: Statt sie als orientierende Konstruktionen zu begreifen, wurden sie als Beschreibungen konkreter Menschen verstanden, die man

7 Vgl. Peter Steinacker/Wolfgang Huber/Johannes Friedrich: Kirche in der Vielfalt der Lebensbezüge. Die vierte EKD-Erhebung über Kirchenmitgliedschaft, Gütersloh 2006, 203-278.

8 Nachzulesen ist dies in Claudia Schulz/Eberhard Hauschildt/Eike Kohler: Milieus praktisch. Bd. 1. Analyse- und Planungshilfen für Kirche und Gemeinde, Göttingen [3]2010.

zuordnen wollte, um für sie ein passgenaues Angebot zu entwerfen. Hilfreich werden sie jedoch eingesetzt, wenn sie den Blick auf die Milieubegrenzung vor Ort schärfen und diese mit anderen Gemeinden und kirchlichen Einrichtungen in Beziehung setzen. Bereits die Ortsgemeinde als solche kann nicht gleichermaßen für alle Milieus attraktiv und zugänglich sein, beispielsweise weil sie lokal orientiert ist (was bestimmten Milieus wesentlich besser entspricht als anderen) oder weil sie kontinuierliche Angebote pflegt. Und auch von der Ausrichtung der Angebote her kann keine Gemeinde alle Milieus gleichermaßen ansprechen.

Erst recht reicht es für Bildungsangebote nicht aus, sich als Zielgruppe »Erwachsene zwischen 30 und 60« vorzunehmen, sondern es muss deutlich spezifischer gefragt werden, für wen welches Angebot konzipiert werden soll. Dafür können die Milieutheorien eine hilfreiche Orientierung sein, insofern sie Fragen nach Alter, Lebensstil, Bildungshintergrund, ästhetischen Vorlieben, Freizeitgestaltung mit typischen religiösen Zugänge verbinden und auch »red flags« markieren – also was auf eine Gruppe vermutlich besonders abschreckend wirkt. Dies sollte verbunden werden mit einer Beschäftigung mit dem jeweiligen konkreten Kontext, in dem sich die Gemeinde befindet, und dem, was welche Menschen in dem jeweiligen Umfeld umtreibt und beschäftigt.

3. Welche Alternativen gibt es?

Die erste Alternative: Eine spezifische Form von Erwachsenenbildung vor Ort

Wenn die Erwachsenenbildung neben anderen Handlungsfeldern in der Einzelgemeinde stattfinden soll, ist es sinnvoll, sich auf eine spezifische Ausrichtung zu konzentrieren. Diese kann und sollte sich – Erkenntnisse der Milieutheorien aufnehmend – nach den Interessen und Bedürfnissen einer konkreten Zielgruppe in der jeweiligen Gemeinde richten, und zwar sowohl in der Form als auch in den Inhalten. Gefragt werden muss: Um welche Altersgruppe in welchen Lebensverhältnissen in dem jeweiligen Kontext soll es genau gehen und welchen Mehrwert hätten ihnen in der Fülle ihrer Möglichkeiten Veranstaltungen einer Kirchengemeinde zu bieten? Welche Themen könnten dafür sinnvoll sein, wie müssten sie gestaltet werden, wer soll sie durchführen, welcher Rhythmus und welche Uhrzeit sind passend? Welche Angebote gibt es in regionaler Nähe schon, wo sind Lücken? Antworten auf diese Fragen werden wesentlich fundierter, wenn man die Menschen danach fragt, die es betrifft. Dafür gibt es unterschiedliche Möglichkeiten von Fragebögen, die man im Weihnachtsgottesdienst und bei Konfirmationen, in Läden und Cafés etc. auslegt, über offene Veranstaltungen z. B. beim Stadtteil- oder Feuerwehrfest bis zu einem intensiven Prozess mit einer Arbeitsgruppe, für die man Menschen über Kontakte gewinnt. Wichtig dabei ist, Menschen zu beteiligen, die bisher nicht in Kontakt mit der Gemeinde stehen, und in der Wahrnehmung wirklich offen zu sein dafür, was man bisher nicht wusste. Dabei kann es sehr hilfreich sein, sich für diesen Prozess bei überregionalen Stellen für Erwachsenenbildung beraten zu lassen, ebenso wie für eine mögliche finanzielle Unterstützung.

Die Ergebnisse bilden eine Grundlage, auf der entschieden wird, welche Ausrichtung gemeindlicher Erwachsenenbildung künftig verfolgt werden soll. Daraus kann ebenso eine Vortrags- oder Seminarreihe entstehen wie ein spirituelles Angebot, eine Pilgerreise oder gesellschaftspolitische Fortbildungsformate wie Talkrunden in der Kirche.

Ein *Vorteil* dieser Alternative ist, dass sie die Stärken der lokalen Orientierung der Ortsgemeinde als »Expertin des Nahbereichs« sehr gut nutzt. Ihre Erfahrungen und Kontakte werden auf neue Weise fruchtbar im Entdeckungsprozess, was erwachsene Menschen gerade von der Kirchengemeinde für ihr Leben brauchen. Gleichzeitig gewinnt die Gemeinde durch diesen Prozess vertiefte Kenntnisse über die Menschen, die in ihrem Einzugsbereich wohnen. Die Variante bietet eine Möglichkeit, eine attraktive Arbeit mit Menschen im mittleren Lebensalter vor Ort zu gestalten, die deren Bedürfnisse (bzw. die Bedürfnisse eines Teiles von ihr) wirklich trifft.

Ein *Nachteil* dieser Variante besteht darin, dass nur ein kleiner Ausschnitt von Erwachsenenbildung realisiert werden kann. Zudem ist es nicht sicher, dass die Expertise für genau diesen Bereich in der Gemeinde vorhanden ist. Diese muss sie sich gegebenenfalls mit einigem Aufwand aneignen, damit das Angebot auf dem reichhaltigen Freizeitmarkt eine Chance hat, oder sie muss Expert*innen dafür finanzieren (was in manchen, aber nicht in allen Bundesländern mit staatlichen Fördermitteln refinanziert werden kann).

Die zweite Alternative: Die Erwachsenenbildung als prägend für das gemeindliche Profil

In einer zweiten Variante wird die Erwachsenenbildung zum Schwerpunkt der Gemeinde und prägt ihr Profil, was eine Region oder eine Großgemeinde voraussetzt. Dann können mehrere Angebote im großen Bereich der Erwachsenenbildung nebeneinander gestaltet werden, die auf unterschiedliche Bevölkerungsgruppen ausgerichtet sind. Für die Entscheidung ist ein ähnlicher Prozess wie in Variante 1 geschildert sinnvoll. In diesem Bereich spielen digitale Angebote eine besonders große Rolle, weil sie die Zugangsmöglichkeiten sowohl zeitlich und räumlich erhöhen, aber auch der Teilnahmelogik weiter Teile dieser Altersgruppen entsprechen. Es bestehen gute Voraussetzungen dafür, sich an kommunalen Aktionen zu beteiligen wie z. B. am Tag des Denkmals, ebenso wie in Kooperationen öffentliche Veranstaltungen zu initiieren wie z. B. eine Woche der Stille.[9] In dieser Variante bietet sich eine enge Zusammenarbeit mit Erwachsenenbildungsstellen des Kirchenkreises oder Dekanates, möglicherweise auch der Landeskirche an, die auch den Zugang zu staatlichen Fördermitteln unterstützen können.

Ein *Vorteil* dieser Alternative ist, dass Erwachsene die Gemeinde als Ort erleben, an dem es für sie unterschiedliche Angebote gibt, die sie entdecken und ausprobieren können. Sie können sich in besonderer Weise mit dieser konkreten Gemeinde identifizieren. Es gibt verhältnismäßig große Chancen, dass sie ein für sich passendes Angebot finden und dies in ihrem Bekanntenkreis weiterempfehlen. Die Hauptamtlichen können sich auf diese Zielgruppe konzentrieren und mit ihnen gemeinsam Formate entwickeln. Damit sind auch sehr gute Möglichkeiten für ein selbstbestimmtes ehrenamtliches Engagement mit einem Gewinn für sich selbst im Sinne des »neuen Ehrenamtes« gegeben.

Ein *Nachteil* dieser Variante besteht darin, dass sie – wie bei jeder Form von Profilbildung – einen Kommunikations- und Entscheidungsprozess mit den anderen Gemeinden oder Gemeindeteilen voraussetzt und die bisherige Kerngemeinde bei einer kirchlichen Neuorientierung unterstützt werden muss. Dabei muss man immer auch mit Enttäuschungen umgehen. Zudem muss der Austausch zwischen den Generationen gezielt über Angebote hergestellt werden und geschieht nicht im informellen Bereich. Wenn Menschen älter werden,

9 Vgl. z. B. Annette Majewski: Wiesbaden hält inne. Eine Stadt kommt zur Ruhe, in: PrTh 52 (2017), 147-148.

müssen sie zudem die Gemeinde wechseln, was sorgfältig bedacht und angebahnt werden muss.

Die dritte Alternative: Erwachsenenbildung als Dimension von Gemeinwesenorientierung
Eine weitere Möglichkeit besteht darin, die Bildungsdimension als Teil einer sozialraumorientierten Ausrichtung der Gemeinde zu begreifen, die in der dritten Alternative in Kapitel 4 dargestellt wurde. Während diese Arbeit klassisch in der Logik des Handlungsfeldes Diakonie gedacht wird, kann sie sich auch sehr gut mit Bildungsdimensionen verbinden. Die Ausrichtung der Sozialraumorientierung auf die Stärkung von Menschen als Expert*innen für ihr eigenes Leben (statt *für* sie etwas anzubieten) im Sinne eines »Empowerments« entspricht ohnehin dem Anliegen der Bildungsarbeit, Menschen in ihrer »Subjektwerdung« zu unterstützen. Dies kann sich in der konkreten Arbeit so umsetzen, dass immer gefragt wird, wie Menschen ihre Fähigkeiten und ihre Möglichkeiten erweitern können, wie sie sich stärker als »Ebenbilder« und geliebte Geschöpfe Gottes wahrnehmen und für sich und für andere Verantwortung übernehmen können. So könnte sich beispielsweise ein Mittagstisch mit Impulsen verbinden, sich über bestimmte Themen zu unterhalten. Die Stärkung des sozialen Lebens könnte durch inhaltliche Bildungsangebote gefördert werden. Und das gemeinsame Leben von Menschen unterschiedlicher Herkunft könnte durch gemeinsame Lernerfahrungen oder auch durch Lernen voneinander unterstützt werden.

Wenn die Gemeinde ohnehin sozialraumorientiert ausgerichtet ist, besteht ein *Vorteil* dieser Variante darin, dieser Ausrichtung eine zusätzliche Dimension hinzuzufügen, die einen wirklichen Gewinn bilden kann. Sie kann gleichzeitig das christlich-kirchliche Profil der sozialraumorientierten Arbeit stärken, das immer wieder angefragt wird. Es sind keine zusätzlichen Angebote nötig, sondern die Bildungsarbeit bildet einen integralen Bestandteil des gemeindlichen Lebens. Sollte gerade erst eine stärkere Sozialraumorientierung initiiert werden, kann diese durch die Bildungsdimension gestärkt werden.

Ein *Nachteil* dieser Variante bildet hinsichtlich einer Sozialraumorientierung die erhebliche Umstellung der Arbeitsformen, die immer auch Menschen enttäuscht, die die bisherigen Formen geschätzt haben. Bezüglich der Bildungsdimension kann es als zusätzliche Anforderung verstanden werden, diese in allen Bereichen mitzudenken und zu gestalten.

4. Anregungen zur Weiterarbeit

Fragen auf dem Weg zu einer eigenen Position

- Welche Angebote speziell für Erwachsene zwischen 30 und 60 haben Sie bisher in der Ortsgemeinde und in anderen kirchlichen Einrichtungen erlebt?
- Welche Wirkungen der Bildungsangebote (im weiten Sinne des Begriffes) haben Sie bei sich selbst wahrgenommen? Welche hätten Sie gerne erlebt?
- Haben Sie diese Angebote als »Bildung« verstanden? Wie war Ihr bisheriges Verständnis von »Bildung«? Hat es sich durch die Lektüre dieses Kapitels verändert?
- Welche Angebote könnte es für Menschen eines ganz anderen Milieus als des eigenen (nach Ihrer Wahl) geben, die diese Menschen als relevant empfinden? Was könnten sie daraus für ihr Leben gewinnen?
- Welche Angebote für Menschen zwischen 30 und 60 gibt es gegenwärtig in Ihrer Gemeinde? Welche in regionaler

Nähe in anderen kirchlichen Einrichtungen (Frauenwerk, Männerarbeit, Akademie, Citykirche ...)? Welche Milieus werden dabei besonders angesprochen, welche weniger?

- Wie sehen Sie das Verhältnis von Bildung und »Mission«?
- Welche der drei Handlungsalternativen wäre Ihnen emotional die nächste? Warum? Welche würden Sie rational befürworten?

Ein biblisch-bibliologischer Impuls:

Kohelet 7,11-12: Der Wert der Weisheit (Übersetzung der Zürcher Bibel)
Weisheit ist so gut wie Besitz und ein Vorteil für jene, die die Sonne schauen; denn Weisheit beschirmt und Geld beschirmt, doch dies ist der Vorteil des Wissens: Wer Weisheit hat, den erhält sie am Leben.

Aus welcher Erfahrung und vor welchem Hintergrund mögen diese Sätze entstanden sein? Vermutlich hat sie – wie das gesamte biblische Buch »Kohelet« oder »Prediger Salomo« – ein jüdischer Lehrer an einer Weisheitsschule verfasst, der seinen Schülern (und möglicherweise auch Schülerinnen) wichtige Orientierungen für ihr Leben mitgeben wollte. Sehr realistisch und lebensnah setzt er sich mit materiellem Besitz und nichtmaterieller »Weisheit« auseinander, die für ihn nicht ohne Beziehung zu Gott zu denken ist. Beides »beschirmt«, also schützt den Menschen: der Besitz vor Armut, Ausbeutung und damit vor äußerer Abhängigkeit und die Weisheit vor innerer Abhängigkeit von anderen oder der herrschenden Meinung, aber auch vor Fehlentscheidungen. Dies ist laut Kohelet noch wichtiger, weil Unwissenheit, zu wenig Nachdenken und die Unfähigkeit, etwas zu verstehen und zu durchdringen, das

Leben gefährden kann. Insofern ist für ihn die Weisheit dem Besitz vorzuordnen, ohne dass er diesen abwertet.

Bei seinen Schüler*innen dürfte diese Aussage auf breite Zustimmung gestoßen sein, wenn sie sich schon einer Weisheitsschule angeschlossen hatten. Wenn dies aber ca. 300 Jahre vor unserer Zeitrechnung selbstverständlich gewesen wäre, hätte es nicht ausgesprochen und aufgeschrieben zu werden brauchen. Damals wie heute mag die Orientierung am Materiellen zunächst naheliegender gewesen sein, denn sie sichert das eigene Überleben, aber auch Status und Macht. Weisheit oder, wie wir heute vielleicht sagen würden, Bildung sichert jedoch auf den zweiten Blick viel eher das Leben. Gerade angesichts der drohenden Klimakatastrophe dürfte es so deutlich geworden sein wie kaum je zuvor, dass das bewusste Handeln auf der Grundlage von Nachdenken, der weite Horizont, die Berücksichtigung vieler Aspekte jenseits des unmittelbaren Eigennutzes und die soziale Verantwortung überlebenswichtig sind. Bildung wird zur gesellschaftlichen und auch zur kirchlichen zentralen Aufgabe zum Wohle aller – mit der der Mensch zudem seiner göttlichen Bestimmung gerecht wird.

Eine methodische Idee für die gemeinsame Arbeit in einem kirchlichen Gremium:

Erwachsenenbildung für verschiedene Menschen in ihren Lebensbezügen

Vorbereitet werden – analog oder digital – Karten mit Rollenbeschreibungen, die Menschen verschiedenen Milieus nachempfunden sind (also beispielsweise »Yvonne ist Mitte 40, Single, sie arbeitet nach ihrem Realschulabschluss gegenwärtig als Sachbearbeiterin. Nach Feierabend geht sie häufig ins Fitnessstudio. Sie hat einen großen Freund*innenkreis. Sie hört gerne ...)

Jeweils zu dritt ziehen die Teilnehmer*innen eine Karte. Sie überlegen,

- welche Eigenschaften eine Gemeinde haben müsste, damit sich beispielsweise »Yvonne« in ihr wohlfühlen könnte
- welche Angebote sie interessieren könnten
- was sie von diesen Angeboten idealerweise für ihr Leben gewinnen könnte und
- was ihr die Gemeinde auf der Basis der christlichen Inhalte dafür anzubieten hätte.

Dies notieren sie auf Flipchartpapier oder in einem geeigneten digitalen Tool in drei Spalten.

Anschließend stellen die Gruppen ihre Überlegungen einander gegenseitig vor. Sie reflektieren gemeinsam, ob dies ihren Blick auf die Angebote für Erwachsene verändert hat, und wenn ja, welche Konsequenzen diesen Erkenntnissen für mögliche Bildungsarbeit für Erwachsene folgen könnten.

Kapitel 9
Arbeit mit Senior*innen

Einstieg: Szenen aus der kirchlichen Praxis

Szenario 1:
*Bei allen Veränderungen, die die Sarah-Gemeinde schon hinter sich hat, sind die Senior*innennachmittage immer eine feste Größe des Gemeindelebens geblieben. Schon seit Jahrzehnten gehört an jedem ersten Dienstag im Monat von 16 bis 18 Uhr der Gemeindesaal der älteren Generation. Neben diesen geselligen Treffen mit Kaffee und Kuchen, der Ehrung von Jubilar*innen, einem wechselnden inhaltlichen Programmpunkt und einer kleinen Andacht zum Schluss gibt es jedes Jahr eine Ausfahrt. Für manche der älteren Menschen, überwiegend weiblichen Geschlechts, ist dies der einzige regelmäßige Kontakt zur Kirche. Viele von ihnen trifft man aber auch im Gottesdienst, im Bibelkreis oder bei Konzerten an. Die Pfarrerin erlebt diese Nachmittage immer als eine unaufwändige Möglichkeit, Kontakt zu den älteren Gemeindegliedern zu halten, zu hören, wie es geht, sich Hausbesuche vorzumerken und zu erfahren, wo Hilfe gebraucht wird. Für die selbst überwiegend älteren Ehrenamtlichen ist die Arbeit mit den Senior*innen ein befriedigendes Tätigkeitsfeld, in dem sie viel geben und viel zurückbekommen.*

*Und dennoch wird die Zahl der Teilnehmer*innen seit einigen Jahren zunehmend kleiner. Wenn die Ehrenamtlichen nicht mit ihren Privatfahrzeugen etliche der Teilnehmenden zu Hause und auch im Senior*innenheim abholen würden, wäre die Arbeit kaum noch sinnvoll. Und auch so fragen sich das Team und die Pfarrerin, was aus diesem Kreis in fünf oder gar zehn Jahren werden soll. Es kommen einfach kaum* *noch Jüngere nach, obwohl die Teilnehmenden immer schon gebeten werden, ihre Freund*innen mitzubringen. So viele davon gebe es im hohen Alter aber nicht mehr, wird dann gesagt. Gibt es andere Möglichkeiten, Menschen neu in diese feste Größe der gemeindlichen Arbeit einzuladen? Oder wann ist der richtige Zeitpunkt, sich von ihr zu verabschieden?*

Szenario 2:
In der fusionierten Ruth-Gemeinde gibt es eine florierende Arbeit mit Menschen »55+«. Der Diakon, der für diesen Arbeitsbereich zuständig ist, hat ein Talent dafür, Menschen anzusprechen, sie in Vorhaben und Projekte einzubinden, zu beteiligen und ihnen Aufgaben zu übertragen. Sein Motto ist: »Du kannst das!« – und das überzeugt. Es gibt diverse Aktivitäten und Gruppen: von Männergesprächskreisen über Fahrradtouren, Handarbeitsgruppen, Kochabenden und Lesekreisen bis hin zu Pilgerreisen, die von diversen Ehrenamtlichen mitgestaltet oder mit hauptamtlicher Begleitung selber gestaltet werden. Darunter sind christlich sozialisierte Kirchenmitglieder ebenso wie Menschen, die davor nichts mit Kirche und christlichem Glauben zu tun hatten. Sie erzählen davon wiederum in ihrem Bekanntenkreis und bringen andere Menschen mit.

Wenn der Diakon in regelmäßigen Abständen im Presbyterium von seiner Arbeit berichtet, bekommt er viel Anerkennung dafür, wieviel er zu einem lebendigen Gemeindeleben beitrage. Allerdings wird auch manchmal gefragt, was seine Arbeit eigentlich von einer aktivierenden Sozialarbeit im Stadtteil unterscheide. Dort gebe es bei den Fahrten keine Andachten, sagt er dann, aber darum ginge es eigentlich auch gar nicht. Und wo würden sonst so viele Menschen von kirchlicher Arbeit erreicht?

Beim letzten Mal hat sein Hinweis darauf, dass er in einem Jahr in den Ruhestand gehe und dass der Kirchengemeinderat sich doch bitte rechtzeitig um die Nachbesetzung seiner Stelle kümmern solle, für Unruhe gesorgt und eine größere Diskussion in Gang gebracht. Schnell wurde deutlich, wie sehr dieser lebendige Gemeindeschwerpunkt an der Person des Diakons hängt. Bekommt man so jemanden wieder? Und soll die Person dann die Arbeit genauso weitermachen? Geht das und ist das überhaupt das Ziel? Könnte das Angebot nicht ein christlicheres Profil bekommen? Anderen fiel auf, dass mit dieser Form der Arbeit ja bestimmte Menschen angesprochen würden und keineswegs alle: Was ist eigentlich mit denen, die im Alter nicht mehr so aktiv sein können oder wollen? Und wäre es eigentlich nicht auch mal an der Zeit, die jüngeren Generationen stärker in den Blick zu nehmen? Aber macht das nicht schon die Nachbargemeinde ganz ausgezeichnet? Allen wurde bewusst, dass sich der boomende Gemeindeschwerpunkt irgendwie entwickelt hat und sehr erfolgreich ist, aber wenig konzeptionell verankert und begründet. Darüber möchte der Kirchengemeinderat jetzt gründlicher nachdenken.

Szenario 3:
*Die Fusionsverhandlungen zur künftigen Friedens-Gemeinde sind schon weit gediehen. Es gibt einen Stellenplan, ein Gottesdienstkonzept, Überlegungen zu den Kasualien; man hat sich über die Gebäude geeinigt und auch die Verteilung der Arbeitsbereiche ist schon fast perfekt. Nur bei der Senior*innenarbeit stocken die Verhandlungen seit geraumer Zeit. Eigentlich war anfangs überlegt worden, in dem Gemeindehaus, in dem bisher Gymnastik für Senior*innen, Gedächtnistraining in gemütlicher Atmosphäre und ein monatliches Erzählcafé angeboten wurde, diese Arbeit fortzu-*

*führen und die Senior*innennachmittage der anderen einzustellen. Aber vier der fünf bisherigen Gemeinden können sich nicht vorstellen, dass ihr Gemeindehaus künftig keine Heimat mehr für ihre »Oldies« sein soll. Sie möchten auch die Senior*innen, die teilweise seit Jahrzehnten zu ihnen kommen, ja, manchmal schon in »ihrer« Kirche konfirmiert oder getraut worden sind, nicht enttäuschen. Den Ehrenamtlichen, die sich so gut um diesen Arbeitsbereich kümmern, möchte man ebenfalls nicht das Betätigungsfeld nehmen. Auch alle Hauptamtlichen, die mit diesem Arbeitsbereich befasst sind, machen ihn gerne – er ist wenig aufwändig und man bekommt viel zurück.*

*Mehrfach wurde auch schon vorgeschlagen, dass man doch auch einfach im Bereich Senior*innenarbeit an allen Standorten weitermachen könne wie bisher. Dagegen wurde aber immer wieder eingewendet, dass es angesichts der kommenden Stellenreduktionen nun sicher nicht sinnvoll sei, viermal ein ähnliches Programm an vier Standorten in unmittelbarer Nachbarschaft anzubieten. Es wurde auch schon überlegt, ein Kaffeetrinken und zwei andere Angebote für Ältere an verschiedenen Orten zu gestalten. Das würde jedoch zum einen dem Prinzip widersprechen, an den Standorten Profile zu entwickeln, und zum anderen wäre es dann immer noch nicht leichter zu entscheiden, was wo stattfindet. Irgendwie scheint es keine Lösung zu geben, mit der alle einigermaßen zufrieden sind. Und wenn man die Senior*innen selbst fragt, plädieren sie dafür, das Bisherige beizubehalten und künftig mehr Veranstaltungen für ältere Menschen anzubieten. Um die Fusion nicht zu gefährden, braucht es aber eine Lösung. Was tun?*

1. Vor welchen Herausforderungen stehen die Gemeinden?

Lange Zeit bildete die Senior*innenarbeit eine relativ stabile Größe in der Gemeinderealität. Man konnte für die älteren Generationen zumindest in Westdeutschland noch auf eine relativ durchgehende christliche Sozialisation und eine selbstverständliche Kirchenmitgliedschaft bauen. Zudem war sie noch weniger von einem Wahlverhalten geprägt, das verschiedene Freizeitangebote miteinander vergleicht und eine passgenaue Variante für sich sucht. Und schließlich waren besonders die Frauen deutlich weniger mobil und in ihren Kontakten ohnehin im Nahbereich orientiert. Damit lag die Teilnahme an einem wöchentlichen oder monatlichen Angebot in der Kirche im Dorf oder im Stadtteil nahe, wenn es die Bedürfnisse nach Geselligkeit und Unterhaltung einigermaßen traf. Schon seit einigen Jahrzehnten haben sich jedoch die Lebensverhältnisse und die Lebensorientierungen älterer Menschen allmählich verändert. In den letzten Jahren sind diese Veränderungen noch einmal rasanter und deutlicher spürbar geworden. Dies ist zwar schon seit Längerem diagnostiziert und als Herausforderung für die gemeindliche Arbeit mit älteren Menschen benannt worden, hat jedoch in der Praxis nur begrenzt Veränderungen hervorgerufen – zumal diejenigen, die an den bisherigen Formen kirchlicher Senior*innenarbeit teilnahmen, deren Fortführung favorisierten. Gerade dieser Bereich kirchlicher Arbeit konnte damit Beständigkeit und Verlässlichkeit in der sich ansonsten so stark verändernden Welt repräsentieren.

Damit hat sich eine wachsende Diskrepanz entwickelt zwischen einem großen Teil der älteren Generation (bzw. heute eher: der älteren Generationen) und den Formaten der kirchlichen Senior*innenarbeit, die sich gegenwärtig vor allem am Rückgang der Teilnahmezahlen zeigt. Eine Studie spitzt es zu: »Kirchliche Arbeit insgesamt und die kirchliche Altenarbeit speziell befinden sich in einem Wandlungsprozess von bisher nicht gekannten Ausmaßen. Die gesellschaftlichen Bedingungen haben sich radikal verändert. Kirchliche (Alten-)Arbeit hingegen bleibt weitgehend ihren alten Formen treu. Letztlich führt das dazu, dass Kirche nur einen (immer geringer werdenden) Teil der Seniorinnen und Senioren erreicht. Ältere Menschen sind ansprechbar über ihre aktive Lebensgestaltung und werden von den traditionellen kirchlichen Angeboten nur noch vereinzelt erreicht.«[1]

Konkret wird in doppelter Hinsicht eine Engführung der kirchlichen Arbeit mit älteren Menschen diagnostiziert: Zum einen sei diese überwiegend auf die hochaltrigen Senior*innen ausgerichtet, während die Generation der »jungen Alten« wenig angesprochen werde. Damit würden die Chancen der Arbeit gerade mit dieser Altersgruppe nicht wahrgenommen; man erschwere aber auch die Arbeit in den nächsten Jahrzehnten, weil die jetzt 55- bis 75-Jährigen keinen Kontakt zur Kirche finden und diesen voraussichtlich auch nicht aufbauen, wenn sie älter werden. Zum anderen sei die kirchliche Senior*innenarbeit – ebenso wie die Ortsgemeinde insgesamt – auf bestimmte Milieus ausgerichtet, während sie andere vernachlässige. Diese Alltagswahrnehmung in den Ortsgemeinden wird empirisch durch die Kirchenmitgliedschaftsuntersuchungen gestützt, die die Milieuabhängigkeit der Attraktivität der Ortsgemeinde auch für die ältere Generation zeigen. Insgesamt zeige sich in der Senior*innenarbeit ganz besonders, dass sie eher auf bedürftige und weniger selbstständige Personen ziele als auf mo-

1 Martin Erhardt/Lothar Hoffmann/Horst Roos: Einleitung, in: Dies. (Hg.): Altenarbeit weiterdenken. Theorien – Konzepte – Praxis, Stuttgart 2014, 13-14, 13.

bile und selbstbestimmte. Dies aber passe nur zu einem Teil der heutigen älteren Menschen.

Gleichzeitig ist jede Gemeinde damit überfordert, der Vielfalt der Zugänge, Erwartungen und Bedürfnisse der großen und heterogene Gruppe der Senior*innen gerecht zu werden – zumal als einem Arbeitsbereich neben vielen anderen. Eine Gemeinde muss sich entscheiden, welche Form von Senior*innenarbeit sie für wen aus welchen Gründen anbieten möchte. Dafür fehlen aber vielerorts Kriterien. Und eine Abstimmung mit den Nachbargemeinden wird in diesem Bereich dadurch erschwert, dass gerade die Zielgruppe, die bislang am stärksten im Blick der Gemeinden war, wenig mobil ist. Gleichzeitig vergeben die Gemeinden wertvolle Chancen, wenn sie sich den Herausforderungen nicht stellen und keine konstruktiven Entscheidungen treffen. Für diese kann Hintergrundwissen hilfreich sein.

2. Was man dazu wissen sollte

*2.1 Bedeutung und Tradition der Arbeit mit Senior*innen für die Kirche*

Die Arbeit mit Senior*innen bzw. die »Altenarbeit« (wie dieser Bereich bis vor einigen Jahrzehnten überwiegend genannt wurde) bildet einen klassischen Bestandteil des ortsgemeindlichen Angebotes. Zwar gibt es keinen statistischen Überblick, wie verbreitet die kirchliche Senior*innenarbeit in den Landeskirchen der EKD ist. Bislang kann jedoch davon ausgegangen werden, dass die Angebote einigermaßen flächendeckend verbreitet sind, da sie für diese weniger mobile Bevölkerungsgruppe wohnortnah angelegt sein sollen.

Wie intensiv dieser Bereich kirchlicher Arbeit gepflegt wird und welche Formen er annimmt, ist dabei sehr unterschiedlich und hängt vor allem von den Möglichkeiten der Personen vor Ort ab. Wenn eine Person (häufig Diakon*in oder Gemeindepädagog*in) eigens für die Senior*innenarbeit zuständig ist, gibt es natürlich deutlich größere Spielräume, als wenn eine Pfarrperson neben diversen anderen Aktivitäten auch noch den Senior*innennachmittag aufrechterhält. Häufig wird das Angebot aber auch ehrenamtlich gestaltet.

Gleichzeitig gibt es sehr unterschiedliche Varianten einer kirchlichen Arbeit für ältere Menschen: »Altennachmittage und Seniorenkreise, Ausflugsfahrten und Freizeiten, Bildungsangebote und Bildungsreisen, Bibelkreisarbeit, Ehrenamtsbörsen, Jubelfeiern und Kasualien, Geburtstagsbesuche, Beratungsangebote und Sozialstationen, Mittagstische und organisierte Nachbarschaftshilfen, Altenheimseelsorge, Hospizarbeit usw.«[2] Die häufigste Form sind gegenwärtig jedoch noch die klassischen Nachmittagsangebote, bei denen Geselligkeit mit Kaffee und Kuchen und einem inhaltlichen Programm kombiniert wird, teilweise in Verbindung mit Ausflügen.

Diese Form verbindet zwei Traditionen:

Zum einen wird bereits in der Bibel alten Menschen eine besondere Fürsorge zugedacht, weil sie zu den Schwächsten in der Gesellschaft – heute würde man sagen: zu den »vulnerablen Gruppen« – zählten, jedenfalls wenn sie nicht von ihren Familien versorgt wurden. Sowohl im Ersten Testament (Ex 22,21; Dtn 24,17.19) als auch im Zweiten (Apg 6,1-3; 1 Tim 5,16) werden die (vermutlich kinderlosen oder zumindest kinderfürsorgelosen) Witwen als Empfängerinnen religi-

2 Vgl. Ev. Kirche in Deutschland (Hg.): Im Alter neu werden können. Evangelische Perspektiven für Individuum, Gesellschaft und Kirche. Eine Orientierungshilfe des Rates der Evangelischen Kirche in Deutschland, Gütersloh 2009, 71.

ös motivierter Fürsorge genannt. Im Mittelalter kümmerten sich vor allem die Orden um kranke, siechende und sterbende Menschen, was ebenfalls im höheren Alter wahrscheinlicher wurde. In jedem Fall sollte alten Menschen Zuwendung und diakonische Hilfe aufgrund des jüdisch-christlichen Grundsatzes der Nächstenliebe zukommen.

Zum anderen hat der Senior*innennachmittag so stark wie kein anderer Bereich der kirchlichen Arbeit die Form bewahrt, die für die Ortsgemeinde seit Ende des 19. Jhs. charakteristisch wurde. Damals wurde das Gemeindehaus gegründet, damit sich dort, getrennt nach Alter und teilweise nach Geschlecht, Gruppen und Kreise treffen und mit Freizeitangeboten Geselligkeit im christlichen Rahmen erleben konnten.[3] Dabei war zwar zunächst die arbeitende Bevölkerung im Blick, aber zunehmend auch Menschen im Alter, besonders als die Arbeiter*innen älter wurden. Dieses Modell von Gemeinde wurde dann auch von der Stadt auf das Land exportiert und erwies sich gerade für die ältere Bevölkerung als passgenau. Ihre Beteiligung am Gemeindeleben ist dabei natürlich nicht auf die spezifischen Angebote für ihre Altersgruppe beschränkt, sondern auch der Gottesdienst, Bildungsveranstaltungen, Bibelkreise, Besuchsdienstkreise und nicht zuletzt die ehrenamtliche Arbeit in den Leitungsgremien werden vielerorts überwiegend von älteren Menschen wahrgenommen.

2.2 »Alter« heute

Was wir in der Alltagserfahrung täglich sehen, ist auch wissenschaftlich Konsens: Die älteren Generationen sind heute »jünger« und fitter als noch vor einigen Jahrzehnten. Sie dür-

3 Pohl-Patalong, Kirche gestalten, 51-53.

fen eine wesentlich längere Lebenszeit nach dem Ende der Berufstätigkeit erwarten. Vor allem aber ist das, was wir »Alter« nennen, aufgrund der rasant gestiegenen Lebenserwartung enorm vielfältig geworden.

Schon vor einigen Jahrzehnten hat sich die Unterscheidung zwischen dem »dritten« und dem »vierten« Lebensalter durchgesetzt (nach dem ersten der Kindheit und Jugend und dem zweiten des von Berufstätigkeit und Familienarbeit geprägten mittleren Erwachsenenalters). Während das »dritte« Lebensalter noch von Aktivität und Selbstständigkeit gekennzeichnet ist, wurden dem »vierten« Hochbetagte zugerechnet, die Unterstützung benötigen. Dabei sind die Übergänge selbstverständlich fließend. Ebenso ist es flexibel, in welchem Alter man von der einen in die nächste Phase geht.

Mittlerweile werden drei Phasen des Alters unterschieden: Die »vitale Phase«, in der das Leben aktiv gestaltet und selbst organisiert wird; die »eingeschränkt vitale Phase«, in der die Ressourcen für die eigene alltägliche Lebensgestaltung noch ausreichen, und die »abhängige und pflegebedürftige Phase«.[4] Auch hier sind selbstverständlich viele Übergänge und Zwischenstadien zu beobachten und eindeutige Zuordnungen oft nicht möglich. Die Beschreibung der Phasen schärft jedoch den Blick dafür, dass mit »Alter« sehr Unterschiedliches unter einem Begriff gefasst wird.

Es kommt hinzu, dass auch innerhalb dieser Phasen Senior*innen keineswegs eine einheitliche Gruppe bilden. Ältere Menschen sind in Bezug auf ihre Lebensverhältnisse, auf ihre Lebensstandards, ihre Milieus, ihre Werte, ihre Selbstverständnisse und ihre Interessen mindestens ebenso vielfältig wie die mittlere Generation. Und natürlich sind auch

4 Vgl. z. B. Susanne Fetzer: Grau sind nur die Haare. Handbuch für die neue Seniorenarbeit, Neukirchen-Vluyn 2010, 48-51.

genderspezifische Unterschiede im Alter wichtig. Daher kann es vermutlich keine Form kirchlicher (oder sonstiger) Arbeit geben, die allen Menschen »im Alter« entspricht.

*2.3 Senor*innenarbeit zwischen Betreuung und Selbstorganisation*

Bereits seit einigen Jahrzehnten wird immer wieder Kritik an der am stärksten vertretenen Form kirchlicher Senior*innenarbeit geübt: Sie sei zu sehr an Betreuung und Versorgung ausgerichtet und würde die älteren Menschen zu Objekten machen, statt sie verantwortlich zu beteiligen und ihre Potenziale zu fördern. So heißt es beispielsweise: »Verantwortliche definieren die Ziele, während die Veranstaltungsteilnehmer Konsumenten bleiben. So funktioniert weiterhin das alte Betreuungsverhalten, das Menschen grundsätzlich als hilfsbedürftig ansieht.«[5] Die Teilnehmenden würden nur in einem geringen Umfang an der Programmgestaltung und seiner Durchführung beteiligt.

Diese Kritik veränderte zumindest die Konzeptionen für die kirchliche Senior*innenarbeit. In einem ersten Schritt wandelte sich das »Betreuungs- und Versorgungsmodell der Seniorenarbeit, in dem man alte Menschen als primär hilfsbedürftig ansah« zum »Angebotsmodell«, bei dem alte Menschen kommen, weil ihnen etwas Interessantes geboten wird.[6] Da sie auch in diesem Ansatz immer noch Empfänger*innen bleiben, wurde in einem zweiten Schritt ein weiteres Modell

5 Petra-Angela Ahrens: Uns geht's gut – Generation 60plus: Religiosität und kirchliche Bildung, Münster i.W. 2011, 152.

6 Karl Foitzik: Gemeindepädagogik: Alte Menschen in Kirche und Gemeinde, in: Thomas Klie/Martina Kumlehn/Ralph Kunz (Hg.): Praktische Theologie des Alterns, (Praktische Theologie im Wissenschaftsdiskurs Bd. 4) Berlin/New York 2009, 519-542, 528f.

entwickelt, in dem Eigenverantwortung und Selbstorganisation leitend sind. Die Arbeit soll hier nicht nur auf den Interessen der Senior*innen beruhen, sondern auch ihr Engagement für andere fördern. Die Hauptberuflichen gestalten darin nicht Angebote für ältere Menschen, sondern unterstützen diese als eigenständige Akteur*innen. Dieses Modell wird mit dem gesellschaftlichen Wandel und damit auch dem Wandel der älteren Lebensphasen begründet, die einerseits ein lebenslanges Lernen erfordern und andererseits den Charakter des höheren Alters verändern. Die Wahrnehmung älterer Menschen orientiert sich also nicht an den Problemen des Älterwerdens und den Defiziten der Lebensphase, sondern versteht Alter als Normalität, die wiederum vielfältige Gesichter hat. Dazu gehört auch die zunehmende Kirchendistanz unter älteren Menschen. Wenn auch die Kirche zumindest in Westdeutschland teilweise noch an eine christliche Sozialisation und kirchliche Kontakte in Kindheit und Jugend anknüpfen kann, ist es immer häufiger der Fall, dass alte Menschen bislang keinen Kontakt mit Christentum und Kirche hatten. Und mittlerweile ist deutlich: Menschen werden nicht mit zunehmenden Alter automatisch kirchlicher. Es gibt zwar entwicklungspsychologisch gestützte Hinweise darauf, dass mit dem Alter die Durchlässigkeit für religiöse Themen wie Vergebung, Versöhnung und Transzendenz zunimmt und das Leben potenziell religiöser gedeutet wird – sei es, weil ältere Menschen weniger »getaktet« leben, sei es aufgrund der zunehmenden Bewusstheit der eigenen Endlichkeit. Diese Dimensionen werden aber nicht immer mit kirchlich-religiösen Begriffen formuliert, sodass sie in Gefahr stehen, kirchlicherseits übersehen zu werden.

Wie diese drei Modelle in der kirchlichen Realität vertreten sind, dazu gibt es unterschiedliche Einschätzungen. Mehrheitlich wird vermutet, dass die kirchliche Arbeit nach wie vor eher auf das Betreuungs- oder das Angebotsmodell fokussiert ist. Andere Einschätzungen gehen von einem Nebeneinander der drei Modelle aus, was im Blick auf unterschiedliche Altersphasen, aber auch im Blick auf milieu- und sozialisationsbedingte Unterschiede als sinnvoll angesehen wird.

3. Welche Alternativen gibt es?

*Die erste Alternative: Spezifische Formen von Senior*innenarbeit vor Ort*
Möchte man die Arbeit mit älteren Menschen als ein Handlungsfeld neben anderen weiterhin lokal in der Einzelgemeinde verankern, erscheint es – ebenso wie in der ersten Alternative von Kapitel 8 – sinnvoll, die Menschen, die man erreichen möchte, in ihren Lebensbedingungen und Themen genau wahrzunehmen. Auch für Senior*innen muss gefragt werden, um welche Menschen in welchen Lebensverhältnissen es genau gehen soll und welches der Mehrwert ist, den ihnen die Kirchengemeinde bieten kann. Wie in Kapitel 8 beschrieben, empfiehlt sich dann ein Wahrnehmungs- und Kommunikationsprozess mit Menschen, die die anvisierten Arbeitsformen potenziell betreffen. Dabei ist es im Bereich der Senior*innenarbeit besonders wichtig, ein Spektrum von Möglichkeiten aufzuzeigen, damit nicht nur die bekannten Bilder hervorgerufen werden. Es kann sehr hilfreich sein, sich für diesen Prozess bei den Fachstellen für Senior*innenarbeit beraten zu lassen.

Die Ergebnisse bilden eine Grundlage, auf der entschieden wird, welche Ausrichtung gemeindlicher Senior*innenarbeit künftig verfolgt werden soll. Daraus können sich Bildungsveranstaltungen ergeben wie beispielsweise ein monatliches biografisches Erzählcafé, eine Vortragsreihe zu bestimmten Themen, ein Glaubenskurs, ein offenes Singen zur Adventszeit, meditative Abendgottesdienste oder Waldspaziergänge mit spirituellen Impulsen. Es kann aber auch ein seelsorgliches Angebot entstehen wie ein Trauercafé am Ausgang des kirchlichen Friedhofs, um Abschiedsprozesse zu begleiten. Ebenso sind diakonische Angebote denkbar (vgl. die dritte Alternative). Viele dieser Formate dürften projektorientierter und zeitlich begrenzter ausfallen als der klassische Senior*innennachmittag, da dies dem Lebensgefühl vieler (nicht aller) älterer Menschen zunehmend entspricht. Wie sehr dies auf die jeweiligen Zielgruppen im konkreten Kontext zutrifft, würde dann der Befragungsprozess zeigen. Dies kann sich gut mit dem aktivierenden Ansatz (also der dritten Alternative in 2.3.) verbinden, da sich viele ältere Menschen in der »vitalen Phase« sich freiwillig engagieren möchten, wenn ihnen das Handlungsfeld entspricht.

Ein *Vorteil* dieser Alternative besteht darin, dass die Ortsgemeinde ein Ort für ältere Menschen bleibt, diese aber in ihrer Vielfalt stärker in den Blick nimmt, als es bisher manchmal der Fall ist. Sie nutzt ihre Expertise für den Nahbereich und ihre vielfältigen Kontakte auf neue Weise im Entdeckungsprozess, was ältere Menschen von der Kirchengemeinde für ihr Leben brauchen. Sie erwirbt nebenbei vertiefte Kenntnisse über die Menschen, die in ihrem Einzugsbereich wohnen und kann eine Form von Senior*innenarbeit gestalten, die ältere Menschen anspricht, die bislang keinen Kontakt zur Kirche hatten.

Ein *Nachteil* dieser Variante besteht darin, dass sich die Gemeinde damit auf bestimmte Zielgruppen unter den älteren Menschen konzentriert, ohne dass für die anderen vor Ort Alternativen angeboten werden. Dies bedeutet insgesamt gesehen keine Verschlechterung gegenüber den traditionellen

Formen von kirchlicher Senior*innenarbeit, die auch nur auf einen bestimmten Ausschnitt älterer Menschen ausgerichtet sind, aber eben auch keine Verbesserung. Möglicherweise ist für den dann gewählten Bereich eine besondere Expertise erforderlich, die neu erworben werden muss.

*Die zweite Alternative: Senior*innenarbeit als Schwerpunkt gemeindlicher Arbeit*

Eine zweite Möglichkeit besteht darin, das Gemeindeleben gezielt auf die Arbeit mit älteren Menschen auszurichten oder zumindest einen Schwerpunkt auf die Senior*innenarbeit zu legen. Dies bietet sich in einer Form von Regionalisierung an, in der sichergestellt ist, dass andere Gemeinden oder Standorte gezielt mit jüngeren Menschen arbeiten. In dieser Variante empfiehlt es sich, die Altersgrenze weiter unten anzusetzen als in der traditionellen Senior*innenarbeit, beispielsweise als »60plus«. Damit wird ein größeres Spektrum von Menschen und ihre stärkere Durchmischung erreicht. Für Menschen ohne bisherigen Kontakt zu Christentum und Kirche wird damit auch das Angebot zu einer Neuorientierung im jüngeren Alter ausgesprochen, in dem Suchprozesse häufig (keineswegs immer!) noch intensiver sind als im höheren Alter.

In einem solchen Schwerpunkt kann die Arbeit mit älteren Menschen dann mehrdimensional ausgerichtet sein und mit verschiedenen Arbeitsformen und Angeboten der Vielfalt des Lebens im Alter Rechnung tragen. Dabei können selbstverständlich nicht alle Bedürfnisse erfüllt werden. Auch hier empfiehlt sich ein ähnlicher Prozess wie in Variante 1, um nicht an den Menschen, um die es geht, vorbeizuplanen. Mit einem regionalen Schwerpunkt kann jedoch ein Spektrum entwickelt werden, das alle drei oben genannten Formen – Betreuung, Angebotsorientierung und Unterstützung zur Selbstorganisation – einschließt. Im ersten Bereich kann es beispielsweise eine sinnvolle Aufgabe sein, Alltagsunterstützung und Kommunikation anzubieten und damit Lücken von Pflegediensten zu füllen und pflegende Angehörige zu unterstützen. Dies entspricht der in Kapitel 4 dargestellten »christlichen Nachbarschaftshilfe«, in der die Gemeinde unterstützungsbedürftige Personen mit freiwillig Engagierten vernetzt. Im zweiten Bereich können einige der Beispiele verwirklicht werden, unter denen in der ersten Alternative eng ausgewählt werden muss. Und im dritten Bereich können mit den Beteiligten gemeinsam Formate entwickelt werden, die Senior*innen in der »vitalen Phase« darin unterstützen, ein befriedigendes Leben für sich und für andere zu führen.

Ein *Vorteil* dieser Variante besteht darin, dass die Senior*innenarbeit ein wesentlich größeres Spektrum des Phänomens »Alter« berücksichtigen kann, als es in der rein lokalen Variante 1 möglich ist. Dabei kann entsprechend genauer gefragt werden, welche Aufgaben die Kirche im Blick auf ältere Menschen eigentlich übernimmt, die einerseits nicht durch andere Einrichtungen abgedeckt sind und andererseits dem christlichen Selbstverständnis entsprechen. Kirche und christliche Inhalte können so für deutlich mehr ältere Menschen zugänglich und attraktiv werden, als dies bisher der Fall ist. Als weiterer Vorteil ist die gebündelte Kompetenz für die unterschiedlichen Formen der Arbeit mit älteren Menschen zu nennen. Diese wirkt sich nicht nur auf die Arbeit selbst aus, sondern erhöht auch die gesellschaftliche Sichtbarkeit der kirchlichen Kompetenz für das Leben im Alter, was die gesellschaftliche Bedeutung der Kirche insgesamt unterstreicht.

Ein *Nachteil* dieser Variante ist, dass die Schwerpunkte im Bereich der Senior*innenarbeit nicht flächendeckend verteilt sein können, wenn die anderen kirchlichen Handlungsfelder nicht vernachlässigt werden sollen. Besonders der an Betreuung und Versorgung orientierte Bereich kommt damit nur manchen Menschen im hohen Alter zugute. Für den angebotsorientierten Bereich ist zu überlegen, wie kirchliche Fahrdienste die Mobilität älterer Menschen unterstützen können, während der an Selbstorganisation orientierte Bereich auch von Menschen aus größeren Entfernungen wahrgenommen werden kann. Jüngere Menschen müssen neue kirchliche Zugangspunkte finden.

Die dritte Alternative: Gemeinde generationenintegrativ gestalten

Eine dritte Alternative knüpft an den sozialraumorientierten Ansatz an (vgl. Kapitel 4 und 8) und richtet ihn besonders an den Bedürfnissen vieler älterer Menschen nach einer stärkeren Integration in das gesamtgesellschaftliche Leben aus. Dies kann – je nach den Verhältnissen vor Ort und den Möglichkeiten der Gemeinde – sehr unterschiedliche Formen annehmen. Es beginnt bei der Koordination »christlicher Nachbarschaftshilfe« (vgl. die erste Alternative in Kapitel 4). Diese kann einerseits auf die Unterstützung gerichtet sein, die Senior*innen und möglicherweise ihre (pflegenden) Angehörigen brauchen. Andererseits ist aber auch im Blick, was Senior*innen für andere Menschen an Unterstützung anzubieten haben, beispielsweise für junge Familien oder Kitas. Es können aber auch Projekte wie ein generationenübergreifender Mittagstisch entwickelt werden, beispielsweise in einer kirchlichen Kita (vgl. die erste Alternative in Kapitel 5). Gemeinden können auch Mehrgenerationenhäuser betreiben, die Begegnungsorte zwischen den Generationen bilden und in den Stadtteil oder das dörfliche Leben hineinwirken. Noch weiter gehen generationenverbindende Wohnprojekte, die das gemeindeeigene Land für diese Zwecke nutzen und das Wohnen in Gemeinschaft von älteren und jüngeren Menschen auf Dauer begleiten. Ein anderer Ansatz, der aber mit den vorher genannten zu verbinden ist, ist die Entwicklung zu einer demenzsensiblen Kirchengemeinde, die demenzkranke Menschen in das gemeindliche und gesellschaftliche Leben integriert.[7] In allen diesen Varianten können die Fachstellen aus den Kirchenkreisen oder Dekanaten wertvolle Unterstützung leisten.

Ein *Vorteil* dieser Variante ist, dass die Gemeinde einen wertvollen Beitrag zu einem guten Miteinander der Generationen leistet, das heute eine besondere Herausforderung bildet. Sie wird damit in neuer Weise gesellschaftlich relevant und kann gleichzeitig das Potenzial der christlichen Überzeugung, dass alle Menschen als Geschöpfe Gottes miteinander verbunden sind, zur Geltung bringen. Das breite Spektrum von Möglichkeiten, wie sich dies konkretisiert, lässt der Gemeinde viel Spielraum, sich ihren Kompetenzen und Kapazitäten entsprechend zu orientieren.

Als *Nachteil* ist zu nennen, dass diese Variante Mut zu neuen Wegen und Energie für diese erfordert. Wie insgesamt in der sozialraumorientierten Arbeit verlässt die Gemeinde vertrautes Terrain und muss ihre Rolle neu definieren. Sie benötigt spezifische Kompetenzen, u. a. auch dann, wenn sie öffentliche Fördergelder für Projekte in Anspruch nehmen möchte.

7 Vgl. https://www.demenz-sensibel.de/der-weg-zur-demenzsensiblen-kirchengemeinde/ (11.7.2024).

4. Anregungen zur Weiterarbeit

Fragen auf dem Weg zu einer eigenen Position

- Welche Ziele soll kirchliche Senior*innenarbeit eigentlich erfüllen? Gibt es ein übergeordnetes Ziel für alle in diesem Kapitel beschriebenen Varianten?
- Welches Bild von älteren Menschen ist mit diesen Zielen verbunden?
- Welche Formen von Senior*innenarbeit werden diesen Zielen voraussichtlich am besten gerecht?
- Warum sollten ältere Menschen gerade an kirchlicher Senior*innenarbeit teilnehmen? Was ist der Mehrwert für sie gegenüber säkularen Angeboten für ältere Menschen?
- Würden und werden Sie selbst gerne an den bestehenden oder geplanten Angeboten teilnehmen?
- Was würde der Gemeinde fehlen, wenn sie keine Senior*innenarbeit mehr anbieten würde? Was würde sie vielleicht auch gewinnen?
- Welche der drei Handlungsalternativen wäre Ihnen emotional die nächste? Warum? Welche würden Sie rational befürworten?

Ein biblisch-bibliologischer Impuls:

Sacharja 8,4-7: Alte und junge Menschen auf öffentlichen Plätzen (Übersetzung der Luther-Bibel von 2017)
So spricht der HERR: Ich kehre wieder auf den Zion zurück und will zu Jerusalem wohnen, dass Jerusalem »Stadt der Treue« heißen soll und der Berg des HERRN Zebaoth »heiliger Berg«. So spricht der HERR Zebaoth: Es sollen hinfort

wieder sitzen auf den Plätzen Jerusalems alte Männer und Frauen, jeder mit seinem Stock in der Hand vor hohem Alter, und die Plätze der Stadt sollen voll sein von Knaben und Mädchen, die dort spielen.

Der Prophet Sacharja spricht zu Menschen in einer herausfordernden Situation: Endlich hatte das Volk Israel die Erlaubnis erhalten, nach dem babylonischen Exil nach Jerusalem zurückzukehren. Aber diese lang ersehnte Situation gestaltet sich viel schwieriger, als erwartet. Es war nicht der grandiose Einzug des ganzen Volkes, sondern die Menschen kamen nach und nach und nicht wenige kamen auch gar nicht, sondern wollten in Babylon bleiben. Wer gekommen war, fand Jerusalem und den Tempel zerstört vor, und der Wiederaufbau war mühsam. Soziale Strukturen mussten wiederaufgebaut werden und das Zusammenleben musste neu organisiert und gestaltet werden. Wer diese Worte des Propheten hörte, war daher möglicherweise enttäuscht und frustriert, vielleicht auch unsicher und auf der Suche nach Lösungen, eventuell auch verärgert und mutlos. Auch die Frage, ob die Rückkehr wirklich eine gute Idee war, stand vermutlich im Raum.

In dieser Situation erneuert Sacharja die Zusage Gottes für eine gute Zukunft des Volkes Israel in Jerusalem. Das Volk soll nicht verzagen. Denn Gott selbst wird mit in Jerusalem wohnen und es wird ein gutes Leben für alle in Frieden und Wohlstand geben. Für diese gute Zukunft wählt der Prophet ein Bild, das ein gelingendes Zusammenlebens der Generationen vor Augen malt: Alte Menschen sitzen auf den öffentlichen Plätzen und werden umringt von spielenden Kindern – und vermutlich auch von den anderen Generationen. Die Stöcke der alten Menschen zeigen, dass sie körperlich so eingeschränkt sind, wie es das Alter mit sich bringen kann – was aber keineswegs ihren Rückzug aus dem sozialen Leben bedeutet. Wenn Gott in Jerusalem wohnt, sind alte Menschen nicht nur ein selbstverständlicher Teil des gemeinschaftlichen Lebens in Kontakt mit den jungen Generationen, sondern werden zum Bild dafür, wie ein gutes Leben mit Gott und den Menschen aussehen kann: gemeinsam mit Alt und Jung die Plätze der Stadt bewohnen mit dem, wie jeder Mensch ist und was seinem Alter und seiner Lebenssituation entspricht.

Eine methodische Idee für die gemeinsame Arbeit in einem kirchlichen Gremium:

Kirche für Menschen in den Phasen des Älterwerdens
Wenn diese Einheit analog durchgeführt wird, liegen im Raum verteilt drei große Blätter (mindestens DIN A0), auf denen jeweils der Umriss einer Kirche in verschiedenen Farben gezeichnet ist, zudem Karteikarten in zwei Farben und Stifte. Eine Kirche ist mit »Kirche mit mobilen älteren Menschen, die ihr Leben aktiv und selbstbestimmt gestalten« beschrieben, die zweite mit »Kirche mit älteren Menschen, die ihr Leben noch selbstständig führen können« und die dritte mit »Kirche mit älteren Menschen, die Unterstützung für ihre Lebensgestaltung benötigen«. Für eine digitale Variante werden die Kirchen und ihre Überschriften auf einem entsprechenden Tool vorbereitet.

Die Teilnehmenden werden gebeten, sich auf die drei Stationen zu verteilen und sich darüber auszutauschen, was die Kirche (a) Menschen der jeweiligen Gruppe zu bieten hat und (b) was die Menschen jeweils von der Kirche brauchen könnten. Dabei sollten möglichst immer auch Menschen, die der jeweiligen Gruppe angehören, dabei sein. Die Erkenntnisse werden – farblich verteilt auf die beiden Fragen a und b – im analogen Modus auf die Karten geschrieben und in die

Umrisse der Kirchen geklebt oder digital in den vorbereiteten Kirchen eingetragen. Damit es einen Wechsel zwischen den Gruppen gibt, haben die Teilnehmenden vorher Karten mit der Zahl 1, 2 oder 3 zugeteilt bekommen. In bestimmten zeitlichen Abständen ruft die Leitung eine Gruppe auf, die zu den beiden anderen Stationen wechseln soll und sich dort in die laufende Diskussion einklinkt.

Wenn keine neuen Aspekte mehr kommen, gibt es eine Begehungsphase, in der alle Teilnehmenden analog oder digital alle drei Kirchen wahrnehmen. In einem zweiten Schritt werden für jede Kirche drei bis fünf Arbeitsformen entwickelt, die zu den Bedürfnissen der jeweiligen Gruppe älterer Menschen passen könnten. Dabei wird darauf hingewiesen, dass diese nicht umgesetzt oder auch nur favorisiert werden müssen – es geht in diesem Schritt nur darum, die Konsequenzen aus den jeweiligen Bedürfnissen an die Kirche wahrzunehmen. Diese werden im Plenum in ihren Vor- und Nachteilen diskutiert.

Epilog

Die Kapitel zeigen: Gemeinden müssen nicht auf die Entscheidungen der Landeskirchen warten, um sich zu verändern. Und sie zeigen auch: Die jetzige Lage ist zwar herausfordernd, bietet aber gerade deshalb die Chance, Gemeinde so zu gestalten, dass sie für wesentlich mehr Menschen als bisher ein guter Ort wird – mit gut zugänglichen Kontaktflächen zu der unendlichen Liebe Gottes, die im Alltag spürbar ist. Dazu gibt es nicht den einen Pfad, sondern unterschiedliche Wege, die zu der jeweiligen Gemeinde und ihrem Kontext passen müssen. Dies aber ist es gerade, was nach vorne weist: nicht länger eine Gestalt von Gemeinde als den »Regelfall« und die anderen als »Ausnahmen« zu verstehen, sondern mit den Menschen, um die es in einem Kontext geht, eine gute Gestalt zu finden. Kirchengemeinden können dann für ganz unterschiedliche Menschen ein guter Ort sein – ein Ort der Begegnung mit Gott und anderen Menschen, ein Ort der Persönlichkeitsentwicklung auf christlicher Basis, ein Ort von Freude und Inspiration sowie ein Ort gerechten und verantwortungsvollen Handelns mit Ausstrahlungskraft in die Gesellschaft hinein. Das erfordert manche Abschiede, die nicht einfach und in vielen Gemeinden auch wenig geübt sind. Sie lohnen sich jedoch – und angesichts der finanziellen und personellen Entwicklungen gibt es zu ihnen ohnehin keine Alternative.

Veränderungen in der Gemeinde gelingen nicht von heute auf morgen, sondern brauchen manchmal einen langen Atem. Gerade deshalb müssen sie jetzt beginnen. Da die Kirche ein ausgesprochen komplexes Gebilde ist, sind dabei alle Ebenen gleichzeitig gefragt. Landeskirche, Kirchenkreise und Gemeinden sind als Trägerinnen der Veränderung keine Alternativen, sondern müssen gleichzeitig und möglichst miteinander agieren. Und auch die einzelne Gemeinde ist in sich bereits komplex. Sie wird sich daher nur selten mit einem großen Wurf komplett verändern, sondern benötigt viele Schritte in einem unterschiedlichen Tempo. Das ist völlig in Ordnung, solange sie die Notwendigkeiten und Möglichkeiten zur Veränderung realistisch sieht, bedenkt und vor allem umsetzt – an manchen Punkten beginnend, denen andere folgen. Nicht alles wird dabei auf Anhieb gut klappen und es wird sicher auch Umwege gehen, aber aus ihnen lässt sich lernen und Gemeinde wieder neu gestalten.

Wesentlich erscheint mir dabei die Haltung, aus der dies geschieht: Es ist Zeit, sich von der Perspektive des »immer weniger« zu verabschieden und auf die Möglichkeiten zu blicken, wie viele unterschiedliche Menschen der Liebe Gottes begegnen können – in der Perspektive, dass Gott seine Kirche in allen ihren Veränderungen mit seiner Liebe und seinem Zuspruch begleitet.

Foto: © privat

Uta Pohl-Patalong, Dr. theol., geboren 1965, ist Professorin für Praktische Theologie an der Uni Kiel. Sie beschäftigt sich intensiv mit Zukunftsfragen der Kirche und ist eine viel gefragte Referentin zu diesem Thema in kirchlichen und wissenschaftlichen Kontexten.